西夏陵

王朝的见证

XIXIALING
WANGCHAO DE
JIANZHENG

唐荣尧——著

中国地图出版社

图书在版编目（CIP）数据

西夏陵：王朝的见证／唐荣尧著．—北京：中国地图出版社，2019.1
ISBN 978-7-5204-0797-7

Ⅰ.①西…　Ⅱ.①唐…　Ⅲ.①陵墓－介绍－银川－西夏　Ⅳ.①K928.76

中国版本图书馆CIP数据核字（2018）第280561号

策　　划　余　凡
责任编辑　余　凡
出版审订　赵　强
封面题字　陈国鸿

西夏陵——王朝的见证

出版发行	中国地图出版社		
社　　址	北京市白纸坊西街3号	经　　销	新华书店
邮政编码	100054	印　　张	20.5
网　　址	www.sinomaps.com	版　　次	2019年1月第1版
印刷装订	北京华联印刷有限公司	印　　次	2019年1月北京第1次印刷
成品规格	170×240mm	定　　价	68.00元

书　　号　ISBN 978-7-5204-0797-7
审 图 号　GS（2018）4723号

地上承载着历史的遗迹，地下是全部秘密的所在！

谨以此书献给西夏陵及考古学者钟侃

驱赶着豹子跳上四月的脊背
篝火旁的猎物，点燃农夫的梦

大雪，从靴底拽出寒意
踏冰而来的战马，踩疼天空
致命一刀，翻洗王朝的内脏
左边：『西』；右边：『夏』

一条大河，波澜于此
最后一个渡口，露出指尖
缝补你八千里肌肤上的伤口
渡河的秀才，打捞塔影和经声
让盗墓者交还失语的青春

我带着你的八千女性后裔，怀拥夜晚
试图繁衍出一个新的王朝，身披白袍
让一首诗歌，戴上王冠

西夏陵 （杨民武 摄 银川西夏陵区管理处提供）

一束睡在贺兰山下的信，被雪线拆阅
难敌降约签订后的颓废
困在树梢上的舞蹈，为炉火送终
败北于酒杯旁的裙裾
那时，常常有偷情的邻居递来赞歌
有探子拐走王妃和情报
一把盐莫名地落进牧人的茶中
浇软正午的阳光，领出一场睡眠
梦里的羊群，走往城里的餐桌

一道祖传药方，秘越榷场
治愈对方的病，让夜莺噤声
一纸战书，染红梦境
来自边关的告急，被魇语拦截
何况，羞于提及的战事惹恼夜晚

西夏陵（杨宏峰 摄）

目录

序

1934 年，来自浙江温州的夏鼐以优异的成绩毕业于清华大学历史系，后考取公费出国留学，1935 年 9 月远赴英国伦敦大学求学。

经过一段时间的学习，他感到“中国将来之考古学，必须以埃及考古学之规模为先范”，于是准备知难而进，专攻埃及考古学。为此，夏鼐于 1936 年 4 月 11 日给梅贻琦校长郑重地写了一封长信，他在信中详细地陈述了自己准备攻读埃及考古学的理由，希望能转入伦敦大学埃及学系，并恳请梅贻琦校长准予延长留学年限。

梅贻琦不仅在回信中对夏鼐的这一决定给予赞许，还就他将要攻读的埃及考古学提出了建议。

夏鼐获准延长留学年限后，刻苦钻研，于留学期间两度赴埃及参加考古发掘和考察研究。在此期间，他师从著名的埃及学家格兰维尔和田野考古专家惠勒，并在古埃及文字学泰斗伽丁内尔门下学习象形文字，得以利用当时最新的考古资料从事研究。夏鼐后来取得埃及考古学博士学位。

1938 年，夏鼐在当时主持发掘金字塔的赖斯纳和史密斯带领下，出现在金字塔考古现场。

就在夏鼐前往尼罗河流域考古且被尼罗河西岸的巨大陵墓震惊之前，一位德国飞行员在中国的黄河上游西岸地区，也被一个巨大的土堆群震惊!

1933 年，一位名叫卡斯特的德国飞行员，揣着刚刚问世不久、配有 135 毫米长焦镜头的莱卡相机来到中国，他的身份是德国汉莎航空公司负责从包头经由银川飞往兰州的一名飞行员。1935 年的一天，卡斯特驾驶着汉莎公司的民航飞机从

吉萨金字塔 （丁半农 摄）

包头起飞前往兰州，飞行的方向基本是逆黄河而行。

卡斯特看到，他的右手边是巍巍贺兰山，左手边是蜿蜒流淌的黄河，在山河之间的平原上坐落着一个个稀疏的村落。突然，在贺兰山东麓的冲积扇上，一座座醒目的高大土堆映入他的眼帘。飞行员的敏感让他对这些在蓝天白云下矗立的高大建筑物产生了兴趣：它们是天然形成的，还是某类神奇的人工建筑？带着好奇，他降低飞行高度，更清楚地看到了这片黄河和贺兰山之间的平原上的神秘堆状物。如果他曾驾机飞过尼罗河上空，那么，我想他可能会将此处所见与尼罗河边的金字塔联系在一起。

它们到底是什么？带着这种好奇，他快速摁下高速快门，拍下了这些建筑物。

照片冲洗出来，他还是无法确定这些堆状物到底是自然形成的还是人类的遗迹。工作之余，他曾拿着这些照片请教过不少中国人，但没人能给出答案。

这些巨大土堆的真实身份，一直是个谜。

1938 年，尼罗河边，一位年轻的中国考古学者走进法老的墓地——金字塔，开启了他的考古学之旅！

1935 年，黄河边，一位年轻的德国飞行员俯瞰到一群神秘的高大堆状物！

夏鼐回国后，长年从事考古工作，成为新中国考古工作的主要指导者和组织者，是中国现代考古学的奠基人之一。他因荣获英国学术院、美国国家科学院等七个外国学术机构颁发的荣誉称号而被称为“七国院士”。遗憾的是，他错过了贺兰山下那些巨大堆状物的考古工作，也因此错过了和当年沿着尼罗河纵越埃及、考古“太阳神之子”的墓葬近似的一个场景：沿着宁夏平原段的黄河，在贺兰山下遇见一个巨大的土堆群。

卡斯特回国后，出版了一本名为《中国飞行》的书，内容是航拍中国的影像集。在这本书中，有一张照片就是他飞越贺兰山时俯瞰到的那些巨大土堆。《中国飞行》的不少德国读者，疑惑地看着那张图片，揣测着那些土堆的前世今生。

21 世纪初一个秋天的上午，从北京开往银川的火车缓缓驶进银川站。英国学

《中国飞行》书影

《中国飞行》一书中的西夏陵照片

远眺贺兰山

者约翰·曼走下火车，第一眼就看到了远处高大曼延的山脉，他兴奋地问陪同他的内蒙古大学讲师照日格图："那就是贺兰山？"

得到肯定答案后，他接着问："我们这次来要看的西夏陵呢？在哪里？"

照日格图耐心地告诉他："火车站对面林立的楼房、厂房以及远处的几所高校，是贺兰山下的银川市西夏区，这些建筑的尽头是一条两旁栽着树的沿山公路，西夏陵在公路的另一端——火车站里根本无法看到。"

那时，正在加速建设的银川市城区、雾蒙蒙的贺兰山脉、正准备收割的滨河稻田，都不是约翰·曼关注的目标。他的目标体现在他惊呼之后涌现出的文字——

与大山遥遥相对的是路旁树顶上方赫然出现的子弹头似的奇特建筑，它们高约 30 米，看上去就像风雨侵蚀的土地上的巨大白蚁巢穴。这里共有九座这种建筑，但乍一看只能看到三四个。其他的已被它们周围的空间吞噬，那是一片绵延 10 千米、从大山低坡冲刷下来的泥土沙砾层。这些圆顶建筑是帝王们的陵墓。

约有八个世纪的时间，这些陵墓就像奥西曼德斯（古埃及王，其墓据说在底比斯的拉米西陵中）的遗迹，神秘且令人敬畏。英国诗人雪莱曾赞颂过奥西曼德斯断落的无躯干的石头腿脚。这里的遗址自然是一个巨型的残骸，由于成吉思汗军队的光顾，没有留下任何尸骸或人工制品，但现在它们却是考古学家们关注的焦点，对旅游者颇具吸引力，同时亦被誉为中国的金字塔。当然，在规模上无法等同于金字塔，但这些陵墓及其方圆超过 50 平方千米的遗址，却体现了一种文化的力量与影响。这种文化曾对一片面积相当于德、法两国的地区进行了长达 200 年之久的统治。因而，成吉思汗把捕食者的眼光投向它应是再自然不过的了。

约翰·曼抵达银川三个月后，我也乘坐火车到达银川。当地宣传部门安排我到卡斯特所拍摄的高大建筑物群——西夏陵去采访。当我面对以褐黛色的贺兰山为背景、矗立在蓝天白云下的一座座巨大的土堆，听着银川市宣传部的工作人员对发生在这里的故事的介绍，我心里顿时涌出了诺贝尔文学奖获得者特朗斯特罗姆的那首诗——《许多脚步》：

圣像被埋在地里，脸朝上，
而践踏泥土的，
是车轮和鞋子，是千百个脚步，
是千万个怀疑者沉重的脚步。

梦中我走入地下一个闪光的水塘，
一次波澜壮阔的礼拜。
多么焦灼的渴望！多么愚蠢的期待！
我头上是几百万怀疑者的践踏声。

我是幸运的，第一次到银川采访，就被直接领到这组伟大的建筑前，聆听来自地下的辉煌之音。站在那片荒凉的冲积扇地带上，面对孤寂耸立的一座座高大土堆，我只觉得大地也因它们而更加荒凉。

这群土堆是装载着无数秘密的巨大容器，而这本书就是这些秘密的见证！

第一部分

党项人走近贺兰山

一　黄土高原上的陌生骑影

以考古学者抑或诗人的身份
我给你写去一封有关春天的信

让一捆月光问候你的乳名
然后，摊开满纸花香
翻唱你飞舞的心事
让一群妙音鸟破土而出，洒落一地香水
用瞬间的绮丽，注解一段辉煌

这献给你的敬念，无须质疑
宣纸上挤满奔跑的情
一个个驿站用时光裹身，盛开遥念
最终的一程，凋零于你的谢幕
谁会捧起，细读为一道巍峨

你婴儿般洁净的面庞
在洁白的稿笺上落下诗句
骨头间的盐，走失在驼铃里
我在书桌旁，等待一封回信
就像腾格里深处的沙丘
永远等不来一场雨

那是一年中长安城最热的时候，渐渐浓起来的夜色，犹如越来越厚的墨汁，涂抹在这个世界之都的上空。长安城内的立政殿里，白天的酷热带来的焦躁与夜色渐浓带来的压抑，就像两条混浊的河流汇集在一起，然后以更大的流势往前推行。大唐皇帝李世民的心境，犹如一叶孤舟，被这股看不见的水推动着、波荡着。他已处于至圣，心情却处于人生的最低谷。

这是一个没有月光的夏夜。在宫灯的照耀下，一个长长的床影软软地印在地面上。而床上躺着的人，正在做生命最后的告别！

床旁，站立着一个高大的身躯，他不时弯下腰，向床边探去。床上，是大唐皇帝李世民的皇后长孙氏，她的生命之灯，即将燃尽于36岁的节点上，而这个节点，就是这个下弦月的夜晚。

李世民焦躁地走来走去，白天处理繁忙的朝政，晚上照看皇后，这种状况已经持续好多天了。他希望皇后的病尽快好起来，然而，皇后的病情却日益严重，整个后宫里充满了忧伤的气息。看着陪伴自己20多年的皇后即将离世，李世民的内心被不时滋生的悲伤击打着。这位伟大的帝王能建立当时最大的帝国，击败周边部族、政权的入侵，却无力挽回心爱女人的生命。

他再次将眼光投向太医，看到的却是太医无望地摇头。他从太医的眼中已经看不到皇后的任何希望了。

守夜的大臣和太医、宫女们似乎也听到了死神悄然而来的脚步声。李世民靠近皇后，看到皇后的脸上突然出现一丝红润。他只能无助地握住她的手，问："你还有什么要交代的吗？"

随即，李世民将耳朵凑到皇后的嘴边。如丝轻吐的声音，传入他的耳朵："自古圣贤，皆崇俭薄，惟无道之世，大起山陵，劳费天下，为有识者笑。但请因山而葬，不须起坟，无用棺椁，所须器服，皆以木瓦，俭薄送终，则是不忘妾也。"

李世民听清楚了，皇后希望死后的陵寝能够依山而建，不必堆高大的坟茔，甚至不用棺木，如果能薄葬，便是不忘她。

这段话，因其具有的历史分量，自如地走进了《旧唐书》等史籍，为我在时隔1000多年后摹写上述情景提供了可靠的依据。

我相信，李世民听完皇后的这个遗嘱，心里一定是震惊的。一个即将走向巅峰的帝国，一个缔造辉煌的帝王，怎么能允许帝国的皇后轻葬呢?

如果地下有知，长孙皇后一定是纠结的：她辞世后，李世民并没有采纳她的意见，而是采取了厚葬。这种厚葬体现了一个丈夫、一个君王对自己心爱之人最高端的爱。

那个寻找陵地的堪舆师在历史上没有留下名字，这不重要，重要的是他直接奉李世民的命令，带着随从、团队出了长安城，往西北方向飞奔而去。他们的目标是横亘于关中平原北部的九嵕山。那是一道东西走向、与位于关中平原南部的秦岭遥相对峙的山脉。

堪舆师的任务是为皇后寻找陵地，在当时，这是一项国家任务。

贞观十年六月的一天（公元 636 年 7 月 28 日），长孙皇后去世。李世民想将皇后安葬于九嵕山。他想让堪舆师为自己当初在九嵕山的想法赋予风水学上的肯定。

2017 年 1 月 9 日的九嵕山，苍黄而凄冷。山下的袁家村被打造成一个具有关中特色的旅游小村。冬日的星期一，小村的游客少得可怜。我选择从这里上山，巨大的牌坊挡住了路，我想它是一个注解，一个关于长孙皇后的注解。只有到这里，对长孙皇后的了解才可能趋于完整。从今天的西安乘车前往九嵕山，有两个小时的车程。我想，那天奉命上山的堪舆师，一行人骑着快马，最快也要大半天才能抵达九嵕山。他们到山脚下后必然是弃马步行，揣着罗盘，穿梭于一座座山峰和一条条沟壑间。国家工程让他们不敢有丝毫懈怠。

完成了初步的勘察后，堪舆师很快返回长安城，向李世民直接汇报：九嵕山是以山为陵的理想之地。一向疼爱妻子的李世民大脑里飞速划过一个个名字和脸庞，最后停顿在当时著名的建筑规划师、画家阎立德身上。

阎立德在很多人的眼里，是一名画家。然而那一年的 8 月中旬，他还兼有另一个特殊身份——长孙皇后陵墓的规划师。他带领人马进入九嵕山，来到堪舆师勘察的地方，按照皇后“以山为陵”的遗嘱，紧张地开始了陵墓的设计！

九嵕山

李世民随父亲打天下时，曾先后骑过特勒骠、飒露紫、白蹄乌、青骓、什伐赤、拳毛騧六匹战马，这些战马真可谓立下了汗马功劳。这位“马上皇帝”对这些良驹念念不忘，特地请阎立德等人用浮雕描绘它们的形貌、神韵。在皇后去世四个月后，六骏浮雕也完成于九嵕山下，这标志着长孙皇后的陵墓正式建成。陵前那六匹战马的青石塑像，就是后来闻名海内外的“昭陵六骏”。

长孙皇后临终前“因山而葬”的遗言，是一种把大山凿空的葬法。这种葬法在李世民的手中变成了现实，开创了唐朝以山为陵的帝陵建筑先河，也使这种新的葬法出现在中国墓葬史中。其实，这种看似“薄葬”的筑陵之法，虽然省了良田，但因挖陵动用的人、财、物一点不少，工程反而更为繁重。

派阎立德前往九嵕山建陵时，李世民或许就开始设想将来与妻子的合葬。13年后，这个设想也变成了“伉俪之道，义期同穴”的现实！

贞观二十三年（公元 649 年）五月二十六日，唐太宗驾崩于终南山的翠微宫，临终前，他留下了一定要与长孙皇后合葬的遗言。几天后，他的第九个儿子——

昭陵六骏局部（仿建）

李治登基。

李治按照父亲生前遗嘱，将唐太宗葬于九嵕山的昭陵，实现了父亲生前的愿望！

李世民与他的父亲，以及中原王朝的帝王一样，有着灵魂不灭、事死如生的观念。所谓“事死如生”，就是对待死者如他活着之时一样，后人应以生时的生活起居、饮食、礼仪时时奉祭已故的祖宗。开始，这是一种滋生于民间的习俗，后来演化成一种制度。在这种制度下，帝王将相也好，平民百姓也罢，不仅将墓葬视为一种盛装亡者身躯的载体，更视为一件福及自身、荫及子孙后代的大事。帝王之陵周围，那些为帝国做出贡献的重臣，死后也被埋葬于此，继续陪伴他们的主人。

从长孙皇后去世的公元636年首葬到公元743年，昭陵陵园建设持续了107年之久，陵园面积达200平方千米，周长60千米，四周有魏徵、徐懋功等功臣陪葬墓180余座，是中国帝王陵园中面积最大、陪葬墓最多的一座陵墓，也是初唐走向盛唐的实物见证。

历代帝王长眠的地方，不仅是风水胜地的具体呈现，更是神秘的艺术殿堂。唐太宗的陵寝同样如此！

唐太宗没有想到的是，自己去世 300 多年后，有人从遥远的贺兰山悄然来到九嵕山下，仔细查看这里陵寝的建筑模式、山水地理，然后将其描绘成图带回贺兰山。

这些人是谁？他们为何要这样做？历史给那一幕拉上了一层神秘面纱。

接过大唐帝国最高权杖的李治并不轻松。雄才伟略的父亲将帝国的军事扩张推向了巅峰，但也让不少隐患像病菌一样潜伏在帝国的庞大躯体内，各种域外势力不时侵扰，或直接威胁帝国，或威胁缓冲带上的帝国友好邻邦。

在崛起于青藏高原的吐蕃势力和大唐帝国之间，党项羌蛰居于青藏高原东北部的边缘地带，一度因吐蕃的侵扰面临灭亡的危险。党项羌和拓跋，这两个词汇至此出现！

在我所知晓的民族中，有两个和"拓跋"相关。一个是从大兴安岭深处的嘎仙洞走出的马背部族，他们一路南下至黄河边，建立了北魏政权的鲜卑人中的拓跋氏；另一个是从青藏高原东北部雄起的党项部，他们在与吐谷浑、吐蕃两个政权的争霸中败北，其中的拓跋部落不甘臣服而辗转于青藏高原东部边缘地带，寻找着生活的家园。

隔着一层厚厚的历史帘幕，我于 21 世纪初的十多年中，执拗地揣着一个在历史幽暗处闪光的词汇——拓跋，在青藏高原和黄土高原交接的大夏河流域、黄河玛曲大拐弯处，以及洮河两岸孤行，我甚至南下至岷江流域，东行入黄土高原腹地进行考察。在仔细地研究了史料中有关"拓跋""党项"的零星记载后，我以甘肃省甘南藏族自治州碌曲县下辖的一个小镇郎木寺为起点南下，沿着岷江上游峡谷独自徒步于岷江岸边的小路。我发现那段逼仄的峡谷和那时逼仄的历史空间一样，将有关"拓跋"的一切压进历史的死角，如果没有对隐在历史事件深处的事实的洞悉能力、对斑驳史料的辨认能力以及对崎岖山路和高山峡谷的穿行能力，是无法走近"拓跋"背后的圈乃至核的。

"茂州"，像岷江劈开巍峨岷山一样突显而来，给我亮出了一道光：它是目前所见史料中党项羌抵达的最南地段，在今天有个新的称谓——四川省阿坝藏族羌族自治州茂县。顺着岷江下行，抵达茂县时，已经进入中国地理意义上的西南地区。

在县城入口处看见一尊雕像，主人是一位威严的骑士，问询当地人才知：雕像的主人叫元昊，是他们敬奉的三大羌圣羌祖之一。2010年，我再次抵达茂县时，政府在羌圣山之巅建了一座羌圣祠，里面分别建堂供奉着炎帝、大禹、元昊——当地羌人敬奉的三位羌圣羌祖。那个叫元昊的人，在他们心中是帝、是圣、是祖。

步入城中，古拙的石刻“茂州”匾额横悬在古城门上。我心里一抖：茂州是一座接纳过党项羌时光的巨大容器，只是被历史蒙上一层浮尘，有关党项羌的光微弱在底处。

从岷江源头至此，或者将漫行于青藏高原的足迹再往前延伸，从青海湖到黄河上游的果洛藏族自治州，然后沿着黄河顺流而行至甘南大草原、洮河、大夏河——一条党项羌，或者再窄化一下，也即拓跋部的迁徙路径，逐渐从驳杂的历史荒原中隐现出来。

从岷江源起步，我其实是沿着一条由零星史料描绘的漫长而隐约的河流在走，“羌”是源头，是我孤旅的起点，而党项羌是一条条涓涓细流，在青藏高原东部地区漫游着、交错着、汇集着。

如果说党项羌像一个移动着的花蕊，那么，党项羌其他各个部落就像花瓣一样围拢着这散发着神奇魅力的蕊心。无论党项羌走到哪里，其他诸部都紧紧相随，像进行着一个庄严而古老的仪式。或者，这些部落更像一株株向外延伸的植物，在黄河上游、岷江上游、洮河上游一带寻找着适合自己的土壤，一旦扎根便自由地舒展枝叶，急速地开花结果，逐渐形成了《隋书·党项传》中记载的“南北数千里，处山谷间。每姓别为部落，大者五千余骑，小者千余骑”的规模！

《隋书》中藏着四个字——“党项羌叛”。它说的是一个历史事件：公元566年，任北周冀州刺史的杨文思，率领军队前往茂州讨伐叛乱的党项羌，这是中国历史文献中第一次出现党项羌的记录，从这个记录可以看出，党项羌在北周时期，已经将势力从青藏高原东北部扩张到今四川西部高原一带，并成为北周政权的一个边境之患。

那时的党项羌就像一股股寻找自由的风，从不同方向吹荡在青藏高原的东部边缘。那些不愿臣服于吐蕃王朝的部落，在青藏高原东北边缘的高山、草原、河流、峡谷交错的地理单元中，或急促或从容地书写着自己的历史。其中最强悍的一支部落，穿越自然和人为的种种障碍，给自己点起盏盏指路灯，夜枕江涛，日越山色，直抵今四川茂县、汶川一带。这个部落，就是文献中称的“拓跋”。

透过1000多年的时光，我像一个执拗地不断寻找最佳钓位的渔夫，在大夏河、黄河、洮河、白龙江、岷江流域钩沉着关于党项羌的历史。

终于，一个贯穿党项羌命运的显赫姓氏，从《隋书》的大塘中被钓起，我发现了一个叫拓跋宁丛的男人，这为我的“寻找党项羌之路”亮出了新的路标。拓跋宁丛是史料中记述的最早的拓跋部落领袖，他于公元585年率部众到青藏高原东北边缘、洮河流域的今甘肃省临潭县一带请求内附，被隋文帝封为大将军，这是第一位被中原王朝授予将军一职的党项人。

拓跋宁丛为党项羌蹚开了一条路：在吐蕃威逼的情况下，向当时的强大文明靠拢，这条路让党项羌的众多部落沿袭了数百年，至少历经有唐一代。

公元596年，拓跋宁丛带领部下入侵会州（今甘肃省靖远县）。隋文帝下诏征发陇西兵讨伐，大破党项羌部众。拓跋宁丛再次请降，愿为臣子。一个历史性的场景出现了：这一年秋天，拓跋宁丛派遣子弟，前往大兴城（时为隋朝都城，今陕西省西安市）入朝谢罪，这是党项人第一次进入中原王朝的皇城，也为后来的党项羌接近中原文明开启了一个端口。

隋文帝杨坚对拓跋宁丛派来的人说：“还语尔父兄，人生须有定居，养老长幼。而乃乍还乍走，不羞乡里邪！”这句话，就像给风一般四处游荡的党项羌牧帐送去了地钉，让他们的牧帐可以稍做停留，让他们从此有了定居地的概念。

隋朝给归顺的党项羌划分的安居地基本是以岷江为界，岷江以西地区归附的党项羌，直接受隋朝边州将吏的控制。

公元618年，大唐帝国以前所未有的姿态出现在历史舞台上。同时期从青藏高原崛起的吐蕃政权，成了一支难以抗拒的向内地侵扰的力量，而分布在从黄河流域到岷江流域的峡谷、草原地带的党项羌，则成了夹在吐蕃和唐帝国之间的一块蛋糕。和唐朝政府的平安相处不同的是，吐蕃以咄咄逼人之势，给党项人出了一道单选题：投降，还是死于吐蕃战刀之下？

夹缝中的党项人，再次面临着族群随时会被强大力量整体吞并的危险。生死抉择，再次摆在了党项人的面前。

公元626年，唐太宗李世民登基。年轻的帝国和年轻的君王都面临着周围少数民族的挑衅和考验。出乎大唐帝国群臣和民众的预料，也令那些侵扰大唐帝国边境的马背政权大为惊诧的是，登基第二年，李世民就告谕天下："夷狄之人，在情感上与中原没有不同。四夷可以如同一家。"

"夷夏一家！"这是一个大气而不失精明的国策。在那个夷夏对立的时代，能够得到正统王朝的平等对待和承认，或许是所有游牧部族可望而不可即的梦想。

不少游牧部族开始归顺唐朝，唐帝国也顺势而为地提出了一个前所未有的对待归顺者的政策——"羁縻"。在这个顺应时代大潮的政策下，不少游牧政权纷纷归顺唐帝国，既免除了民众的刀兵之灾，也壮大了唐帝国的实力。

青藏高原边缘的党项羌部落也开始闻风而动，纷纷请求内附。李世民在和唐帝国毗邻的党项羌之地设置了四个州，封这些归顺的党项羌首领为刺史。

从《旧唐书》《新唐书》《资治通鉴》等史料中，我整理出党项羌的主要活动区域：岷江上游，黄河上游的甘南大草原、河湟谷地，以及巴颜喀拉山以北、祁连山以南的高地。

到公元632年，党项羌先后内附者30万人。唐朝在党项羌生活的核心地区——今甘肃南部、青海东南部和四川西北部设置了16个州，用以安置内附的党项羌。

在这场归附大潮中，却有一支不愿归顺唐朝的党项羌，他们的领袖叫拓跋赤辞。

公元635年，时任西海道行军大总管的李靖统领五路大军征剿吐谷浑残部。廓州（治所在今青海省化隆县西）刺史久且洛生想劝降拓跋赤辞，他派人跟拓跋赤辞说明了当时的军事形势及利害关系。拓跋赤辞对前来招降的使者说："我身受吐谷浑给予的亲戚之恩，应该肝胆相照、生死与共，怎么能顾及其他？你快速离开，别让你的血玷污了我的战刀。"久且洛生得知拓跋赤辞不肯投降的消息后，便率骑兵出击，在肃远山一带击败拓跋赤辞的军队，击毙数百人，掳掠6000多头牲畜。这场袭击，埋下了一个可怕的伏笔。

在征讨吐谷浑的唐朝军队中，有一支是由岷州都督李道彦带领的。他们从松州（治所在今四川省松潘县）出发，目标是攻取今青海省共和县一带。这支唐军的行军路线必须经过拓跋赤辞统领的党项羌地界，李道彦派人以钱币贿赂拓跋赤辞。拓跋赤辞回复说："当初，隋朝军队进攻吐谷浑，党项羌曾经提供给他们军用物资，可是他们言而无信，见到什么就掳掠什么，现在你们如果没有他心，我可以提供物资粮草，如果欺骗我的话，我就凭借险要地形来阻断你们的行军之路。"

为了取得拓跋赤辞的信任，唐军将领和拓跋赤辞歃血为盟。他们骗取了拓跋赤辞的信任，让其允许这支唐军从党项羌的地界上经过。然而，唐朝军队行军到今四川省松潘西时，开始掳掠当地牧民的牛羊。拓跋赤辞带领党项军队抗击唐军，导致唐朝军队死亡万余人，拓跋赤辞乘势侵犯叠州（今甘肃省迭部县），李道彦只好带领唐朝军队退守松州。

李道彦的失信使唐朝失去了抗击吐谷浑的联盟，也使唐朝西北边境再次落入党项羌的侵扰中。唐太宗得知拓跋赤辞由支持吐谷浑抗唐，到援唐最后再反唐的真实情况后，下令将李道彦撤职并流放边地，同时继续招降拓跋赤辞。这次，唐朝选择从拓跋赤辞的侄子拓跋思头着手，做他的工作，使拓跋思头带领一支党项羌降服唐朝，接替李道彦岷州都督之位的刘师立也再次遣人前往拓跋赤辞处进行招降。在包括侄儿在内的党项羌各部落大多归附唐朝的形势下，拓跋赤辞在拓跋思头的引荐下向唐朝归降，被唐朝政府封为西戎州都督。

唐朝政府对拓跋赤辞带领归附的党项羌给予重视和礼遇，不仅封官赏地，还赐给拓跋赤辞皇室之姓"李"，这是党项羌历史上拓跋氏第一次被朝廷赐姓。对于此前此后归附的党项羌，唐朝政府继承了汉代"属国"制和魏晋以来中原王朝的"都护""护军"制，形成了唐朝独有的也相对成功的管理边疆少数民族的羁縻政策，让这些归附的少数民族政权在属于自己的领地内接受唐朝的册封，同时又有高度自治权。

唐朝一共设置了 856 个羁縻府，党项羌统辖的羁縻州就有 167 个。

“贞观之治”的盛世过后，唐朝安置党项羌的羁縻州也越来越靠近内地。

公元 7 世纪 70 年代，面对吐蕃的强大攻势，统领党项羌 18 个部落的酋长拓跋立伽派人前往长安，向唐高宗请求内迁。唐朝政府将设于今甘肃省庆阳市的庆州都督府和设在六盘山西边的静边州都督府（当时的静边州都督府辖境还包括今甘肃、青海、四川三省相邻地区，是原隶属松州都督府的党项羁縻州、府所在地）用于安置内迁的党项羌。

拓跋立伽率党项羌部众从庆州出发，向北穿行过黄土高原，来到今陕西北部的横山县无定河南岸一带。因唐朝设置的银州郡在横山县党岔乡附近，拓跋立伽的儿子后来被封为静边州都督、十八州部落使、银州刺史。这是党项羌进入陕北黄土高原的开端，也标志着唐朝党项羌内迁高潮的到来。

“安史之乱”爆发时，党项羌已经完成了在陕西北部、甘肃东部、宁夏东部等地区内迁后的安置，一个个党项羌部落，像一枚枚棋子，散落在这些地区。

随着吐蕃势力向内地逐步逼近，迁徙到黄土高原的党项羌再次面临灭族之灾。拓跋立伽带领数万党项羌开始再次流徙，这支身穿高原服饰、说着羌语的族群，带着远离故土的愁绪，向黄土高原西北部迁移。

这是拓跋立伽为党项羌完成的最后一项人生使命！率众迁徙到黄土高原北部不久，拓跋立伽就去世了。

上述关于党项羌的流徙背景介绍，并不是我着墨之初心。拓跋立伽的儿子和族人举行的一场在今天的我们看起来十分怪异的葬礼，才是我关注的重点！

他们将拓跋立伽的尸体放在一堆柴上，红色的火苗舔舐着尸身，衣服被烧尽，肉体燃起来，火焰升得更高，火光映照着送亡者的脸庞。在他们的意识里，尸体烧得越快，烧得越干净，意味着亡者的灵魂升天的可能性越大。火焰淡下去后，他们仔细地将骨灰收藏起来，装在一个陶罐里，再将陶罐放在小石棺内，然后将石棺埋入大地。这就是唐代史书中对党项人葬俗的记载：“死则焚尸，名为火葬。”

冬天的无定河

后来，部落中有地位的人亡去，都是这样被火带着告别人间的，寓意灵魂被升腾的火焰送往天堂！

这种风俗被保留下来，和后来的土葬成为党项羌两种主要的丧葬形式。关于后者，我想通过下面这段虚构的文字来展现其场景：

开始，拓跋任渠的妻子并没发觉有什么不对劲。她和往日一样，早早地、轻手轻脚地起来，穿好衣服走出牧帐，烧火、煮茶、打开关牛羊的简易圈门。一切都完成后，她看见阳光不紧不慢地将影子准时投到牧帐前。她不再蹑手蹑脚，而是直接掀起帘子，让阳光挤满整个牧帐，丈夫的脸庞呈现在眼前，她并没留心那张脸有什么异样，而是轻声地叫他起来喝茶。一遍、两遍、三遍……平时，一两声的呼叫，丈夫就会起来，可是这天却一直没有任何动静。她这才发觉有什么不对，快速走到丈夫跟前，她推了推，不见任何反应。伸出手去一探——天哪！没气了。她愣在丈夫身边，时间凝固了！拓跋任渠是部落里一个重要的武将，死在这个看起来和平常没什么区别的早晨，他的妻子第一反应是去请巫师，然后再安排后续事宜。

“当一个有身份的人去世，在等待安葬入土的时候，他的亲属请来巫师，根据死者出生年月日选择合适出殡的日期和时辰。为趋吉避凶，亲属不敢随意改变巫师择定的日期，所以死者遗体不得不长期停留在家中，有时停柩一周或数周，甚至必须半年之数。为了防止尸体腐烂，他们用厚度约 10 厘米的木板为死者制作一副十分坚固的棺材，外面涂上一层油漆，接缝处填上沥青和石灰的混合物，然后把整个尸体用绸布包扎起来，放在棺材里面，撒上大量的香树胶、樟脑和其他药材。一般在家里停柩时，灵前的供桌上，每日必须陈列面食、酒和其他食物约一餐饭之久，让死者享受食物的香气。有时巫师告诉亲属，死者的灵柩不宜从大门运出，亲属就必须把棺材从旁门甚至是穿墙运出。葬礼一般在城外举行，灵柩送出城时，在必经之路每隔一段距离必须建造一种独立的棚屋，装饰彩绸，作为临时停柩的地方。每逢灵柩停下时，不管时间长短，都必须摆上酒食，停一站摆一站，直到棺材到达目的地为止。他们认为这样做，能够让死者的灵魂得到休息，有力气跟着前进。同时，他们在殡葬过程中还有一种风俗，用某种树皮制作的纸为死者绘制大批的马匹骆驼、钱币和衣服，与尸体一起火化。他们认为死者在阴间将会享受纸片上所画的物品。在举行殡葬仪式的时候，所有乐器全部击响，霎时间吵闹喧嚣震耳欲聋。”拓跋立伽去世 600 多年后，意大利人马可・波罗在他的父亲和叔叔带领下，历经四年时间来到党项羌建立的西夏王朝旧地沙州（今甘肃省敦煌市）一带，看到了这种习俗，上述文字是他在《马可・波罗游记》中记述的。

拓跋立伽去世后，为了安抚这支远路迁徙而来的武装力量，唐朝政府封赏了拓跋立伽的儿子。

静边州都督的权力接力棒，开始在这支党项羌的最高首领间传递！当拓跋思泰出任静边州都督时，历史再次赐予党项羌一个巨大的契机。

“安史之乱”爆发后，唐玄宗南下四川避难，他希望崎岖难行的蜀道能使安禄山的骑兵却步；太子李亨却选择了一条和父亲逃亡成都平原不同的路线——北上灵州（今宁夏回族自治区灵武市）。公元 756 年，宁夏平原上的灵州迎来了太子李亨。三天后，灵州南城门楼上，李亨在众人簇拥下即位，把这里的行政级别从灵州郡升为灵州大都督府。他一面派人到四川告知唐玄宗，一面派人出使西北地区的少数民族各部，联合各部讨伐安禄山。

驻守在距离灵州只有300多千米的静边州都督拓跋思泰看到了契机，他立刻举兵勤王，使党项羌成为第一支赶至灵州保卫唐肃宗李亨的少数民族武装力量。他带领党项羌参与到平叛“安史之乱”的战斗中，因为战功卓著，被升为容州刺史，领天柱军使，后来升任“灵州都督”。

拓跋思泰死后，被追赐“右监门卫将军员外置同正员使持工节洫等一十二州诸军事兼静边州都督仍充防御部落使”。他的儿子拓跋守寂继承了静边州都督职位。拓跋守寂的孙子拓跋乾晖后来也出任银州刺史。

晚唐时期的另一件历史大事，再次给党项羌创造了一个绝妙的历史机遇！

公元873年，拓跋思恭带领党项羌占据了宥州（今陕西省靖边县西），他自称

灵武仿建的灵州兴唐苑

刺史并开始在内蒙古和陕北交界地区培育地方军事实力，他一方面讨好中原政权，一方面准备军事和行政的双重独立。

公元 881 年，拓跋思恭带领党项羌镇压黄巢起义，不仅得到了大量和内地军人作战的军事经验，还得到了大量的军事装备和俘虏，更重要的是，他们得到了唐政府的首肯和此后合理发展军事与行政力量的“许可证”：镇压黄巢起义后，拓跋思恭被唐僖宗任命为夏州（核心地在今内蒙古自治区乌审旗南）节度使，不久又被晋封为夏国公，统领陕北大片土地，党项羌从此进入鄂尔多斯高原和黄土高原大部分地区的军事力量储备和扩张时期。拓跋思恭助唐成功后，唐僖宗再次赐拓跋氏为李姓。

拓跋思恭以“虽未称国而王其土”的方式，在夏州开始一尝君王之权力：在自己统治的辖区内任命官吏，征收租税，俨然将夏州变成一个小国，使夏州成为党项贵族在接受汉族文化过程中最早的一个实验场。它像一支巨大的试管，实验、培育着一个新政权最初的细胞。

公元 8 世纪中期，陕北一带的党项羌中出现了八大种姓部落，其中以最初带领部族内迁的拓跋立伽为代表的拓跋氏势力最强。以拓跋部为主的党项羌以今陕西省横山县无定河以北的地区为中心进行扩张，使这一带成为党项拓跋部兴起的基地。他们循着无定河水的脚步向外走，寻求着成长的机会。

被安置在黄土高原的党项羌并没有得到唐朝政府的全部信任。一方面，唐朝政府赐给他们封地，让他们依然保持着昔日的畜牧生活；另一方面，为防止党项羌的军事强大，唐朝政府又颁布了禁止向党项羌出售马匹和武器的禁令：公元 787 年 12 月，唐朝正式出台“禁商贾以牛、马、器械于党项部落贸易”的禁令。

拓跋思恭死后，他的弟弟拓跋思谏继位（文献中，逐渐将此后的拓跋氏冠以李姓，为便于读者理解，这里仍将这一时期的拓跋氏保留原姓）。拓跋思谏死后，由拓跋思恭的孙子拓跋彝昌继位。这就形成了拓跋家族在夏州的世袭局面，夏州也成了拓跋氏带领党项羌扩大势力的根据地。拓跋彝昌去世后，他的族父拓跋仁福继承了定难军节度使的职位；拓跋仁福去世后，他的儿子拓跋彝超代理职权。早在拓跋仁福执政期间，后唐明宗李嗣源就惧怕拓跋家族联合契丹，得知拓跋仁福去世，便发布命令，让拓跋彝超和治所在今陕西省延安一带的彰武节度使安从进对调，并派人接收夏州地区，从而引发了一场拓跋部的夏州保卫战。战斗中，党项羌联合其他西北少数民族的骑兵万余人迎击后唐兵。双方战斗了数月，夏州一直没有失陷，拓跋彝超兄弟登上城楼对后唐军说："夏州是一个贫瘠之地，并没有珍宝和财富；只是我们的祖辈一直在此守卫，不想失去这个小城。这样的一座小城，你们打胜了也不算什么本事，又何必耗费这么大的精力来攻打呢？"

在后唐军兵士厌战、粮草供给不足，党项人占据有利地形的情况下，后唐军选择了撤退，撤退时留下的大量武器装备成为党项人重要的兵器补给。同时，这场撤退也提高了党项羌在西北地区少数民族中的威望，此后中原的中央政权对党项羌再也不敢轻视了。拓跋彝超死后，他的兄长拓跋彝殷继续执掌夏州政权。拓跋家族，像一棵将根须牢牢伸向地下的大树，在夏州境内稳稳地扎下了根，这棵大树，开始枝繁叶茂！

有一条小河，从今陕西省定边县和吴起县交界的白于山北麓缓缓流出，河两边的植物中红柳唱主角。到了晚秋，色染一树，给两岸挂起一道红色的帘幕，于是这条河便有了个诗意的名字——红柳河。河水蜿蜒进入内蒙古鄂托克前旗境内后，随着土壤沙化越来越严重，红柳渐渐减少，这条河又有了一个颇具游牧民族特色的名字——萨拉乌苏河，河流流经靖边新桥后称为无定河。河水穿过黄土和沙漠交错的沟壑，经陕西省清涧县汇入黄河。我在这里无意对一条河进行丈量或抒情，我做的是考证那时出没于其间的党项羌踪迹。在我眼里，这条河是一条奔波于黄土高原和鄂尔多斯高原边缘的岁月之河。只是，那时闪耀在波光上的游牧骑影，如今早已沉入地下千余年。

冷兵器时代，无定河流经的地域，一直是中原政权与北方游牧民族反复争夺的热土。被唐朝政府内迁安置到这里的党项羌经过长达百年的大规模政策移民，犹如一块逐渐发酵的酵母，形成一方割据势力。尤其是唐朝政府对内迁的党项羌实行不征税的政策，越来越多的党项羌及西域各游牧部族甚至内地汉人前往这里定居、贸易。对党项人实行税收优惠政策，在唐代大诗人白居易的《代王佖答吐蕃北道节度使论赞勃藏书》里有明显的证据："且如党项，久居汉界，曾无征税，既

贺兰山脚下的西夏陵

感恩德，未尝动摇。”

公元 907 年，唐帝国灭亡，一个盛世就此结束。党项人未来之路在哪里，他们将何去何从？

唐帝国消亡后，中国的历史天幕上出现了五代十国的乱局。内地的纷乱中，各种政治、军事力量相互角逐、争夺，很少有人去留意党项人盘踞的那片偏远而贫瘠的土地，也很少有人留意到，党项人以自己的坚韧坚守着那片唐王朝赐予的土地。或许，在他们的概念中，这片土地是他们的祖先用鲜血和生命换来的，是大唐帝国正式册封的，就该好好呵护。

然而，这片贫瘠之地，在军事家的眼里却有着重要的战略地位。早在秦汉时期，这一地区就是北方匈奴与中原王朝角逐的战场，北方游牧政权一旦占据这里就可马进中原，而中原王朝一旦控制这里便可横刀大漠。在五代十国的乱局中，这片战略之地被党项人悄悄经营着。一块适宜耕种的土地被经营，或许能带来好的收成，一块战略之地被精心经营，或许带来的就是另一种结局。

苦心经营这片土地的党项人，将会有怎样的收获呢？

公元 963 年，无定河边的一个小村庄（位于今陕西省榆林市米脂县），一个叫李继迁的党项男孩出生了（1606 年 9 月 22 日，中国历史上著名的农民起义领袖李自成也出生在这个村子里，他的父亲希望他和先祖李继迁一样成就一番事业，便给他取名鸿基）。

李继迁的一生，是马背上传奇的一生。传奇的开始，是他 12 岁时被时任定难军节度使的李光睿看重，并被李光睿授为管内都知蕃落使，这个职务他一直担任到 20 岁。他是党项羌历史上有记载的最年轻的军事将领。

李继迁 20 岁那年，一个历史事件的发生，不仅改变了他的职务与命运，也改变了党项羌的历史命运。这件事就是他的族兄李继捧决定带领族人从银州（位于今陕西省榆林市）内迁宋朝的国都东京（今河南省开封市）。

公元 960 年，宋朝建立，夏州节度使拓跋彝殷当即派人到东京进贡，表示臣服于宋朝，以此赢得了宋朝的信任，而这种信任也换来了党项羌在夏州一带快速发展的外部环境。

李继迁画像

拓跋彝殷去世后，宋朝追赐他为夏王，夏州一带的党项羌政权由李继迁的堂兄李继捧执掌。

公元 981 年 8 月的一天，东京城内的皇宫，宋太宗接到两道来自南北边疆地区的奏折：一道是北宋和今越南刚刚结束了“黎州之战”，这个消息让批阅奏折的太宗很是欣慰。然而，当他打开紧随其后的那道来自夏州的密折时，脸上的笑容顿时凝固了。这是一道密告夏州节度使李继捧不称职的密折，请求朝廷派使节到夏州调查。

宋太宗的决定令群臣和夏州拓跋氏都深感意外：他遣使到夏州，诏令李继捧携带家眷到东京。李继捧接诏后不愿离开故土，但在朝廷使节的督促下，不得不带族人和家眷离开夏州，一路南下，前往东京。同时，宋朝派汉官前往夏州任知州，由党项羌经营的夏州政权开始由汉族人执掌。

李继捧想带领族中的精英及贵族前往东京，他的堂弟，同为党项羌贵族的李继迁本来也在征召之列，但他强烈反对离开故土。

最终，东京城里繁华的市井与奢靡的生活改变了李继捧这位第一个走进宋朝都城的党项羌领袖，他向宋太宗表示，愿意献出自己管辖的所有地盘，彻底归顺宋王朝。

宋太宗欣然接受了这份主动送上来的礼物，不仅封李继捧为彰德军节度使，而且为了更好地控制党项高层人物，提出把整个李氏家族迁到东京。这一举措表面上是让李氏家族进京享福，实际上却是完全地钳制住党项羌，于是很快在党项羌内部激起了风暴，李继捧的族弟李继迁就是强烈反对者之一。得知李继捧要献地称臣，李继迁马上召集弟弟李继冲、亲信张浦等人商讨对策。他说：“自祖先来到这里，已经 300 多年了，党项羌先祖占据了周围的州郡，雄视一方。现在宋朝下令让我们前往京师，我们的情形危急啊！”他随即决定带领部属撤离银州，寻找新的根据地。

这时，有人建议李继迁在银州举兵，但张浦建议他向北边水草丰美处发展，一可壮大实力，二可联系散居在那里的党项羌部众。然而，说起来容易，到底哪里才是家园，哪片土地才能盛得下他们逐渐做大的梦想呢？

我只能替那时的李继迁假设这样一种可能：张浦前期悄悄派出的谍报人员已经探查清楚，地处沙漠深处的地斤泽（今内蒙古自治区鄂尔多斯市境内），是个适合隐蔽并能发展的地方。

离开银州的前夕，一场谨慎的密谋在灯下进行，怎样才能成功地逃离这座危险之城？答案很快揭晓。银州城内突然遍传这样一条消息：李继迁的乳母病亡。“发丧”之日，守城的宋军发现一辆灵车缓缓而来，丧乐吹奏，送灵的人悲戚于色，一切都没什么可怀疑的。

这支穿着白色丧服的送葬队伍就这样向郊外走去。远离守城宋军的视线以后，历史的魔术箱被打开了。随着李继迁的一声令下，随行的送葬者脱下丧服，纷纷奔向灵车。灵柩盖被掀开，里面并没有人，而是藏起来的武器。

那是个兵器被列为禁止在边境地区流通的时代，李继迁这样的背叛者是不允许带兵器离开银州的，他们只能用这种方式，将兵器暗藏于灵柩之中，让家属与部下扮作送葬者，既能保证将兵器送出，又能让亲人和随从集体出逃。他们的目标，是夏州东北300多千米的地斤泽，在那里，他们将和散居当地的党项羌联合起来，共举抗宋大旗。从此，李继迁开始了他叛宋自立的征程。

我并不关注李继迁带领的这支队伍是如何在那样的环境中成长、崛起的，我关注的是他在离开银州时采取的以葬礼为掩护的谋略，它让我明白这片土地上的党项羌已经在葬俗上有了明显的变化，他们已经采取以木棺为葬具，实行土葬。

二　一路向西：灵州

城门开，灵车踩着正午的阳光舞蹈
合盖，兵器和阴谋挤进来
路边的野雀，睁大眼睛
一匹马，穿越岁月的缝隙
使命是：递交战书
结局是：累死于归途
一路向西，不再是颂歌穿城高唱
一场对峙，谱写在两个少年脸上

鱼虫升起，映见盔甲
斩断坟茔的头颅，坐饮伤楚
蹄声寂静时，失败者留下羞愧和家眷
流水卷走的尸体，丢失了双眼
关于葬地的秘密，守候至今

对有毅力者而言，严酷的环境往往会变成人生的磨砺而不是哀叹的低谷。毛乌素沙地，成了李继迁的人生磨砺场。

那是何等仓皇的历史时刻。他们借助一个小小的计谋，从银州脱逃。时隔千年，我无法确定李继迁带领那些坚定的追随者出银州城，是一场早就谋划好的出逃，还是慌乱仓促且无奈的选择。可以肯定的是，在当时对马匹和武器严格控制的情况下，这支伪装的送葬队伍无法将马匹、粮草送出，他们应该早就在城外的某个村庄安排了便于逃身的马匹、粮草。

一旦被宋军发现，他们的命运可想而知。出城后，这批人便迅速向毛乌素沙地东北而去，北方沙地的炎热中，马踏深沙，人忍饥渴。眼前尽是黄沙或盐碱地，越往前走，大家的心越凉。甚至，有人开始嘀咕：是不是张浦派出的人没有找到所谓的沙地深处的地斤泽？李继迁的心里也没有谱，但他相信张浦的办事能力，便不时地安慰大家，再走不远就到了。

翻过一个沙丘，突然，有侍从站在前面的沙丘上回过头来大喊："到了，地斤泽到了！"站在沙丘上，李继迁看见不远处的沙漠腹地有一片水草之地安静地卧在夕阳下，那里有碧绿的草地、湛蓝的湖水，不时还有水鸟飞起，向远方掠去，勾着这群亡命之人的视线，探向蓝天。在视线自远处回归眼前的过程中，他们看到的是蓝天、绿地、黄沙、羊群交错的一幅立体画面。他们疲倦的心就像一件件褴褛的衣服，而眼前的这幅立体画就是一位从天而降的浣衣女神，洗涤着他

从地斤泽崛起的党项军队（纪录片《神秘的西夏》截图）

们的仓皇、疲惫和迷茫。

黄昏的湖水，映照着这群亡命之人紧张但有序地安营扎帐，很快，帐篷里升起了炊烟，湖边响起了孩子们的嬉笑声，茶香萦绕在沙丘和绿地之间。

一轮沙地明月升起，妇女和孩子们安睡了。李继迁让妻子和母亲到旁边的小帐篷去休息。这两个女人并不知道随后在那座最大的帐篷里发生的事情：当随从的骨干们走进李继迁的牧帐时，他们发现，一幅画像被挂在正中间，李继迁郑重地在画像前焚香、跪拜，大家便跟着跪拜。

礼毕，李继迁一脸肃然地说："这是我让人画的先祖拓跋思恭画像，我的高祖拓跋思忠曾跟随他平定黄巢之乱。他给我们拓跋家族带来无上光荣，几代以来，一直是我拓跋人的楷模。"

随后，那些跟随者听李继迁讲述了一件事。拓跋思忠在征讨黄巢之战中，曾经受命在渭桥上阻挡黄巢军队。当时，桥上有一只铁鹤，拓跋思忠朝铁鹤远射一箭，箭头直接射进铁鹤的羽毛中，黄巢手下的军士被震惊了。就在他们诧异不已时，拓跋思忠带领自己统领的党项羌士兵冲入对方阵营，击敌无数，成功地保卫了长安城。战争结束后，拓跋思忠被赐封为宥州刺史。

对党项羌来说，拓跋思忠打开了一个很好的局面！他开启了这样一个链条：李继迁的曾祖拓跋仁颜被赐为银州防御使，李继迁的祖父拓跋彝景、父亲拓跋光俨相继在后晋、后周两朝继承唐代赐予的官位。

然而，宋朝取消了对党项羌的优待，屡屡防范他们。唐朝以大度将他们揽进帝国的怀抱，而宋朝用猜疑将他们推向了对抗甚至反叛。

这位年轻的党项羌首领，在这片沙海腹地，祭起了复兴党项羌的大旗。在这面复兴旗帜下，散居黄土高原上的党项部族纷纷投附李继迁。一个以李继迁为核心的党项羌新族群，在离开青藏高原 300 多年后出现在地斤泽。莎士比亚在《皆大欢喜》中这样感叹："世界是一个舞台，所有的男男女女不过是一些演员，他们都有下场的时候，也都有上场的时候。"党项羌的舞台上，李继迁上场了。

就像在一畦稻田中将为数不多的几株稗子从水稻中挑选出来一样，我开始在《西夏纪事本末》《西夏纪》《资治通鉴》等史书中艰难地遴选有关灵州的记录，

从地斤泽崛起的党项军队（纪录片《神秘的西夏》截图）

并将与之有关的历史事件串联起来，串联成一个党项羌与灵州有关的发展史！

党项羌的高层决策者对灵州是有预谋的！

10 世纪末，宋廷派往西北驻守的名将中，窦神宝一直是低调的。如果不是为了本书的写作，我很难在自己的阅读史中发现这个人。他在公元 984 年，被一纸调令牵着，从并州（今山西省太原市一带）前往夏州，和尹宪一起屯驻夏州。他们的防御对象，是李继迁带领的那批党项羌；他们的任务，是构筑一道防止李继迁攻宋的藩篱。

驻守夏州的日子里，窦神宝是纠结的。他在前线，比后方的那些边防政策制定者更清楚防御对象的心理。恰好在那段时间，朝廷常常派使者到夏州附近的绥州（位于今陕西省绥德县）、宥州、麟州（位于今陕西省神木市东北）、府州（位于今陕西省府谷县）一带，招募愿意攻打契丹的部族，赏赐他们钱物。这种做法产生的隐患，朝廷并没有察觉。窦神宝在一份奏疏中表达了自己的意见："这些部族的首领都是狼子野心，这样做或许会使有野心的酋长们势力坐大，发生边患。"

他的意见得到了皇帝的赞许，皇帝下令停止这种做法。从这道奏疏中，不难看出窦神宝的军事远见，或许这份远见也是他能够镇守夏州长达八年的原因。

随后，窦神宝奉命出使今宁夏北部一带地区，负责检阅当地的堡垒与兵马布置情况。

窦神宝准备离开夏州前往今宁夏境内时，怀揣着朝廷调令的慕容德丰，正行进在从邢台调到延州（位于今陕西省延安市）的赴任路上。

慕容德丰还没到延州，今甘肃环县一带发生了一场牛姓家族的叛乱，宋太宗紧急下诏，命令窦神宝乘驿车前去延州，暂代慕容德丰的职务并负责平叛。

不久，李继迁率众攻打鄜州（位于今陕西省延安市富县），窦神宝因及时带军救援，被升为供奉官，负责往灵州押送粮草，并受命和慕容德丰一起驻守灵州。

李继迁一直想从大宋西北疆域防线中撕开一道裂缝，他长期和驻守陕北境内的宋军交战，可一直没能从这道严实的防线中有所突破，于是，他的眼光转向西边，位于今宁夏境内黄河边的灵州出现在他的军事扩张视野中。

李继迁、窦神宝，两个人的交锋开始于灵州。

雪落灵州，寒冷中充满着一股杀气！李继迁身上迸发的扩张狂热，催生了这股杀气。它像一把看不见锋刃的尖刀，正从陕北一带直逼灵州城。

和党项羌有着长期作战经验的窦神宝，派出慕容德丰带兵迎战李继迁，故意输给对方。夜色中，他走上城头，望着散落于远处的党项羌营帐，似乎看到一脸骄傲的李继迁正在大帐中享受着白天的胜利带来的喜悦。深夜时分，窦神宝发出出兵的命令，慕容德丰奉命带着宋军的精锐出城，突然出现在党项人的营帐四周。

这场偷袭，宋军取胜。

看到硬攻失利，加上宋军采取了更为严酷的剿灭政策，李继迁开始思考改变对宋策略。李继迁的堂弟李廷信，带着橐驼、名马前往东京，向宋朝请罪。那时的宋朝，确实希望西北地区太平，好腾出手来对付东北方强大的辽国。为了表示对李继迁求和的重视，宋太宗在崇政殿专门召见了李廷信。这是我们很熟悉的、中原王朝优待游牧部族武装力量的一幕，体现了中原王朝对待游牧部族的态度。或许是宋朝没有发觉李继迁暂时求和的真实意图，或许是想以此缓和西北地区的紧张局势，李继迁成了这场交易的赢家。宋太宗不仅对李廷信加以安抚，还赏给李继迁厚重的礼物。在李廷信离开时，宋太宗特意让他带上自己赏赐给李继迁的三张弓。按照文献记载，这三张弓，没有举起一石六斗臂力的人是无法拉动的。

赠送李继迁这样的三张弓，宋朝的用意究竟何在呢？

或许是宋朝的赏赐让李继迁看到了好处，或许是为了给党项羌创造更多的和平发展时机，李廷信返回后的第二年，李继迁身边的汉族谋臣张浦，以特使、左押衙的身份，带着良马、骆驼出现在东京，他的意图也是向宋求和。

还是特殊的宽待和礼遇，宋太宗特意在崇政殿召见张浦。张浦提出，李继迁并不想为乱边境，想向大宋求和，但希望得到宋廷的赐封。

在大殿上，宋太宗并没有直接答复张浦的要求，而是按照事先安排，让一名强壮的卫士挽着一张巨大的硬弓出场，当着大家的面，卫士缓缓拉开了那张硬弓。

宋太宗转向张浦问道："北方的那些戎人敢和我们为敌吗？"

张浦深知宋太宗这样做的意图，也知道自己的使命是求得缓和，而非争强好胜，便假意示弱道："党项羌那里可以说是弓弱矢短，看见这样的勇士，早就逃跑了，怎么敢和大宋为敌呢？去年，您赏赐给李继迁的三张硬弓，党项羌内部就没有人能够拉得开。"多么虚伪的恭维，游牧部族的武士在拉弓射箭方面岂可能输于中原的将士？可惜宋太宗没有听出张浦的弦外之音。

宋太宗对张浦说："那些戎人生活得很贫穷，饮食和穿戴都粗俗不堪，没有什么可留恋的，李继迁为什么不投降大宋，永葆富贵呢？"

张浦对此保持了沉默！

张浦出色地完成了李继迁交给他的任务，让宋朝封李继迁为银州观察使，并赐名赵保吉，但自己的命运却发生了变化。宋太宗的宰相献言："李继迁是个不可小看的人物，自从叛宋以来，张浦一直是他的谋主，军中一切大事，都向张浦咨询，有了张浦，他才能成就目前的事业，如果将张浦扣留下来，李继迁就失去了谋士。"

通过一系列试探，宋太宗也看出张浦是个难得的人才，便说："张浦继迁谋主也，留之京师，以为郑州团练使。"

张浦因此被宋朝软禁在东京，并被授予了郑州团练使的官位。

得知宋朝软禁张浦的消息后，李继迁决定发兵围攻灵州，试图以此来威胁宋朝，让宋朝释放张浦。在他的眼里，张浦是一个值得拿灵州城换取的人物！

张浦暗地里派随从回去劝说李继迁忍让，并让随从在返回途中留心宋朝往灵州的运粮路线，向李继迁建议：劫掠宋朝运往灵州的粮草并谋取灵州。

这时，李继迁的内心开始描绘一幅更大的蓝图，灵州就是这幅蓝图中最醒目的部分！

公元996年，李继迁和灵州开始了又一场“邂逅”。

这年正月，得到探子的准确消息后，李继迁按照张浦派人偷偷画下的宋军运粮线路图，将劫掠宋军粮草的埋伏圈设在浦洛河两岸，他们在严寒中等待宋军前往灵州的粮食运输队。运输40万担军粮的辎重进入埋伏圈后，李继迁带领的党项羌骑兵发动突然袭击，宋军护送的军粮被李继迁全部劫掠。

劫掠粮草不是李继迁的目标，四个月后，李继迁发动了对灵州的围攻。其间，灵州一带发生地震，竟然持续200多天，城中粮草耗尽。困守城中的窦神宝暗中派人白天去河东路买粮，晚上再想办法避开党项人偷偷运到城里。李继迁带领的党项军队围困了灵州城一年多仍攻不下，加上宋朝援军到来，李继迁只好退兵。

窦神宝，这个在宋朝军事史上并没有被浓墨重彩书写的军事将领，在灵州守卫战中创造了坚守一年的奇迹。而在千年后的宁夏地方志中，竟然没有对他的描述。历史往往就是这样，在不该吝啬的时候，却节俭到令人不解的程度。

站在今天的视野下，我觉得那时的李继迁显然低估了宋朝方面的实力。面对李继迁如此侵扰边境，甚至威胁大宋在西北的军事重镇灵州，宋朝该怎么决断呢？

请让我将时光倒流一下，回到李继迁围攻灵州的那一年，也就是公元984年的秋天。那时的李继迁正带着追随者藏身于地斤泽中，那是他认为偏远而安全的隐身之地，是图谋崛起前的力量积聚之地。他没想到的是，宋太宗会在当年10月突然下令，让知夏州尹宪和都巡检使曹光实向地斤泽的党项羌武装力量发动袭击。夜色和忙乱帮助了李继迁，他在仓促间带领随从逃身，但母亲和妻子却被宋军俘虏到今延安一带的保安军！

这一俘，就是12年。

12年间，李继迁并没有因此而放松对宋朝的侵扰，在大业面前，母亲和妻子的安危被他放在了一边！就在母亲和妻子被俘两个月后，就出现了《西夏书事》中记载的“冬十二月，聚兵黄羊平（今内蒙古鄂尔多斯市乌审旗南部）”，更是出现了“羌豪野利等族皆以女妻之”的情形，新娶的野利女子带来的温情渐渐成

西夏陶瓷制品

了一剂对被俘妻子的遗忘药。第二年，又是“连娶豪族，转迁无常，渐以强大”。

母亲和妻子被俘12年后，李继迁的势力不仅壮大，且日益成为宋朝的边患。导致宋太宗心生诛杀李继迁母亲和妻子的想法，但又隐隐觉得似有不妥。于是便有了《宋史·吕端传》中记载的一个故事：

宋太宗单独密诏时任枢密副使的寇准，商定如何处理这件事。

君臣之间的密谈结束后，寇准瘦长的身影从皇宫走出。

经过时任宰相的吕端办公的地方时，恰好被吕端发现。吕端留住寇准，两人之间有了如下对话：

“圣上是否告诫你不要跟我谈及你们刚才的谈话？”

“没有呀！”

“细碎的事情，我不必知晓，但如果是军国大计，我身为宰相，不可不知道啊！”

寇准便将皇上召见他的事情告诉了吕端。

“圣上最后怎样决断呢？”

“准备将她们斩杀于保安军的北门外，以此来惩戒李继迁这样的叛逆之徒。”

吕端当即表示：“如果非要这样做，实在不是理想之策，我希望能够暂缓执行！我将重新上奏圣上！”

得到宋太宗的允许后，吕端和皇帝之间展开了一场对话。

吕端说：“昔日楚汉争雄，项羽捉住刘邦的家小作为人质，刘邦却不理会。项羽便给刘邦送信，说如果你不投降我的话，我就绑了你的父亲煮了吃。刘邦派人回复，当年我俩结为兄弟，我父即你父，如果你要煮了他，请分我一杯羹。有人评论这则故事的时候说刘邦是十足的小人，你看看人家要杀你的父亲，你怎么能为了自己而不去保护父亲呢？陛下，您怎么看刘邦这个人？”

宋太宗说：“从这件事可以看出，刘邦确实是个小人！”

吕端却给皇帝分析出刘邦不是小人的几个理由：

其一，如果刘邦看到父亲被绑，继而方寸大乱，前往楚军大营，向项羽求情，等待他的，或许就是变成项羽的阶下囚。这不仅无法营救父亲，没准连自己也会死无葬身之地，如何成就后来的霸业？

其二，刘邦其实是向项羽表明，我不在乎，你杀我的父亲你就杀吧。他越是如此，越是将项羽置于一个道德陷阱，让项羽拿他没办法。一个连父亲都舍得的人，还有什么能令他放不下？

其三，项羽如果杀了刘邦的父亲，就会在道义上得不到别人的支持。一个成就大事的人，不是只依靠武力就行的，还要更多地凭借智慧。项羽当年因坑杀投降的 20 余万秦兵，早就臭名远扬。如果再杀了刘邦一家，更会激起天下人的仇恨。刘邦不是不爱自己的父亲，但他和项羽交往日久，知道如何对付后者，知道自己的父亲在项羽那里时绝不能求饶。

其四，打仗是凭实力的，靠的是队伍的士气。刘邦见招拆招，既能鼓舞己方士气，又能让对方无计可施。

吕端因此给宋太宗建议："陛下今日杀掉李继迁的母亲和妻子，明天，他就会束手就擒吗？如果不能，徒然结下仇怨，反而会增加他的反叛之心。"

宋太宗说："那该怎么办呢？"

吕端回答说："依臣之见，应该将他的母亲安置在延州，并且善待她，以此招降李继迁，虽然不能使他立即归降，但可以牵住他的心，而他母亲和妻子的性命却随时掌握在我大宋朝的手中。"

宋太宗慨叹不已："寇准差点误了我的大事！"随即采纳了吕端的意见，"置继迁母于延州"。

后来，宋朝方面将李继迁的母亲和妻子送往东京，封其母亲为西河郡夫人。

然而，后来的历史告诉宋朝当政者，这只是他们一厢情愿的举措，李继迁在抗宋的路上，越走越远！而他和自己的母亲、妻子再也没有见过面。

公元 997 年，宋太宗驾崩，太子赵恒即位，这就是宋真宗。10 月，李继迁和灵州又一次"相遇"。这次，上天给了他一个重要的礼物：灵州屯戍军校郑美。郑美因为违背了窦神宝的命令，担心被判罪而投奔李继迁，并将灵州的军事布局情况密告李继迁。

李继迁委任郑美为指挥使，带领先头部队攻打灵州。然而，窦神宝就像一座山，稳稳地矗立在灵州，矗立在李继迁面前，再次让李继迁在灵州城前却步。

无法攻克灵州，李继迁再次向宋朝提出归降，称自己愿意被宋朝封为定难军节度使、接受宋朝的控制，但要求宋朝放还张浦。宋真宗答应了李继迁的要求，张浦回到了李继迁身边。

面对李继迁的一次次进攻，放弃还是坚守灵州成了宋帝国高层争论不断的一个话题。1001 年，泾、原等州军安抚经略使张齐贤的一份奏折，引起了宋真宗的注意。

张齐贤认为，灵州是李继迁窥伺的地方，而宋对灵州的掌控力不足。灵州周边有一些蕃部大族首领向来与李继迁有矛盾，不如给他们官职，诱以货利，用恩信结交他们，并且以利害激发他们，让他们为朝廷出力。他说："我所统率的 12 个州、军，现有 2 万士兵，如果加上周围其他州、军的士兵，又得 5 万多人，算上招抚的蕃部士兵，其数可超过十几万人。这时只要李继迁出动，我方归守，继迁东备则我方击其西，使他们奔走不暇，不能成为我方祸患。现在灵州军民加在一起不过六七万人，处于危亡的境地，如果李继迁明年春天在我方未集中兵力以前，发动其全部军队围攻灵州，则灵州城一定难以固守。"接着，他竟然建议"弃

西夏的佛教壁画

灵州”，而这个建议竟得到一些大臣的赞同。

怎么办呢？宋真宗似乎也没了主意，他决定派遣永兴军通判何亮前往灵州视察屯田、考察军情，以便给自己的最后决断提供依据。何亮从灵州返回京城后，给宋真宗呈递了一道有关党项羌进逼灵州问题的奏折，这便是影响宋朝初期对党项羌政策的《安边书》。

《安边书》中，何亮认为灵州不可放弃。何亮将宋廷以往对党项羌的政策分为三类：放弃灵州、兴师征讨和姑息羁縻。他逐一驳斥这些对策，痛陈其中的弊端。如果放弃灵州，会使李继迁的地盘扩大，导致党项羌势力与西北的其他少数民族政权联手，切断宋朝从河西走廊地区获取战马的通道，失去战马供应基地。如果出动少数军队攻打李继迁势力，粮食运输的通道难以保证畅通；如果出动大队人马，又会增加沿途百姓的负担。如果沿用唐朝实行的羁縻之策，能得到一时的安宁，但不可能满足李继迁的扩张欲望；如果任其吞并散居在西北的其他几个少数民族政权，势必成为中原将来的养虎之患。

最后，他认为以往的三类对策，无一可取。

何亮继而分析道：以往，宋军与党项人作战没能获胜，一个主要原因在于一直没能与其主力交锋。在沙漠戈壁地带，宋军追击善于骑射的党项军队，只会白白消耗兵力。如果对方主动出击，将其一举歼灭也并非难事。

何亮提出，在李继迁带领党项军队劫掠进军的基地附近，选择一处水草地带筑造一座城池，一旦党项人出击，就乘机反击。趁党项军人不行动时，再在城外筑一寨，一城一寨共成犄角之势，以便相互照应。一座城池的维持费用很大，但如果形成一城一寨的格局，就可以命令附近一带的贫民屯田自耕，驻守的军队可以保护屯田居民的安全。

如此重要的军事重镇，大臣中出现了放弃的声音，这导致“帝不能决”的尴尬局面出现。最终，宋真宗不仅未采纳何亮的建议，反采取被何亮否定的姑息羁縻政策。而何亮的这一建议，在范仲淹镇守延州时，才被积极使用。

正面战场无法取胜，宋朝竟然鼓励暗杀等行为：宋真宗下诏，西部各少数部族政权，凡有能够生擒李继迁的，授予节度使，并赐予银两、丝绸、茶；有能够斩首李继迁并将其首级拿来贡献者，则授予观察使，赐予比生擒者少一些

党项军队的铁鹞子（纪录片《神秘的西夏》截图）

的银两、丝绸和茶。

这件事，民国时期著名的历史学家蔡东藩在他的《宋史演义》中这样评价："灵武为河西要塞，岂可轻弃。何亮一疏，言之甚明，而张齐贤、李沆等，俱主张弃地，实书生畏葸迂谈耳。"

灵州，已经成为李继迁下定决心要拿下的一座城池！

1002年，是灵州命运发生彻底改变的一年。初春，李继迁敏锐地捕捉到契丹军队和宋军之间将有战争爆发，宋军精锐力量会放在抗击契丹军队的防线上，于是，他带领军队再次围攻灵州，切断宋军的运粮道路和外援通道，使灵州成为一座孤城。当时，灵州城内兵力只有五千左右，裴济担任知州，指挥部众奋力抵抗。

我留意到，党项羌发动对宋的战争，多选择在冬天或初春进行。这是什么原因呢？仔细想想，可能与双方对寒冷气候的适应有关。镇守边地的宋军，大多是从内地来的，对北方的严寒不大适应，而且年终之际，也是这些边地守军思乡之情最浓之时。而那些驰骋在沙漠与草原间的党项羌骑兵，长年生活于斯，非常适应在寒冷中战斗，他们也没有宋军那样浓烈的春节氛围和思乡情结。这一次对灵州的围困，也是春节前后。那时的裴济，一上城楼，看到的便是围困灵州的党项羌骑兵，派人向朝廷求助的路被李继迁的军队彻底堵死，从内地运输粮草的路同样被斩断。清冷月色下，灵州城内外寒风肆虐，裴济看着苦守在寒风中的将士，他的心也逐渐变冷。最终，在弹尽粮绝且始终不见救兵的困境中，他咬破手指，写下血书，再次派人趁着夜色出城，试图向朝廷求援。

一切外援力量都被李继迁部署的军队挡了回去，灵州迎来了更换主人的结局。裴济带领守军死战到最后，在城陷后自尽殉国！这位曾在河北战场上与辽国名将耶律休哥血战的人，最终将一腔热血洒在了灵州保卫战中。这个消息传到朝廷，宋真宗感其忠勇，追赠裴济为镇江节度使。

对一位军事家来说，一次胜利就是跨越人生的一个台阶，夺取灵州对李继迁而言，亦是如此。不知道是出于对中原王朝的叛离之心，还是攻克灵州后决定将其升格的心理，李继迁下令将灵州改为西平府！将灵州作为党项羌政治和军事中心的决定，终结了党项人长期游牧的状态。

一场讨论在李继迁和他的弟弟李继瑗之间展开。

李继瑗说："银州、夏州是我们祖辈经营的地盘，现在，我们还没彻底在银、夏一带扎根，你却将大家迁到灵州去，恐怕会扰乱大家的心。"

李继迁却说："自古想做大事的人，都不会只顾眼前；想立大功的人，也不会依从平庸之辈。灵州北控黄河、朔方，南接平凉，扼守着宋朝的西陲要害。如果在那里修筑城池，练兵积粮，一旦时机成熟就可从四方随意出击，让宋朝无法防备。而且，那里的民众都遵循中华礼仪，尚礼好学。我想将那里作为进取的资本，以成就一方霸业。这样的地方岂是夏州、银州能比拟得了的？"

三年后，李继迁的这份心迹在改任吏部尚书的张齐贤给宋帝的一封上疏中得到印证："我在先朝时，常忧虑灵、夏会被李继迁吞并，议事者认为我的忧虑太过分了。当时很多大臣都以为李继迁只是怀恋祖辈旧地，别无他心。先帝任命他为银州廉察，以满足他的心愿，陛下则赐给他银、夏二州土地，任命他为节度使。而李继迁从此奸威越发滋长，时常忤逆我朝，多次阻断灵州粮路，又侵扰边境城池，几年之间吞没了灵州。”也就是说，谋取灵州，一直是李继迁心里酝酿的一个巨大阴谋。

不久，李继迁就命令李继瑗、李知白等人，以都城的形制在灵州修建宫殿、宗庙、衙门及其他公共设施。灵州的历史角色，开始重新定位。

1003年，对灵州和李继迁来说，都是一个特殊的年份！这年3月，黄土高原上的寒气依然逼人，却挡不住他下令将党项羌抗峙宋朝的大本营迁往灵州城的热情。这种热情的落地，便是《西夏纪》中记述的“迁都西平府”。可以看出，李继迁要将西平府作为一个大城的规模来经营！

从黄土高原到宁夏平原，李继迁经过20年的努力，带领追随自己的党项羌，踏上了一条崛起之路！

在灵州，李继迁成立了具有高度自治色彩的政权，完成了一个游击状态的军事力量向自立的地方割据政权的转化。灵州的取得，是党项羌历史上一个重要的转折点，它标志着党项羌开始从游牧经济向农牧结合的二元经济结构过渡。

在灵州，李继迁此后会掀起一股怎样的历史旋风呢？

三　一曲英雄殇歌

刀锋，游走于月光的罅隙
山与河流，成了疆域的标注
战令，徘徊在此岸的唇舌
春天的舞台，听众云集

记忆，被羽箭掠走
像一座大唐的城，消失于地表
鹰阵与塔影映上汗青
引领一批唐突的读者
把青春和笑声荡尽于文字的海

灵州，成了李继迁一个全新的起点！

建好的灵州，迎来了这位新的主人。墙面上的漆味还没散尽，他已经开始描绘新的崛起蓝图。端午节，对马背民族来说很陌生。然而，这一年的端午节像一把刀，在李继迁的记忆中，深深地刻下了一笔。那天早上，一道清脆的婴儿啼哭声划破了宁静的西平府，府内的侍女快速来报：他的孙子降生了！

这突然而至的快乐就像一块糖，掉进他的人生之杯，让他品尝到了一种甜蜜，同时也期待自己正在拓展的霸业可以被长久地传承下去。然而，这块糖带来的甜蜜，很快就被严峻的形势造成的苦涩冲淡了。当时，整个党项羌控制的地域大多处于黄土高原的干旱地区，无法为日益扩大的军事力量提供所需物资；周围的一些游牧政权也在不时地侵扰他们。最要命的是，抢走灵州，已经触及宋朝的底线。虽然目前宋朝的主要精力放在和辽的争锋上，无法和他立即算账，但李继迁深知，宋朝一定不会允许灵州就这样白白丢掉。于是，趁着宋朝暂时无暇顾及自己，李继迁决定采取主动，向宋朝发起挑战。

李继迁带着儿子阿伊克在秋风里向南出发，聚兵于浦洛河，声称要攻打环州（位于今甘肃省环县）。或许，他也想将环州作为孙子的“百天”礼。

李继迁没想到，这次主动的挑战，让自己扮演了螳螂的角色，而吐蕃六谷部的首领潘罗支则成了黄雀——他联合宋军，合力向灵州发起进攻。

吐蕃和党项，一场新的轮回在这两个宿敌之间显现。最初，党项羌在青藏高原东北部一带，其时吐谷浑强大，党项羌被迫向青藏高原东南部迁移。征战、谈判、和解之后，党项羌终于在青藏高原众多游牧部族的地界上扎下了根。其后，崛起于青藏高原的吐蕃政权刮起一道强劲的旋风，刚刚崛起的党项羌就如在风中点起的一盏灯，随时有熄灭的危险。党项羌被迫向大唐求助，寻求大唐的庇护，在黄土高原上得到生存之地。严格地说，他们是被迫离开原居住地的草地和雪山走进黄土高原的。

李继迁没想到，从宋军手中成功夺取灵州城，给自己招来了一个新的对手，在和这个对手多次交锋后，他的命也最终丧于这个对手手中。这个对手，就是潘罗支及其带领的吐蕃六谷部，他们对李继迁攻取灵州的强烈反应，是李继迁没有想到的。

唐时强大的吐蕃政权，走过它辉煌的历史轨道后，被公元 842 年这个巨大的路标引向彻底瓦解。在这个昔日强大政权曾经控制的祁连山东麓（今甘肃省武威市一带），一支游牧力量逐渐强大，因其占据凉州（今甘肃省武威市）附近以阳妃谷为主的六个山谷，被汉文史料记载为六谷部，又称“六谷蕃众”或“六谷蕃部”，他们的领袖，是一个叫潘罗支的青年。

党项羌和吐蕃乃至新兴的六谷部之间，一直竖着一道仇恨之墙。对党项羌而言，他们是被吐蕃政权驱离故土的，而六谷部又占据着他们昔日的家园。对吐蕃政权而言，投奔唐朝且在黄土高原上崛起的党项羌，是一枚危险的炸弹，随着其力量的强大，会随时逼近自己的领地并引发战争；六谷部更是惧怕党项羌强大起来后，会逼近祁连山。

当初，张齐贤以泾、原等州军安抚经略使的身份，给宋真宗的那份奏折中曾指出：对付李继迁，应该联合和他有仇的蕃部，以利诱惑这些蕃部领袖，如果这些领袖响应的话，那么李继迁对宋朝构成的威胁就会削弱。出任宰相后，张齐贤又上书宋真宗："蕃部中族盛兵众可以牵制继迁者，唯西凉而已。"

张齐贤向皇帝明确了宋朝应联合的对象：六谷部的首领潘罗支。

这次，宋真宗很快采纳了张齐贤的意见。

请让我引领着你们的目光，再一次回到灵州。站在黄河边上，我任凭秋风吹拂——这是个适合凭吊与追寻历史真相的季节。如今，灵州城早已不在，甚至关于它的具体所在，一直也是本土学者争论不休的话题，有学者说在今吴忠市郊区，也有学者说在今银川市所属的灵武市。

思绪飘回 1000 多年前的那个秋天，透过千年的时光，我仿佛看见李继迁的焦灼与不安：虽然占据了灵州，但他面临着周围游牧部族的觊觎和宋军的进逼，缺少战马和兵丁是他的两大心病。

在史料中仔细找寻，我于《西夏书事》中发现了这段记述："保吉用兵买马，必由西凉，惟恐梗塞，遣人以铁箭诱六谷诸蕃叛附，罗支戮一人，縶一人，表闻候旨。真宗褒谕之，听自处置。"

在那样逼仄的生存空间里，李继迁苦心谋划出一条小径：六谷部缺乏铁箭，他派人前去和潘罗支谈判，自己愿意提供一批铁箭，希望六谷部能够和自己联合抗击宋朝。然而，潘罗支不仅没有买他的账，反而将李继迁派去谈判的人杀死一个，拘禁一个，并将这个情况修书上报宋真宗。宋真宗下诏表扬潘罗支的做法，对所拘禁的李继迁的使者，听凭潘罗支处置。

这条根本没有曙光的小径，把李继迁逼进了一条死胡同。

宋朝紧接着发诏，授潘罗支为朔方军节度使、灵州西面都巡检使，这个悬在空中的金灿灿的面包，明显是个虚职。也就是说，宋朝发出这样的信息：让潘罗支去从李继迁手中夺取灵州，如果夺到了，他就是灵州的长官。

李继迁没想到的是，从宋军手中夺取的灵州，就像一块肥肉，让潘罗支垂涎不已，也让宋朝不惜以灵州为诱饵，借潘罗支的刀来刺杀自己。

或许是宋真宗封赐的朔方军节度使、灵州西面都巡检使的虚职所滋生的诱惑，或许是看中灵州地理位置的重要性，潘罗支很快集合6万人马，派遣咩逋族蕃官成逋带兵到镇戎军。他意图和宋军在镇戎军会合，一起讨伐李继迁。然而，成逋带兵赶到镇戎军时，却因他们没有朝廷颁发的通关文牒，被守卫的宋军边臣怀疑是一场骗局。边臣准备将成逋护送到部署司，成逋在逃跑途中因马坠崖而死。命运再次以这种意外的方式，给李继迁创造了守住灵州的机遇。

李继迁派兵前往鏊子山——那是潘罗支的部队进攻灵州的必经之路，放还以前俘虏的六谷部士兵。同时，他再次以铁箭作为交易筹码，试图让六谷部首领潘罗支成为自己的抗宋盟军，这一诉求再次遭到潘罗支的拒绝。

失去宋军的配合，潘罗支进攻灵州的计划也破产了。

对李继迁而言，灵州以及周围的宁夏平原，给他这个时代刀尖上的舞蹈者提供了舞台和上台的物质准备。他清楚地看到，自己虽取得了“建都西平，兵力日盛”“尽收缘边七镇东西二十五驿南北十余驿地为己有”的局面，也面临宋朝和六谷部等游牧部族联合夹击的窘境。

地斤泽深夜悬挂先祖拓跋思恭画像的那一幕，一直是李继迁离开夏州一带向西发展的动力。在灵州站稳后，他派出一支秘密队伍，悄悄向东出发。这支队伍的行走路线，像个向导似的指引着我的脚步，前往今陕北榆林城北的红石峡。如今，红石峡两边的山体依然是一片红色，一股清泉自红山中悄悄流出，向南流到岩石对峙的峡谷中。谷中杨柳成荫，长城穿峡而过。

杨柳仅仅栽种数十年，而长城是明代所建，唯有那俯视峡谷的红石，默默收录了千年前的一幕：那支秘密的队伍找到这块地方后，先在峡谷中引出一个小坝，让泉水顺峡谷边侧流淌；然后将谷底石头凿开，深挖出一个个地穴，将李继迁曾祖拓跋仁颜、祖父拓跋彝景、父亲拓跋光俨的尸骨小心谨慎地放了进去；接着，他们再将拉运来的黄土填上，捣毁了之前修好的水坝，一任积蓄的泉水奔流而出，淹没了深埋于峡谷的祖辈尸骨。这便是《宋史》记载的“寻葬其祖于红石峡，障水别流，凿石为穴，既葬，引水其上”，旨在使“后人莫知其处”。我在《榆林府志》里也查阅到类似的记述，为李继迁的这一举动做了有力的佐证。

红石峡水库的普济桥东侧曾立有一座碑，碑文上写着：“西夏王李继迁葬乃祖彝昌于此。”所幸那块为当地旅游添加伪资讯的碑已毁，因为它在短短 13 个字中，暴露出两个致命的错误：其一，西夏是李继迁完成这件事 35 年后，由他的孙子李元昊所建的王朝，在辽国和宋朝赐封的合法身份中，李继迁仅仅是“西平王”而非西夏王；其二，李继迁的祖父是拓跋彝景，而非拓跋彝昌，此时他的父亲也去世了，怎么不先埋葬父亲而埋祖父呢？李继迁埋葬的仅仅是他的祖父吗？

从李继迁奔赴地斤泽到攻取灵州，我在前面的所有文字全部是为了描述这个场景服务的。我的重点在李继迁的这个奇特的葬俗。可以肯定的是，这时的党项贵族最高葬俗是土葬，完后用水淹没坟茔。这是一种葬俗，还是担心仇家掘坟而采取的一种保护措施呢？历史为我们再次留下了谜团！望着红色的峡谷山体，望着稀稀拉拉的游人，我迷茫了。

我想，那时的李继迁一定是不安而充满危机感的。在他派人悄然埋葬祖辈尸骨的同时，一件大事发生了！

虽然潘罗支联合宋军进攻李继迁的计划破产了，但这个举动一定激怒了李继迁。他决定主动出击六谷部，誓将出击之箭射向潘罗支的根据地——祁连山下的凉州府。在西平府和凉州府之间，一条布满战争气息的车道铺成了。

那时，宋朝、回鹘、辽国、吐蕃的探子，通过不同的渠道都刺探到了这样的信息：李继迁并没有对凉州动兵的打算！他派人四处传话：“我和凉州并没有什么过节，现在，居住在那里的六谷部兵强马壮，我难以对他们动兵。”

祁连山下，潘罗支忽略了兵不厌诈的道理，相信了李继迁的话，放松了警惕。

一场高度机密的谈话，在李继迁和张浦两人之间进行。

张浦建议：“我觉得应该将我们的军队聚集在盐州一带（今宁夏回族自治区盐池县和陕西省定边县交界的地区），对外，我们就高调宣称要进攻大宋的环州和庆州。”

李继迁有些着急：“可你知道，我要进攻的是西边的凉州！环州和庆州在东边呀！”

张浦应道："我岂能不知您的意图？若我们直接向西运兵，势必会引起潘罗支和宋朝的联合，那对我们极为不利。要想拿下潘罗支，就得声东击西！"

李继迁采纳了张浦的意见，对外扬言要进攻宋朝的环州、庆州。宋朝方面随即将西北地区的驻军向环州和庆州调防，并要求吐蕃六谷部也往环州、庆州调兵作为宋军的策应。祁连山东麓的凉州府，亮出了防备空虚的缺陷，就像给前行在暗道中的李继迁亮出了一片光。当宋朝军队和六谷部部队在寒冷的冬日里慢慢向环州和庆州一带移动布防时，李继迁却下令党项的精锐之师快速向西秘密集结，朝着他看见的那一束亮光奔去。

这是一条西夏学研究者鲜少丈量的线路，而我却不止一次地从文献、地图到实地探求过。在我"帐篷睡袋"式的孤旅中，我在滨河绿洲和沙漠之间探寻，逐渐清晰了李继迁的征战之路：李继迁选择在天寒地冻的季节出发，首先考虑到的是一条捷径——从灵州出发，踩着黄河上的厚冰抵达西岸，沿着黄河和腾格里沙

景泰县出土的西夏文物

漠之间的小道，向西进入今甘肃省景泰县境内，其实这和今包兰铁路从青铜峡到景泰县境内的线路吻合。

这是一支快速而带着力量的箭，迅速地从灵州射向凉州！从刀光里出发，一路向西，一路闪耀着复仇的火焰。

潘罗支没想到，李继迁会带领党项军队突然出现在凉州城下，在党项军队的强势进攻下，他选择了弃城而逃。凉州城被党项军队轻易攻破，知府丁惟清被杀，城里的居民全部被赶往城外，城中所有府库被党项军队把控。得到了“府库积聚，足以给军需、调民食，真天府之国也”的凉州后，党项军队一段时间以来的低迷状态得到彻底改变，士气空前高涨。而李继迁也初步实现了他内心谋划的“得西凉则灵州之根固”的目标。

在李继迁的心中，一幅龙图已经形成：陕北黄土高原、内蒙古鄂尔多斯高原为龙头，灵州为龙身，凉州为龙尾。稳据灵州，龙头就能有伸张的活力和后援，

武威南城门

而有了凉州，这条龙就根基稳固了。史料中“盖平夏以绥、宥为首，灵州为腹，西凉为尾。有灵州则绥、宥之势张，得西凉则灵州之根固”的记述，便是他这幅龙图的勾勒基础。

入驻西凉府后，清点潘罗支没来得及带走的贵重物品，李继迁发现了宋朝授予潘罗支朔方军节度使的那道圣旨。顿时，对潘罗支屡屡联合宋军威逼自己的举动气愤不已，下令举兵追剿潘罗支。硬碰是不划算的，面对士气大振的党项军队，潘罗支派人告诉李继迁，自己愿意归降他。

回首自己和潘罗支的多次交锋，尤其是自己两次以提供铁箭为代价诱降都没能成功，现在，潘罗支却在党项军队的强势攻击前主动请降，李继迁丝毫没有怀疑潘罗支的请降有问题，决定接受。

这时，他身旁的谋士张浦说：“兵务应该慎重，贵在能够审视敌情。潘罗支长年在我们面前倔强，我们也没能挫其兵锋，现在突然派人请求降顺，必定有诈。不如乘他的计谋还未实现，我们立即出兵擒获他，其他吐蕃部落自然会归服我们。”

李继迁脸上挂着胜利的笑容，坐在凉州府内骄傲地说：“现在，我得到了凉州，潘罗支已经失去大势，他选择归降，哪会有诈？何况，杀投降的人对我们不吉祥，你别再怀疑了，这会阻拦其他归降者的心。不如你先返回西平府，我一定会安抚吐蕃的其他势力，以免后患。”

见规劝无效，加上李继迁已下达了让他返回的命令，张浦在无奈中踏上了返回灵州的路。

写到这里，我的眼前出现了1970—1981年的埃及总统、1978年度的诺贝尔和平奖获得者萨达特临终前的一幕。

那是1981年10月6日，埃及一年一度的阅兵式。这天上午，总统夫人提醒他穿上防弹衣，但他拒绝了，还说那不是男子汉的行为。也许，这可理解为他知道那天或许会遇到谋杀。

还有一个说法：萨达特出门前，保姆将熨得非常平整的深色元帅服、绿色绶带和大檐军帽拿到他跟前，夫人在帮丈夫着装时特意嘱咐：“还是穿上防弹背心吧！”

“没有必要，今天我是去看我的孩子们。”萨达特微笑着回答。在换上元帅服、戴好军帽后，他从容地走出总统府，前往阅兵式现场。

当总统肩佩绶带坐在阅兵台正中时，他成了阅兵式上最显眼的目标，成了那天埃及的焦点。一辆军车在阅兵台前突然停住，身穿士兵服装、荷枪实弹的杀手从军车上跳下来，完全放松警惕的萨达特以为是他的“孩子们”前来向他致敬，他准备以轻松愉悦的状态接受这种致敬。

然而，枪声打破了美好的预设。杀手边跑边向他开枪，密集的枪声完全掩盖了他一生中的最后一句话：“不！不可能！”

这一幕，在李继迁生命画上句号前的那一刻同样上演了。

谁也无法预知灾难和明天哪个会来得更快、更早！1004 年初，河西走廊一带的汉族人沉浸在春节的快乐中，放松警惕的李继迁做着潘罗支率众来降的梦，直到潘罗支私下召集六谷部其他各部落及者龙族的数万兵力，合击李继迁于一个叫三十九井的地方。李继迁没想到，就在这里，一支带着死亡气息的飞箭会射中自己。他只好下令火速从凉州地界撤退，向灵州城返回。

关于李继迁的死亡，也有另一种说法：潘罗支召集六谷部落的诸多首领以及勇猛善战的者龙族军队数万人集聚凉州，他派人对李继迁说，这些人都是来投降的，请李继迁检阅训示。当时，凉州城四处蔓延的清寒并没有让李继迁嗅到阴谋与不安的气息，他和我前面提到的萨达特一样，满怀着“阅兵式”的喜悦，下令部下打开凉州城门，让率众来降的潘罗支及其身后的兵士进城接受检阅。想到这些精锐的士兵即将成为党项羌部队的一部分，并为自己开疆拓域献力流血，站在凉州城楼上的李继迁沉浸在巨大的喜悦中，放弃了不该放弃的警惕心，丝毫没发觉死亡的气息就这样悄然来临。

李继迁带着胜利者的笑容来到凉州北城楼，站在高大威武的城楼上，看着潘罗支带领的兵士们负弩携箭缓缓步入凉州城，猛然间，从正在入城的蕃兵中射出了一箭，正中李继迁左目。

潘罗支率众乘乱入城，李继迁在众将领拼命的保护下冲出凉州。冬日落阳的余晖里，李继迁留下他匆忙逃往灵州的身影。几天前，他带着自己的精锐之师远袭凉州并取得成功；短短几天后，命运的棋盘彻底翻转，他仓皇踏上归程。

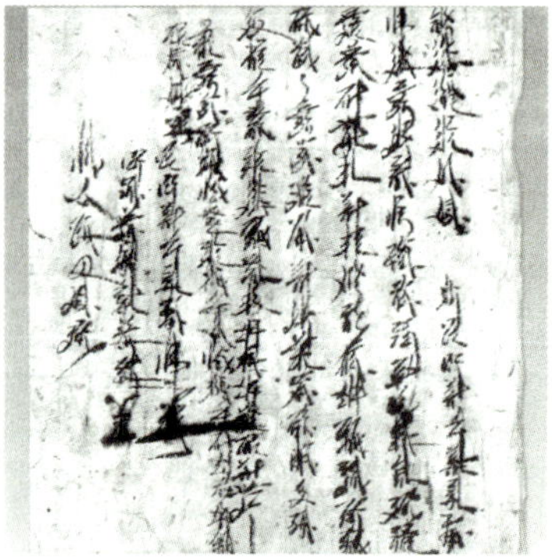

西夏文《卖牛契》（甘肃武威博物馆藏）

西夏文《乾定申年典糜契约》（甘肃武威博物馆藏）

其实，知不知道那天的凉州城是否有人要谋杀他，对李继迁来说不是一件多么重要的事情。在整个拓展疆域的过程中，在和宋、辽、吐蕃、回鹘等王朝、武装力量的较量中，他始终冲杀在战场前线，一直没远离过死亡的威胁。

后来，当我看到萨达特临终前的那一幕，不由和自己根据史料记载想象出的李继迁去世场景联系在了一起：阅兵式进入高潮时，杀手径直冲到了阅兵台前，摄像记者拦住他，大吼了一声：“你这个叛徒！”接下来，摄像记者被杀手一枪打倒。当时在实况转播的电视主持人哽咽着说：“刺客，叛徒，同胞们，埃及……”说到这里，电视屏幕上一团漆黑。短短两分钟内，杀手们射光了所有的子弹。

在我的想象里，潘罗支带领的兵士们构建了一个万箭齐发的场景，他们将能射的箭全部射出，除了致命的、射中眼睛的那支，李继迁身上必定还多处负箭！

他人生的屏幕，立时也变得一团漆黑！

李继迁带领随从逃至灵州城西南 30 多千米的地方时，铺天盖地的白雪冲淡了春节的气氛，仿佛加剧了某种悲怆的氛围。洁白的雪地上，留下这批匆促回归者的马蹄印。望着不远处的灵州城，他向身后的随从挥了挥手，大家立即停步不前。雪地上传来他的声音：“就地扎营，不能进城！”

看着随从不解的神色，他说：“进城会走漏我受伤的消息，那对我们不利！你们速进城通知德明和张浦前来。”

他在灵州郊外召见了张浦等人。他拉着张浦的手说：“我因未听你的话，才导致现在这个局面，我与你们一同举事，领我党项男儿自地斤泽而出，戎马生涯，备受艰苦，大家情同手足；我自幼生长在兵伐武战中，历尽艰辛，才有了今天聚齐灵、夏之众的局面，虽不能和宋、辽争衡，但只要你们尽力辅佐，见机行事，还是可以保持旧业。望你们辅助我儿子德明早日夺回凉州，以谋河西之地，再夺回我党项之析支之地，光我党项，兴我羌人，我则死而无憾！”

当生命之烛即将熄灭，他把儿子李德明叫到身边，叮嘱道：“我死之后，你要尽全力请求归附宋朝。如果一次上表不同意，就再次上表，即使一百次还不同意，你也不要停止。”

他对身边的张浦说道：“不能将我去世的消息透露出去，否则，我们周围的敌人，任何一方都会发起致命的攻击！”

张浦会意地点了点头，深沉地说出四个字：“秘不发丧！”

如同春天归于桃花，秋天归于大雁，这位42岁的党项羌枭雄归于征途，归于事业未竟的长叹，甚至，他可能在来不及的长叹中，就匆促地将人生谢幕于冰天雪地的灵州城郊。

在这里，我关注的重点是，李继迁匆促而亡，他的儿子和身边的谋臣们会怎么安葬他呢?

四　灵州城，看不见的硝烟

地图诞生前，比马跑得快的是战刀
隔着宁夏，中原的皇宫失眠日久

汉家将军，收读着一条条黯淡
扩张者的喘息，摧垮王室的桥梁

出塞诗，被日益颓唐的青春撕碎
失色于黄沙后的玫瑰

盔甲悲鸣，贴成一道道诏书的苍白
后宫的妃子，被来自草原的傲慢夺走幻想

夜空下，微笑装饰鼾声
晨渡黄河，党项人的咳嗽丢进战书

最优美的一声，拧碎了城中的自信
表白，被历史仓皇间掩埋

纪念碑下，和亲女子的哀伤
埋葬了军书的踉跄、沿途驿站的慌张

湖面缩减，像黄金牧帐下逐渐干瘪的乳房
最后一滴清乳，是贺兰山下消失的一幅岩画

一把刀，传递一千年前游牧者的体温
关隘和堡寨间，送走征战者的青春

一千年后的一个下午，博物馆的角落
我和那些刀，正互相走近

黄河，和党项人有一种扯不断的牵连！

当初，离开青藏高原东北部，党项人因不堪吐谷浑及后来兴起的吐蕃政权的欺压，辗转于黄河上游及今青海省东南部、甘肃南部、四川西北部的析支之地时，他们的身影一直在黄河的注视中，一河流水记录了这群一直在寻找自己家园的高原孩子！

唐帝国将其安置在黄土高原的腹地时，泥土味似乎并没有阻隔他们亲近黄河的脚步。他们在黄土地上归顺、崛起、抗争，眼光似乎一直向西张望！

宋朝初期，党项羌政权周围是回鹘、吐蕃、辽和宋等政权。李继迁去世的消息一旦扩散，刚刚占据灵州的党项羌政权就会遭到毁灭性的征伐。于是，封锁李继迁死亡的消息和保存他的尸体成了张浦和李德明要做的两件事。

吐蕃、回鹘、契丹及宋朝，都在刺探李继迁的消息，但李继迁去世的消息被捂得严严实实的。直到 1004 年 3 月，李德明才派使者前往契丹告哀。

那么，这两个多月的时间里，李德明在严守父亲去世消息的同时，是如何安定内部、顺利接过父亲的权杖的呢？

我想，那时的李德明一定心怀悲痛，同时又不得不强力压住这种悲和痛。为了防止父亲去世的消息泄露，他只能和张浦商议，将父亲的尸体停放在一个秘密场所。他无法组织一场葬礼，无法放声悲哭。

现在，让我们将笔触往前追溯，回顾一下李德明的出生及其青年时代。

英雄即便在落难时也会有红颜送抱！公元984年，宋军向地斤泽发动的那场袭击中，李继迁的母亲、妻子被俘。两个月后，在黄羊平重新举起党项羌大旗的李继迁，不仅赢得周边一些部族的拥护，还出现了《西夏书事》中记述的“羌豪野利等族皆以女妻之”的状况。也就是说，他步入人生的低谷时，不少党项羌的部落首领仍纷纷将女儿许配给李继迁。这些部落中，就有党项羌八大部落之一的野利家族。其实，在这个低谷出现前，就有野利头人将自己的女儿嫁给李继迁，为野利部族在整个党项羌中的地位提升埋下了伏笔！

公元981年，18岁的李继迁正值血气方刚的年龄，跟随丈夫奔波的野利氏为他生下了一个儿子——李德明！这个在战争环境中出生的党项男孩，无疑是幸运的。

李继迁在长期和宋朝交锋的过程中，深深领教了儒家文化的强大力量，马背上征战的生涯中，他一直没忘记严加管教儿子。他给儿子取的党项名字为阿伊克，汉语名字为德明，希望儿子既注重德行培养，也能明慧天下。他专门从内地请老师来教儿子天文学和军事知识，史料记载德明“精天文，通兵法”。

李德明从小跟着父亲在军营中长大。他在少年时代就为人“深沉有器度，多权谋”。在李继迁出地斤泽、创立基业的过程中，李德明随父东征西战，坚守在作战一线。17岁那年，李德明被委任为夏州定难军行军司马。1000年，辽圣宗为了笼络李德明，专门派出使者，授予李德明朔方军节度使。

自唐以来，黄河边的灵州一直是中原王朝抵御北方游牧民族政权的军事重镇，驻守官兵的粮草问题也一直是唐、宋政权头疼的大事。为了保障往灵州运输粮草的道路顺畅，同时还能以屯田为主要方式补给灵州，公元997年，宋朝在位于灵州和环州之间的席鸡城寨的基础上，修筑了清远军（治所在今宁夏回族自治区同心县东）。清远军就像一枚有力的铁钉，牢牢钉在从内地往灵州的运粮大道上。这么重要的地理位置，自然也吸引了依靠劫掠宋军粮草来补充自己给养的党项羌的目光。清远军成了宋军和党项羌之间争夺的焦点！

1001年秋，对生活在黄土高原上的百姓来说，是一个收获的季节；对李德明来说，这一年的秋天也是一个收获之季。在攻打清远军的战役中，李继迁带兵攻打南门，李德明带兵攻打北门，父子俩合力围城七天七夜，宋军在粮尽援绝的情况下，开门献城。

这一仗，为李德明在党项羌中赢得了声誉！

接受父亲的权杖后，李德明的谋略开始显现。

当李继迁将党项羌崛起的重任交付给儿子时，李德明只有 23 岁，相对于父亲李继迁和建立西夏王朝的儿子元昊，李德明的许多政绩被父亲和儿子身上灿烂的光芒遮蔽，因此，史书上多称他即位时为“弱子”。那么，这位“精天文，通兵法”“深沉有器度，多权谋”的党项人，究竟是个什么样的人呢？

李继迁采取联辽抗宋的政策后，党项羌官员的职务、爵位都由辽任命和分封。为了稳固内部局势，一方面，李德明考虑到父亲临终前的密令，没有将父亲去世的消息呈报宋朝，也对辽保密；另一方面，他自封“定难军留后”。他将父亲的高层团队重新洗牌，组成了这样一个高层集团：“以左都押牙张浦兼行军左司马，绥州刺史赵保宁兼右司马，指挥使贺承珍兼左都押牙，刘仁勖为右都押牙，破丑重遇

西夏陵

贵为都知蕃落使，白文寿、贺守文为都知兵马使，何宪、白文赞为孔目官，郝贵、王旻等为牙校；复以李继瑗为夏州防御使，李延信为银州防御使”。

稳定内部后，他开始推行自己的外交之策。在父亲去世两个月后，即1004年3月，李德明先派人向辽国告知父亲去世的消息，然后派人向宋朝鄜延路都钤辖张崇贵汇报这件事，明确告知：父亲去世后还没入葬，等待宋朝方面吩咐。

张崇贵一面派遣专人前往灵州吊唁，一面派人到京城，希望朝廷派大臣到边境，招李德明的亲信张浦等人商议。

很快，宋真宗下诏说：“近来有不少大宋西路的州递来奏折，说你父亲的部下陆续投靠大宋，并说你父亲在灵州身亡。后来，我得到鄜延路都钤辖张崇贵的奏折，得知你父亲的丧事还没举办。你的父亲生于边陲之地，但向来勇敢，朝廷赐给他夏州一带土地和官职。现在我看到奏折，得知他突然去世，他在我大宋朝曾列侯藩，现在，希望你节哀，剩余的事情，已经令张崇贵和你商议。”

丧父之痛还没化解，到了6月，潘罗支派遣他的哥哥邦逋支前往宋朝，表示愿意带六谷部和回鹘的精兵，直抵贺兰山讨伐李德明，希望宋军出兵配合。

宋真宗在回复中明确指出：“朝廷近知继迁已死，未经殡葬，所以未欲讨除。”

宋朝方面的仁慈，拯救了党项羌！

关于李继迁去世的消息，似乎就停留在这里了。然而，我在《辽史》中发现了这样一条记载，辽“赠继迁尚书令，遣西上阁门使丁振吊慰”。也就是说，辽国在这年六月，派遣丁振专门到灵州凭吊李继迁，这或许说明，鉴于北方的天气已经转热，李继迁的尸体无法再存放了。半年时间里，李德明成功地处理好灵州政权的内部问题，可以名正言顺地为父亲办理丧事了。

比照李继迁派人前往红石峡土葬祖辈的做法，我完全可以推测，李德明埋葬李继迁时，用的也是土葬方式，而且坟茔在灵州郊外。由于当时的形势不稳，加上财力有限，李德明无法给父亲修建规模更大的陵墓。

李继迁去世后，辽国方面虽然派人参加了李继迁的葬礼，但没有正式册封李德明，这引起北方其他一些少数民族政权的猜疑。行军司马李保宁（按照当时宋朝的册封，应该为赵保宁，就像李德明被记述为赵德明，但作者在此尊重历史上的习惯叫法，称为李保宁、李德明）给李德明建议："现在，我们的疆域面积虽然增加了，但西凉一带有六谷部等扰乱，先王被害，也有部众因受到惊吓而产生怀疑，如果不借助辽威震慑部众，恐怕人心难以稳定。"

1004 年，对宋、辽和新兴的党项羌而言，都是重要的一年。同样在这一年，辽发动了立国以来对宋规模最大的一次进攻。萧太后和辽圣宗率辽军南下，开始了大规模征讨宋朝的步伐。辽的大军直接突破宋军几道防线。宋朝上下，一片恐辽之声，连真宗皇帝也准备迁都。大臣寇准等劝说真宗带兵亲征，但宋真宗担心辽军攻破东京，在一种求和的心态下，采取了和谈的方式。以前曾出使过辽国的曹利用走进辽营，和辽签订了历史上著名的"澶渊之盟"。

其实，从经济角度看，在"澶渊之盟"中，宋朝并没有如传统教科书上说的那样，屈辱地损失很大，因为和约签订后，一度停止的对外贸易恢复了。战场上失利的宋朝，很快在双方的边境贸易中大显身手。各种制造精良、花色齐全、品种繁多、品牌响亮的"宋货"压倒了以马匹、皮毛等土特产为主的"辽货"，宋朝一直处于双方贸易的顺差地位。北宋以瓷器、茶叶、日用品、文化产品与出版物为龙头的出口商品，不仅换回了大量的真金白银和宋朝军营中缺少的精良马匹，也将每年提供给辽国的"岁币""岁帛"挣了回来。当时的北宋经济已是高度发达，商业也非常之繁荣。1021 年，宋朝的国家收入总数为 15000 万，每一单位代表铜钱 1000 文，"当时全世界没有其他场所，国富曾如此大数量地流通"。宋真宗用"岁币"向辽买和平，显然也是建立在军事力量弱但经济力量强的基础上。此后的百年间，宋、辽双方未开战事、和平相处。从当时的整个军事形势来看，"澶渊之盟"为处于夹缝中的党项羌部族的存活，带来了更大的空间。

党项部族能够同宋朝抗争，主要依赖的是辽的支持与辽、宋之间冲突带来的生存空间。"澶渊之盟"像一把剪刀，将这个生存空间的外衣剪破，党项部族不得不考虑新的策略。

实力决定生存，李德明的兵力让他不得不放下内心的骄傲，在父亲去世整整一年后，向辽国递出橄榄枝。

李保宁带着李德明的重托，离开灵州城，一路向东北方向而去，他的目标是辽国国都，请求辽圣宗加封李德明。

一个微妙的时代，外交上常常出现微妙的结局。

“李德明是我的外甥，册封他正是时候！”听到辽圣宗此言，李保宁兴奋不已，然而，他却一直没能等到辽国的正式册封。

22 年前，李继迁率族人愤然出逃，举旗抗宋；22 年来，这个热血的青年，犹如秋天高原上的鹰，一直想着光复祖业、扩大领地，临终时却一反常态，劝说儿子投降宋朝，做宋朝的顺民。这个有着远见的党项羌领袖，或许早就看到辽国最终不是党项羌的盟友，才给儿子留下那样的遗嘱。等不到辽国正式册封的李德明，或许在那段时间里，内心不时升腾起对父亲远见的敬佩。

如果说辽国方面的暧昧像一块巨石，压在李德明的左肩膀上，那么祁连山下潘罗支的敌对态度，则像另一块巨石，压在了李德明的右肩膀上。他该如何解决“国危子弱”的危机？父亲去世时，潘罗支就曾邀约回鹘首领，预备集结精兵，直抵贺兰山下征讨李德明。潘罗支还让自己的哥哥邦逋支亲自到东京，向宋朝搬兵，试图以联军方式，消灭灵州政权。

宋朝方面对潘罗支的拒绝，成了李德明的一根救命稻草！

宋朝时的边境贸易图

就在潘罗支秘密向宋朝求援兵，打算出击李德明时，李继迁的旧部迷般嘱和日逋吉罗丹二族发誓要给李继迁报仇，他们举族投附潘罗支属下的者龙族，然后秘密派人去李德明处，请李德明佯装攻打者龙。他们认为潘罗支听到者龙族被打，一定会率兵前来援助，这样他们就有机会干掉潘罗支了。李德明接到信后马上派出精兵，佯攻者龙族，潘罗支果然率领数百骑兵赴援迷般嘱和日逋吉罗丹。就在他们商讨军情时，迷般嘱和日逋吉罗丹趁机将潘罗支杀了。如果李继迁地下有知，心里一定是欣喜的，这个和自己斗了几十年并终结自己的人，终于也被人终结了。此后，者龙下属的 13 个部落，有 6 个归附迷般嘱。

整个西凉地区陷入慌乱中，六谷部的首领共推潘罗支的弟弟厮铎督为首领。

潘罗支的死讯传到东京时，刺痛了已改任吏部尚书的张齐贤，他看到了宋朝新的危机，赶紧又一次给皇帝上奏，这次的内容大概是：当年灵州、清远军即将陷落时，他正接受经略的使命，他当时就认为对付李继迁需要强大的蕃族与之为敌，这是用蛮夷对付蛮夷的古今之上策，于是他请求朝廷封潘罗支为六谷王，让潘罗支对抗李继迁并效力于朝廷。可当时一些朝廷亲信大臣的意见全然与他的不同，从中阻挠。后来朝廷采纳了他的意见，李继迁被潘罗支射杀，边患才算稍稍平息。现在李继迁的儿子李德明依然像以往那样攻略城池。如果潘罗支还在，党项羌不足为虑，但现在潘罗支已死，厮铎督恐怕不是李德明的对手。

从这道上疏中，我清晰地看到当时宋朝政府高层对潘罗支作用的一种看法。

张齐贤的奏折在大臣中引发了争议。宋朝派驻环州、庆州等边地的大臣、武将都认为李德明刚刚上位，应该采取招抚政策。但另一部分人认为应该尽快剿灭他，知镇戎军曹玮的一道奏折代表了这些人的意见，他指出：“李继迁 20 年间兵不解甲，宋朝一直存在西顾之忧。如今李继迁去世，党项羌可谓‘国危子弱，部族离心’，如不及时剿灭，恐日后强盛起来，就不容易制伏了。我希望带兵出击，出其不意，擒拿李德明送到圣上面前。”

最后，宋真宗做出一个令各方都想象不到的决定：在崇政殿召见张崇贵。他当面给张崇贵口授宋朝对李德明的意见，并让他立即前往灵州和李德明和谈。为了使和谈顺利，他还给沿边蕃部和军队下诏：如果党项羌不出兵侵扰，千万不要派兵出境，以防激怒党项羌。此时的宋朝依然实行从宋太宗时就开始的“守内虚外”政策，以“安定国内”为主要方略。

张崇贵带来的消息，无疑让李德明喜出望外：宋真宗赐封他为定难军节度使、西平王，并赏赐给他金银、茶叶、丝绸。李德明认识到和谈对党项羌的好处，既可以走出当时的困境，又可以从宋朝那里得到急需的资金和物品，更重要的是，可以瓦解宋朝和河西吐蕃及沿边各族结成的攻打党项羌联盟，为自己出兵攻打河西创造条件。

李德明派牙校王旻捧着和表，携带贡品，赴东京求和。并且拿出李继迁临终时的遗言来表明他的归附之心：“如一两表未蒙听纳，但连表上祈，得请而已。”求和心切的宋真宗被这种表面的忠心打动，见到灵州政权派来的使者，心中一高兴，便赐给王旻锦袍、银带，好好地招待了一番，随后又派使臣带着诏书，前往灵州答礼。

三足鼎立的局面中，任何两方结成同盟，另一方的局面就变得被动而危险。灵州，成了那时中国的焦点，宋和党项羌关系的舒缓，让辽国感到了一股股凉意。辽圣宗派遣使臣萧承德正手持节杖，带着封册、钱物，马不停蹄地前往灵州，册封李德明为西平王。这一举动，加重了李德明与宋朝讨价还价的砝码。1006 年，双方正式签订了和约：宋朝任命李德明为定难军节度使，封爵西平王，食邑六千户（实封一千户）；赐袭衣、金带、金鞍勒马，并赐银万两、绢万匹、钱二万贯、茶二万斤；发给李德明与内地节度使相同的薪水；准许党项人进入内地贸易往来；撤销对夏州青白盐输入内地的禁令。

与此同时，宋朝对李德明提出七个条件：一、归还灵州；二、党项羌的领地范围限于夏州一带；三、李德明派遣儿子或亲弟前往京城宿卫，即送亲属做人质；四、送还被俘的宋朝官吏；五、解散党项羌内的蕃、汉军队；六、释放被俘的宋朝兵民；七、如果边境发生纠纷，要服从宋朝政府的处理。对于宋朝提出的七个条件，李德明只同意五条，其中有两条坚决不同意：归还灵州和送子或弟到京城做人质。他的借口是：“先祖没有做过这样的事情。”宋朝没有办法，只好将这两个条款改成不允许党项人进入内地贸易和不允许青白盐在沿边销售。这便是宋和党项羌之间签订的《景德和约》。

《景德和约》是宋和李德明的灵州政权之间签订的第一个和约，这是双方共同打造出的一个和平使者。和约签订之后，宋朝和党项羌之间 20 多年没有发生过大的战争，双方边境有了一个相对和平的环境，给了老百姓一个短暂的休养生息的机会。从《景德和约》的签订，我看到李德明并不如宋史描述的那样，是一个弱者，他只是被强悍的父亲和以雄才大略建国的儿子的光环遮蔽了。透过零星的史料记述和《景德和约》的签订，我看到了他在外交策略上的英明，那是一种在强敌环伺的恶劣环境下的主动选择，更是一种低调但务实的兴族战略，通过这个和约以及随后的一系列措施，体现了他外交的前瞻性。

尽管征战和劫掠能彰显一个马背民族的血性，但李继迁通过征战、劫掠从宋朝方面获得的钱物、粮食其实并不多，却一再招致宋朝的镇压，这让我想起一句民谚——“羊肉没吃上，反而惹来一嘴的膻味。”为了使族群快速壮大，同时避免父亲那种做法招来的宋朝的敌视、警惕，李德明通过和约，很轻松地就获取了宋朝银两。尽管这种获取看起来不是那么体面或者有尊严，但他建设了一条从宋朝而来的运钱通道。一个愿打，一个愿挨，宋朝只想拿钱摆平来自党项羌的骚扰，好将主要精力放在对抗辽国上，李德明则想摆脱和宋朝为敌的局面，换取让党项羌壮大的时空。

和约最大的受惠者一定是宋朝和李德明政权交界处的百姓，他们暂时摆脱了征战的困境，得以在自己的家乡耕种、放牧、贸易。这种和平，似飘荡在宋朝统治者眼前的迷雾，让宋朝认为党项羌已经乖乖地承受来自大宋的皇恩。于是，他们只看到李德明挥舞长袖，伸出贸易之手，在东边扩大和宋朝的贸易，一个个商队来往于灵州和东京的路上，却没看见，李德明将指挥战争的短剑藏在身后，指挥他的劲旅“西击吐蕃、回鹘，拓疆数千里”。

那时的范仲淹心里一定是焦虑的，他并没有参与到群臣的狂欢中。他清楚地看到大批官员沉醉于李德明的臣服带给宋朝的快感，也看到李德明表面上称臣，损失的只是一时的尊严，却获取了自己所缺的物资。他焦虑地记录下当时的情景：李德明以每年进贡的方式，一方面讨得宋朝的安心和欢心，另一方面获得自己所短缺的货物，用羊、马、骆驼等动物换取钱币、金银器、茶等。这种情景也如他后来给李德明的儿子李元昊的信中所写的——“牛马驼羊之产，金银缯帛之货，交胜其利，不可胜纪。”

很快，东京城内出现了不少党项人，他们大大方方地穿着党项族的服饰，说着党项语言，自由出入酒肆、集市。这源于和约签订后，宋朝允许李德明派去的贡使在东京城内进行贸易，也可以在沿途进行贸易，虽然他们的贸易范围是有限的，比如不能进行盐业的流通和武器的贸易。这些被李德明选派去的人，很多拿商人身份做掩护，真实身份却是军事间谍和商业间谍。他们一方面通过在东京城内做生意，为灵州政权储备资金；另一方面频繁地来往于东京和灵州之间，不顾《景德和约》中宋朝对党项羌的禁止条款，大力发展盐业和武器的走私贸易，使宋朝的贸易禁令成了一纸空文。

宋朝的白银就这样在一条看不见的暗河里，源源不断地流向灵州，直至宋朝方面觉察到这种走私贸易给宋朝经济造成的巨大损失。我估计，当听到大臣上报的真实数据时，皇帝的脸一定铁青了。于是，一道禁令出台：灵州方面的贡使在沿途进行商业贸易，应该严加约束。然而，宋朝的禁令往往形同虚设，李德明通过贡使和地下贸易两条通道，继续获取党项羌所需要的货物和财富。

和约的签订，撤除了战场，但李德明却抓住了在与宋朝交界的边境地区开设市场——榷场的机遇。说到底，他暗中开辟了另一个看不见硝烟的战场，启动了商战模式。一封封请求开辟边境榷场的书信，从灵州飞往东京。1007 年 7 月，宋朝方面同意，在今陕西省志丹县设置专门进行边境贸易的榷场，允许灵州和宋朝双方境内的百姓进行贸易。于是，秋天挖好甘草、苁蓉的农民，赶着牛羊而来的牧人，赶制毡毯的手工艺人，河西走廊甚至西域经营玉石、麝香的商人，出现在榷场里，他们为灵州开辟了新的财源。三个月后，李德明又提出在今陕西北部的神木以西一带开辟榷场，这一次未能得到宋朝允许。

于是，在今陕北的神木、府谷一带，双方边民私自设立榷场，进行非官方的市场贸易。李德明更是派遣人私自在这一带换取自己所缺的货物。在这些贸易中，盐亮出了它骄傲的肤色，交易量逐渐增多。宋朝为了遏制党项羌的经济发展，一度禁止青白盐流入党项人生活的地区。为此，李继迁时代曾着力向西扩张，力图夺取今陕北和宁夏、内蒙古交界处的盐场。夺取灵州后，更是牢牢将这三省区交界的盐场控制在手中。由于党项人的地界不断扩大，盐的需求也不断增加。李德明执政期间，一直要求解除“禁盐流入”，但宋朝一直没有解除青白盐之禁，李德明只得依靠大量边境走私贸易来缓解盐等物资的紧缺。

西夏通用的钱币

物资的贸易是低级的，一个重视发展自己势力的首领，更会注重将敌方先进的武器装备和先进的农业技术积极引进。李德明做到了这一点。他在引进农作物品种上下了大力气。粳稻，应该就是在这一时期传入灵州一带的。《景德和约》签订后的30年间，出现了范仲淹所描述的“有耕无战，禾黍云合”的农业兴旺形势，为灵州政权奠定了相对丰厚的物质基础。

原始资本的积累，往往会充满血腥和暴力，会对规则发出挑战或颠覆。西域地区走向中原地区的货物，常常成为党项人的劫掠品，为避免被劫，他们需要给灵州政权上缴很高的税赋。夺取凉州后，李德明掐断了延续千年的古丝绸之路，西域地区和宋朝之间往来的货物往往轻松地落进了党项人的口袋。

后来的事实证明，李德明在《景德和约》签订前，没答应宋朝的两个条件是正确的：通过边境走私盐，宋朝的禁盐令变成了一纸空文，摆脱了宋朝在盐业上的控制；没让自己的儿子元昊前往东京做人质，让元昊在李德明执政期间发挥了超常的军事指挥才能，也赢得了后来登基的政治资本。

在我的判断中，李德明是整个党项羌首领中最杰出的经济学家，他为党项羌打造了一辆快速前行的战车。

五　马过黄河，一座绿洲城市的亮相

一场场大雨，浇软城墙
一场场酒事，侵蚀筋骨

雨声疾处，探子穿越贺兰山
偷运出的情报，出售着忽略的青春
最后的战史，悄然间完成
最紧张的章节，由七次攻伐组成

硝烟尽头，一个党项书生爬过废倾的宫院
抄手走在通往记录的路上，终点的界桩日益模糊
谁能拨开烟尘仔细辨认：西夏

那时，新鲜的酥油和年轻的女子缓缓出场
那时，年迈的工匠和经年的陈酿依次谢幕
角落中出走的野史丰富着《西夏史》的版面

民间艺人的胡琴，染白鼓楼上空的月色
黎明时新郎骑马出征
大雪，搬运守不住的机密
这些，足够丰富冬季的目录

一匹党项战马哑声而行，
发黄的经卷，消失在佛塔斜影里
夜雨中的僧人，出逃前更改籍贯

行色匆匆的书生没地方说出身份
以记录和考证矫正被歪曲的战事
笑容背后有两个词汇：桀骜和洁净

任何一个族群，都有着明显的集体性格，如果对党项羌的性格做一个最明了的概括，我愿意用“好勇尚武”和“复仇心极强”这两条，我觉得这是党项人最明显的两个标签，这两个标签在李德明身上同样很明显。发动对凉州六谷部的战争及对甘州回鹘的彻底扫荡，就是对这两个标签的极好注解。

父亲咽气后的一段时间里，李德明基本是不梳头的，连脸也很少洗，每天赤着脚，吃着素食。得知潘罗支的死讯后，才开始洗头净面、穿鞋吃肉。这便是史料中所记党项人“尤重复仇，若仇人未得，必蓬头垢面，跣足蔬食，要斩仇人而后复常”。在党项羌的传统中，即使是那些没有能力报仇的人，也要召集妇女，让她们吃饱喝足后，成群结伙地赶往仇家，放火烧毁仇家的房屋。如果双方的仇怨得到和解，便要举行一个盟誓仪式，将鸡、猪、狗血和酒掺在一起，倒入仇敌头颅做的髑髅杯中共饮，发誓说：“若复报仇，谷麦不收，男女秃癞，六畜死，蛇入帐。”

李继迁命亡六谷部之手，使吐蕃和党项羌之间的仇恨从李德明的丧父之仇变成两大军事集团之间的仇恨。彼时占据祁连山一带的吐蕃势力是党项羌四周军事力量中相对薄弱的一支，潘罗支死后，整个西凉陷入慌乱，李德明看中了历史给他的机遇，乘机派兵出击，占领了凉州城。

凉州，这个丝绸之路上的商贸、文化中心，是河西走廊第一城池。凉州城归入党项羌灵州政权的手中，促进党项羌向发展商贸经济与农业经济并重的经济模式过渡，也使党项羌赢得了重要的牧业、农业、商业三重基地，掐断了延续千年的中原和西域连接的丝绸之路，壮大了自己的经济实力。

甘肃武威塔尔湾出土的西夏白釉褐花瓷罐，下腹部露胎处的西夏文草书翻译为“卢五”，可能是物主姓名字样

经济上的壮大与凉州的取得，增加了李德明和宋朝、辽国谈判的筹码。1005年，他得到了辽国授予的“西平王”封号；1010年又得到了“夏国王”封号，两个不同的封号，蕴含了他建国称王的梦想，同时也体现出辽国对他立国追求的默许。1021年，辽圣宗册封李德明为“尚书令、大夏国王”，这无疑承认李德明统领下的党项羌已经成为“大夏国”，默许李德明成为一位“国王”。

1017年6月，从黄河对面一个叫怀远（今宁夏回族自治区银川市）的小镇传来一个说法：镇西侧的贺兰山上有龙出现。一些大臣乘机跟李德明说，灵州处于四通八达的交通要道上，容易受到敌方围攻，作为都城，它的战略环境还不如怀远镇。怀远镇西有贺兰山作为天然屏障，东面和南面有黄河能阻挡敌方的进攻，可以在怀远镇修建都城。李德明采纳了这些大臣的建议。

贺兰山下的那片平原，成了他置放梦想的一块更大基石。他要在那里开始一个政权的发端。

1017年夏天，李德明派指挥使兼左都押牙贺承珍带领从内地请来的一大批能工巧匠，渡过黄河，到河对岸的怀远镇开始一项工程：仿照内地都城形制、结合党项羌自身文化，兴建一座城池。贺兰山下的那片平原，就是他心中的一张白纸，他要在那张白纸上描画出符合自己梦想的蓝图。

贺承珍所管理的机构后来叫作“司天”，相当于宋朝的“司天监”，这是一个根据天象、风水来决策建筑、军事、政务等的机构。从中，我开始大胆地推测，贺承珍是一位经验极其丰富的“风水师”或“建筑设计师”。

大批的劳力从灵州及周围地区被征调，在怀远镇开始构筑宫殿、宗社，同时开始丈量土地、开通渠沟、修筑公路和渡口等工作。

经过几年的建设，一座背依贺兰山、面朝黄河的绿洲城市，出现在今银川平原上。1020年11月，李德明将党项羌的政治文化中心迁往贺兰山下的怀远镇，并将怀远改名为兴州。为了避免来自北部的少数民族骚扰，他又下令在今天的宁夏惠农区庙台乡修建省嵬城，作为拱卫兴州的北门户。

这次迁移，使党项高层贵族及一些民众彻底告别了游牧生活，从草原戈壁地带来到宁夏平原上最富庶、水利最发达的地方——银川平原。这里发达的农业为政权的奠基提供了经济基础。不久，其农业区域从银川平原扩展到整个宁夏平原。宋代城市发展在中国历史上的一个明显变化是城市功能的改变：不少城市和都城一样，从单一的政治或军事中心转变为生产制造中心，李德明率领党项羌高层贵族进入兴州后，开始将这个塞上小镇逐渐改造为党项羌政权的军事中心和政治中心，以致后来成为西夏王朝的制造中心、经贸中心和文化中心。

虽然李德明把兴州当作一座都城来修建，但兴州实际上不过是一个小的地方政权的都城。直到元昊继位后，兴州才成为一个抗衡宋朝、辽国的王朝都城。正是由于元昊在这座城市的建设思想上和李德明有着不同的视野，所以兴州后来在规模上有很大的扩展，在形制上不仅借鉴唐朝都城长安、宋朝都城东京的建筑特色，还结合党项羌的自身审美特色来规划、完善。1032 年，元昊以避父亲李德明的名讳为理由，改宋明道年号为显道，这标志着他开始用自己的年号。后来，元昊将父亲命名的兴州改为兴庆府，定为首都，并开始大兴土木，修建宫城、殿宇。

由于蒙古铁骑的屠城、废城政策，以及西夏文献对兴庆府的建筑形制没有具体记载，我只能从明代《弘治宁夏新志》《嘉靖宁夏新志》等文献记载来判断兴庆府的建筑形制和规模：作为党项羌都城的兴州，在元昊登基后被改为兴庆府。受当地地形限制，兴庆府并不能像中原都城那样讲求方正。这座城池“东西倍于南北，相传以为人形”。同时，它的建设在城池、宫殿、宗社、政府机构、市场、居民区等方面，又借鉴了诸多中原城市的建筑方法，“从原则和系统上皆以中原都城为成法，甚至一些具体建筑也模仿中原王朝都城，如城门上建城楼，城门名称光化门和长安城的光化门同名，南熏门与开封府的南熏门同名”。

从当时的经济实力和疆域规模来看，兴庆府的城市规模已是不小：唐代的长安城周 60 里，兴庆府城周 18 里，相当于长安城的三分之一；唐宋时期的

兴庆府（纪录片《神秘的西夏》剧组制作的特效复原图）

兴庆府（纪录片《神秘的西夏》剧组制作的特效复原图）

都城城门都在10个以上，兴庆府的城门有6个。后来，随着城市建设向南北扩展，兴庆府的城郭比例逐渐不再是“东西倍于南北”，南北与东西的比例为1 ∶ 1.6，这个比例恰好和人身体的黄金比例一致，是巧合，还是设计者的智慧所在？从兴庆府旧城遗址东端出土的砖瓦构件来看，当时的兴庆府已经完全能够利用黄河的自流水系来保障城市的给、排水系统。兴庆府的城市设计，直接受到唐代长安与北宋东京的布局影响，城内居民最多时达20万人；城呈长方形，护城河阔10丈；南北各二门，东西各一门；道路成方格形，街道较宽，有崇义等20余坊；皇家手工业作坊集中于宫城；宗教场所有承天寺、高台寺、戒坛寺、佛祖院等。城中皇家的宫殿园林占有很大面积，有一定规模的宫城，一般居民则密集分布于数十个坊之内，均为低矮的土屋或土板屋。就这样，一个贺兰山下的小镇，很快变成西夏的都城以及整个西夏的政治、文化、经济、军事中心。

在西夏政府机构的规划与设计中，一座座宫殿拔地而起，一个个中央官署围宫兴起，一所所学校（蕃学、汉学、大汉太学、内学等）顺势出现，一座座佛塔直插云霄，一间间作坊因市而生，一幢幢酒楼沿街而兴，一处处平房沿街而建，一个新兴的都城出现在贺兰山下、黄河之滨。城市最核心的地方，显然是宫廷所在。西夏《天盛律令》规定：未被允许而冒入皇宫者，依据入宫门深浅判处不同的罪，最轻的是“车门”，其次是“摄智门”，再次是“广寒门”和南北“怀门”，误入皇帝“帐内”要判最重的刑，由此可见西夏皇宫建筑形制之复杂。

第二部分

山看见一项工程

一　在河之侧的储备

一座山成了河的眼睛，远望寒流与黄沙
一条河成了山的镜子，映照绿洲与寺影
这搭肩的兄弟：黄河与贺兰山
别去追究它们，出席的先后——
就像，一篇优美散文的最后一个符号
用感叹号还是句号，并不重要

山河搭建的格局，马踏花香
淘洗着歉收年份的忧伤和牢骚
宁夏平原，像个失宠的妃子
被忽略的年份，腰身日益丰腴
无数跨山越河的少年，在此栽植梦想
落地的歌词，是青丝卷走的青春祭台

从咸阳出发的远征军，卸下秦声
在黄河的肌体上划开新的血管
八百条水渠，送走匈奴人的败北
稻谷染黄帝国之夜
八百名党项书生，奉命写作
最年轻的那位，以自信和执拗伸出双手——
《西夏史》和《宁夏之书》

站在西平府内，无论是清晨的一杯热茶，还是午夜时分未退席的一场酒事，李德明常常会想：如果马过黄河，兵抵贺兰山下，党项羌的政治、军事中心将离开灵州，父亲的陵寝也要随之转移。

为父亲修建新的陵寝，成了李德明一直考虑的大事。

派人在贺兰山下大兴土木的同时，李德明也启动了为父亲修建一座陵墓的计划！

这是一个浩大的工程，需要大量的资金！钱从哪里来？时值党项羌政权控制的范围内发生饥荒，李德明派使者向宋真宗提出，希望朝廷能够拨出百万石粟救济灾民。

这个请求真将宋真宗难住了：给吧，无疑给防范都来不及的党项羌助力；不给吧，李德明已经提出向宋朝称臣，臣下有困难找朝廷是理所当然的。

他便问计于群臣，宰相王旦说："这很好办，回复李德明，大宋朝已经在东京城准备好了百万石粟，让他派人来取吧！"

宋真宗按照王旦的建议，给李德明如是回复。接到诏书的李德明大为感叹："大宋朝的朝廷内有能人！"于是停止了类似为难宋朝的请求。

从宋朝要不到钱，李德明便积极开辟自己敛财的黄金商道。他看中了宋朝的金库，通过和宋朝签订和约，不仅轻松获取宋朝每年大量的赏赐和相当可观的节度使俸禄，还给自己创造了一个和平的环境。在这种和平环境下，李德明一方面通过军事手段在西边"西击吐蕃、回鹘，拓疆数千里"，另一方面伸出贸易之手，在东边扩大和宋朝的贸易，发展经济。

很快，来往于丝绸之路的西域商人、中原商人开始了厄运。他们通过被李德明控制的河西走廊地段时，必须上缴比以往高的税，高税收政策不仅给灵州政权补充了税赋，西域国家和宋朝之间往来的货物也时常轻松地落进了党项羌政权的口袋。

河西走廊归属党项羌政权后，李德明开始注重和西域的贸易，他扮演起一个二传手的角色，将宋朝的瓷器、丝绸运往西域，然后将西域的麻、调料、香料等运往内地。尤其是西域一带的麻，经他的手，成了和内地贸易的主要商品（西域麻制作的纸张，更是在西夏建立后，被黑城等地大量引入）。

当时的贸易由于路途遥远，西域商人贩运的麻制品经常会被路途上的雨雪淋湿，所以快到党项羌地界时，他们往往将麻晒干后再进灵州。同样地，党项人的瓷器在运往西域的过程中常常因为路途遥远、颠簸而有破碎。这时，双方都会要求对方赔偿。

为了解决这个问题，党项人想出了一个好办法。我设想当时的情况应该是这样的：李德明下令，凡自西域进入党项羌境内的麻制品，西域驼队须装上豆子并进行封口，而从党项羌境内出口的瓷器在装上驼队前，也必须在瓷器空隙处填放豆子。

不久，西域驼队的“胡商”来到党项羌地界，党项商人问西域来的商人麻产品是否淋过雨水，西域商人矢口否认。党项商人淡淡一笑，从驼队的行李中拿出一小袋豆子，请西域商人验明封口印证后当众倒出，只见不少豆子早已发芽——证明驼队来到党项羌地界前，已经淋过雨水了，西域商人不得不乖乖接受罚款。

而到西域的商人将瓷器运到目的地后，检验党项羌出境的瓷器，竟没验出一个碎瓷器。原来，在运输途中，豆子遇水慢慢发芽，几乎将瓷器空隙全部填满，瓷器因此被保护得完好无损。

《景德和约》签订后，李德明通过用羊、马、骆驼等动物换取钱币、金银器、茶等物资，大力发展走私贸易，开办榷场，鼓励非官方的民间贸易、发展盐业经济，重视将中原先进的农业技术和农具通过贸易传入党项人生活地区等措施，为后来西夏王朝的诞生奠定了相对丰厚的物质基础。

有了钱，李德明就有了在贺兰山下营造一座城市和为父亲营造陵园的资本，但这可不是一般意义上的城市和陵园：城市不仅仅是一座城市，还是安放一个王国之心的所在；陵园不仅仅是一处风水极佳的所在，还是体现一个未称帝但为王国建立奠定基业的王者功绩的舞台。

按照当时的规定，李德明的母亲去世时，要通报给宋朝。然而，李德明却没有上报。倒是宋朝方面知道这一消息后，层层上报至宰相王钦若那里。君臣为此有一段对话。

王钦若告诉宋真宗：“守边大臣专门上奏这件事，但李德明却没有上告。”

宋真宗说："夷人哪里知道这些礼数，不如让边臣告诉他，让他上奏，然后我们派遣人去吊祭。"

王钦若回复道："听说李德明的母亲甚多（指李继迁妻子多，作者注），如果相继去世了，我们哪能一一施行朝廷的恩情？"

另一名宰相王旦说："李德明今年 3 月上书称臣，如果朝廷不能回复，恐怕李德明于礼难安。"

宋真宗于是派殿中丞宣城赵稹前去吊祭，李德明专门让人奏哀乐将其迎接到母亲的灵柩前，并派遣使者到东京，请求在五台山修建 10 座寺院。

接下来发生的这件事，引起了我的关注：李德明派人向宋朝进贡了 500 匹马，帮助修建宋真宗赵恒第二位皇后章穆皇后的陵园。

这是文献中第一次出现党项羌高层正式派人去中原王朝皇家陵园的记载。或许，这个信息背后隐含着这样的事实：李德明已经隐约感到，父亲、自己及后代将来也需要一处理想的陵寝之地。于是，派人以助修皇后陵园为名，勘察中原帝陵的建筑形制。

然而，此时的宋朝建立才 47 年，并没有理想的帝陵模式可供借鉴。不难想象，党项羌派去的探子，会出现在唐陵尤其是昭陵前，仔细研究唐帝陵的形制。当探子将因山而陵的图纸呈现在李德明面前时，结合派出的堪舆师汇报的贺兰山下那片辽阔的冲积扇的地势，他的心中有了底：那片头顶贺兰山、脚抵黄河水的开阔地，正是一个帝陵的理想之地。

二　始造者的智慧

雨中开始腐败的吹鸣
盔甲与战袍一起生锈

那时，一些虚浮的文字爬过剑尖
将士们陷入一片盲目和哑暗
等着秋霜清点记忆

箭镞走不到的角落
军营中空空荡荡
一批俘虏的后代
缓缓打开失传的经卷

南部，消失了一个集体的隐语：
“我们把最美的一团火，
烧成了部落中最坚强的一块铁！”

指挥使兼左都押牙贺承珍离开西平府，带人渡河前往贺兰山下的怀远镇时，他领受的差事有两项：一是为李德明修建一座城；二是为李继迁、李德明以及他的后代继承者确定一处理想的陵寝之地，并为李继迁营造陵园。

除了要将父亲安葬在一个安全的、能庇佑后代的地方，李德明的内心还有另一团理想之火，那就是要和中原王朝分庭抗礼。这种抗争与较量，不仅仅是通过

李德明和贺承珍在谋划修建西夏陵（纪录片《神秘的西夏》截图）

经济改革壮大自身、修建一个气势和规模都模仿唐宋都城的城市，更是要在墓葬上直追唐代帝陵之风，效仿唐帝国那样留下自己不可磨灭的印记。希望自己的家族就是死后也要被尊崇，被后代追记、敬奉。因此，李德明才是整个王陵的总设计师。

随着经济实力的壮大，李德明已经有了要独立抗衡北宋和辽的野心：早在1013年春天，他在一次外出时，“大辇方舆、卤簿仪卫，一如中国帝制”。

后来的事实也证明，贺承珍修建的城市是一座都城，他负责督建的李继迁新墓也是按照帝王陵规格修建的。

早在青藏高原东北部时，党项人的葬俗多为火葬；到李继迁时，从他派人前往红石峡安葬祖辈遗骸采用土葬的事情可以看出，到黄土高原上300年，党项人已经接受了汉地的土葬习俗，汉文化已被这个在黄土高原上生活了近200年的族群接受，“事死如生”的墓葬制度也开始走进这个依靠游牧壮大的群体。

不仅要为活着的党项羌领袖修建未来的都城，还要为亡去的李继迁修建陵寝，这是贺承珍将要留给党项羌的两笔丰厚财富。宋王朝的帝陵到这时还没凸显出自己的特色，加上党项羌一直以追慕唐帝国为风尚，因此，李德明对父亲陵寝的建设，必然会带有唐陵的影子。

完成军事和经济力量的储备后，李德明似乎能感受到先祖们灼灼的目光，能感受到他所肩负的使命，这不是他一个人的梦想，而是整个拓跋家族甚至党项羌族群的梦想。或许在李德明看来，党项羌需要与中原王朝一样，有繁华的城市；或许他一直有一个梦想，就是做一个正统王朝的皇帝，他认为中原王朝有的，党项羌都要有，他朝着这个目标而去。

从兴州城的修建开始，李德明就委派贺承珍的人担当督建工作。兴州的修建，是党项人当时最重要的国家工程。由于李德明深谙风水之道，贺承珍被委以如此重任，可以推测贺承珍在阴阳学和风水学领域一定有过人之处。

“薄葬，不起坟茔，以山为陵！”这是当年长孙皇后留给李世民关于葬礼和葬制的遗言。在李世民派去的堪舆师眼里，九嵕山席踞渭北，气掩关中，九梁拱举，一峰独秀。背依群山及泾水，前有群山环卫，开阔的关中平原和浩浩渭水互为映衬，确是不可多得的风水宝地。

当李德明被贺承珍悄悄地带到贺兰山下时，他眼见的这片开阔地，不逊于李世民给长孙皇后修建陵寝的山川形制。

考古学者多认为西夏陵借鉴了宋陵很多的风格。果真如此吗？

除了要与中原王朝分庭抗礼，李德明希望父亲的陵墓要有自己的特色，即突出党项政权、党项民族的特色。因此，作为总设计师的贺承珍使西夏陵呈现出了鲜明的党项特色。这些陵墓从具体的形制而言，和宋陵有着明显的区别。比如，从布局上看，北宋帝陵布局虽然因袭唐制，但又有不同，按照风水之说，宋陵要求墓葬南高北低，这就使它一反“背山面水”的常规，将陵区设于嵩山北麓，入口处地面较高，封土则处于最低位置。而西夏陵却是明显的背山面水，入口比较低，顺着贺兰山脚下的地势，逐渐升高，使陵墓所在地高于入口、阙台等处。风景是绝好的建筑艺术材料，西夏陵巧妙地利用了贺兰山、黄河以及宁夏平原与贺兰山交接处的冲积扇。它背靠贺兰山、面向黄河，由李继迁陵墓衍生出的众多帝王、重臣的陵寝，犹如一朵朵以贺兰山为强大枝干、面向东方的巨大莲花，盛开在贺兰山东麓的开阔冲积扇上。

再比如，北宋陵墓为帝后陵墓，从宋开国皇帝赵匡胤之父赵弘殷的永安陵算起，到哲宗的永泰陵止，共有八陵，皆为帝后陵墓，而西夏陵中目前还没发现一处帝后的陵墓。

一次次深入贺兰山下的那片陵区，我透过山谷里弥漫的薄雾和历史的烟云，尽力思考、破解着有关它的一切谜团。我在宋陵看到的陵墓格局是面山背水，而眼前的西夏陵则是面水背山，如果说西夏陵是一个端坐在贺兰山下的巨人，那么它是面朝黄河、背靠贺兰山的。这个格局的形成，是基于李德明最初对贺承珍的授意：既要参考和借鉴中原王陵的形制，又要和宋帝陵有明显的区别；还是基于李德明这样的心理：一方面要体现自己和大宋皇帝不能平起平坐，另一方面也要昭示自己的民族特色？原因现在已无从知晓。

任何一项伟大的工程，一定需要来自各方面的智慧与苦力，西夏陵同样如此。除了有贺承珍这样的汉族高级知识分子参与，这项百年工程也有大量汉人工匠的参与，这从 3 号陵出土的建筑用砖上得到了印证。西夏陵的建筑用砖有绳纹条砖、素面方砖和莲花纹方砖，其中绳纹条砖正面中心有一个凹槽，上面有诸如“牛、五、黄、言、任、盈、王、李、良、合、州”等字的记号，标注了汉人工匠的姓氏或他们所做的标记。而莲花纹方砖上的花卉图案多达八种，且以中原地区较多的莲花、水草、忍冬等枝叶为题材。

我的眼前闪现过这样一群被征调来的建陵人面孔，我权且将其中的一位汉族人称为老王，他和其他人做的是外围工作，他们分工明确，他主要是参与拉土的工作。

陵区周围并没有筑陵的黄土，建造陵园的黄土只能从山下的农田调运。从春末到秋末，老王和他的工友们来往于山下的田地和山脚下的陵区，在他的工作程序上游，还有一批人整天负责挖土。无论是挖土者还是拉土者，是不能有任何语言交流的，在监工严厉的督促下，他们各自默默地完成着属于自己的工作。挖土者不能去山上，山上施工者也无法和挖土者交流，他们就像是在一个完整而严密的流水线上作业的工人，各自守在自己的岗位上。鉴于此，老王对自己的工作还是满足的：他就像一条旱鱼，相对自由地游弋在这项工程的两岸之间。山下的黄土被老王这些人运来后，建陵流水线上的另一群人会认真地筛选调运来的黄土，

腾格里沙漠
阿拉善左旗
贺兰山
西夏陵
西夏区
银川
平原
永宁县

西夏陵位置图

石子及质量不好的土都会被剔出，这一群人的身份，我认为被冠以“蒸匠”似乎更为贴切，他们的职责是用蒸笼蒸土，蒸过的土称为“熟土”。再下来，我冠之以“炒匠”的人出场，他们将适量比例的香油掺进土内，然后进行翻炒，经过蒸和炒两道工序，那些从山下拉运来的土，已经失去了滋生植物的功能，这样可以避免随风飘来或飞鸟衔来的草籽发芽，导致陵体的质量下降，这便是千年后我们在西夏陵上看不见杂草生长的原因。

夯筑墙身的工匠们在施工时，黄土中要掺入丝麻和灰浆，甚至要掺入糯米汁混拌，以增强黏结能力。夯筑工程结束后还要进行严格的验收，于是有了这样一个看起来靠谱的传说：为保证工程质量，元昊亲自下了一道命令，一名工匠施工时，让一名士兵监工，工匠筑完墙后，让士兵站在距墙 10 步以外弯弓射箭。若箭头能射进墙体，说明工匠偷工减料，立即处死，墙体返工重修；若箭头碰壁落地，说明士兵验收不力，马上砍头。这样士兵、工匠以性命相拼，无法勾结。干活的竭尽全力，监工的毫不懈怠，保证了西夏陵各类建筑体的坚固合格，没有出现豆腐渣工程。这或许是老王去世千年后，我看到的西夏陵废址上的夯土墙身依然能历经风雨而不倒的原因。这样以性命相拼而建造的建筑物又怎么能不坚固呢?

诸如西夏陵这样的巨大工程，是少不了烧窑的。西夏陵东部位于西干渠西面的一片高岗上，曾经发现 10 处西夏窑址，周围散落着大量砖瓦残片。1976 年，宁夏博物馆曾对其中的两座砖瓦窑和一座石灰窑进行了清理，因为附近曾经有一眼水井，窑址所在地被当地人称为缸瓷井。这就让我不难想象出一个场景来，那些党项和汉族的工匠们，被征调到贺兰山下后，不少烧制砖瓦和石灰的匠人们，整天在这片窑址上劳作。

纵观中国历史，修建帝王陵寝是皇室大事，朝廷往往不惜靡费大量财力以精心构筑，更重要的是投入顶级的智慧去勘察、营造、守护。西夏陵同样如此。今天，以现代科学的视角来审视西夏陵选址的智慧，足以让我们惊呆：中国的 200 毫米年等降水量线，沿阴山—贺兰山—祁连山—巴颜喀拉山—冈底斯山一线延伸，它是我国干旱地区和半干旱地区的分界线，是草原与荒漠、荒漠草原的分界线，也是我国沙漠区与非沙漠区的分界线。

贺兰山东麓的年降水量刚刚超过 200 毫米，这个降水量表明贺兰山东麓地处半干旱草原植被区，选择在这样的地区修建陵墓，完全可以避免过量雨水对陵顶的损毁。但是，陵区所在的贺兰山山体大多是岩石，雨水不易渗漏，一旦降暴雨，就会在山谷形成洪水，损毁陵墓地基。为了解决这个问题，工匠们在陵墓周围又采取了修拦洪墙、排水沟等措施。考古工作者后来还发现，陵墓地基剖面最下面是从地表上面运来经过筛选和炒熟的细黄土，往上是一层泥浆（类似水泥性质的防水措施），再往上才是夯筑的建筑物；陵体建筑上贴有防水的瓷砖和滴水，还有一排排的滴水坑。

在《宁夏军事气候志》的一张表里，我找到了这种建筑智慧的科学依据。在这张表里，如果仔细看，可发现列出的 13 条沟中，以 1929 年为例，山洪流量最大的是甘沟——每秒 117 立方米，而西夏陵南界的榆树沟仅 30.1 立方米，北界泉齐沟仅 33.3 立方米，也就是说，西夏陵建在山洪量最低的地方。那时，西夏陵的最初选址者已经充分考虑到了避开山洪，在风水上佳之地营造帝王和大臣的另一个世界。

这些还不足以体现他们的智慧。从西夏立国后及明清时期的史料记载来看，银川平原地处地震多发带，而王陵的地址选择在离兴庆府几十千米之外的山脚下，除了考虑传统的坟茔营造风水，还有一个重要的考虑便是防震。地震学者的研究表明，发生在银川平原上的大地震，接近贺兰山东麓时，东麓分布的数条地质断裂带以阶梯状逐级向山下布呈，会缓解地震产生的冲击力，这些冲击力抵达贺兰山下时，产生的破坏力已很小。事实也证明，西夏晚期发生在兴庆府的强震，对整个陵墓建筑主体损伤很小。从现代地震学的角度来解读，整个陵区的地质结构由条状断裂带构成，可以缓解地震波对建筑的毁坏，而陵区的土质又非常适合向下挖掘，能够在足够深处打好地基，坚硬的地基对防震无疑也起到了很好的作用。

如果说墓园是一部凝固的文化史，帝王陵则是体现政权精神的最豪华的卷本。对西夏王朝而言，西夏陵确实担当了这个豪华本的角色。

对李德明来说，西夏陵不仅是他父亲的安葬地，更是西夏精神的体现地！相对于后人对武功立国的元昊给予的较高评价与褒扬，开启西夏陵这一工程的李德明，一直退隐在儿子无与伦比的光芒中。幸好，有西夏陵这个无字的奖状，一直高挂在西夏的天幕上，稳坐在贺兰山下。

元昊立国后，这项工程在每个帝王的手中有序地延续着，就像一根接力棒，被西夏历代统治者传递着，这个过程，其实也传承着一个个西夏统治者的野心和抱负。在李德明看来，为了达成自己家族被尊崇、被铭记的愿望，为此付出多大的代价都在所不惜。

一个帝王或重要的大臣去世后，贺兰山下的这片空阔之地上就会出现一座陵墓，到西夏的倒数第二位皇帝死后的匆促建陵，这项工程持续了近 200 年。这些时间“给我们做证，你们这些穿着丝绸入葬的死者，杯盏无酒，旗帜陷于往昔，一把剑在回忆”——1984 年诺贝尔文学奖获得者、捷克斯洛伐克诗人雅罗斯拉夫·塞弗尔特的《莫斯科》中的这两句，简直就是写给这些终眠于贺兰山下的、穿着丝绸的入葬者。

陵墓在近 200 年间数量不断增加，陵群规模逐渐扩大，最终成为中国西北地区除了唐陵之外最大的帝王陵群。夏天，会有专门的民工负责拦截、引导贺兰山的山洪，避免陵群被山洪冲毁；逢遇重大的节日，会有专门的司仪引导在位的皇帝、皇后、大臣在这里举行祭奠仪式，它以另一种方式唤醒这个王朝的记忆。

历代帝王均将陵寝宗庙视作江山社稷的象征，会讲究风水。细观历代帝陵，无不经过周密审慎的选择，在优良的地理地质条件和环境景观条件的“风水胜地，上吉之壤”营建。负责营建李继迁陵墓的设计师以及后来的历代西夏陵设计师们，也是充分以贺兰山的自然地势为大素材，在缓缓抬升的地势里赋予了整个陵区以强烈的艺术感染力，无形中打造了一个庄严肃穆又充满生气的祭奠氛围，这恰恰是西夏陵建筑艺术突出的特点之一。

一场持续了近 200 年的工程，就像一场近 200 年时长的马拉松赛，它的起点线已经荒芜于历史，让我们无法确定这个浩大工程开始的日期，只能从史料中做出推断。将党项羌的政治中心从灵州迁到兴州后，李德明做了一件事：为自己的父亲追谥帝号。往往，一个帝王追封其父亲帝号，会和为其修建陵寝联系在一起。为了铭记父亲的政绩，追谥帝号和修建陵寝会成为李德明要做的两件事，它们都是铭记父亲不朽功绩的丰碑，是他和他的家族将在后世被更多人知晓的一份无字证词。前者有史料明确记载，后者的具体时间却成了一个谜。

在这里，我得向读者补充一点中国古代帝王的葬礼知识。亡去的帝王入殓之后，嗣位的帝王会在群臣的劝谏之下择日登基。新皇帝即位，除了颁布即位诏书，还应着手为已故的皇帝、皇后追加尊谥。由于故去的皇帝、皇后生前为一国之主，地位至高无上，故上谥号时必须打出“天赐”的旗号，即由上天赐给，这叫“秋天而谥”。上尊谥的礼仪也极为繁复，先要由文武群臣集议，草拟“上尊议文”，嗣皇帝审定后，由官员写出正式的谥册文。然后，由嗣位皇帝亲行祭礼，将谥册文安放于大殿。

鉴于当时的政治环境，北有实力雄厚的契丹政权，南有强大的宋帝国。我想，李德明是不敢公开称帝建国的，但他给父亲追谥帝号的这一举动，标志着已经将父亲视为皇帝了。

追加谥号后，就应该进行陵寝祭祀，并在祭祀仪式上正式宣告谥号。因此不难推测，1016 年夏末，给李继迁在贺兰山下修建的陵园已经完成。

就在李德明按照一个帝国的规模开始让下属建立一套制度时，右都押牙刘仁勖给他建议：“先王创造大业，中道崩殂，今徽号未加，非报本追崇之意。”

李德明采纳了他的建议，追李继迁谥号为“应运法天神智仁圣至道广德孝光皇帝”，庙号武宗。

“庙号”是中国古代帝王死后在太庙里立室奉祀时追尊的名号。一般君王死后，会建筑专属的家庙祭祀，但在几代之后就毁去原庙，而在太庙合并祭祀。因为如果每个君王的庙都留下，数代之后为数众多的家庙会有祭祀上的困难。对于那些对国家有大功、值得子孙永世祭祀的先王，会特别追上庙号，以示永远立庙祭祀之意。按照“祖有功而宗有德”的标准，庙号常用“祖”字或“宗”字。开国皇帝一般被称为“太祖”或“高祖”，如汉太祖、唐高祖、宋太祖；后面的皇帝一般称为“宗”，如唐太宗、宋太宗等。

尊父亲为宗，说明在李德明及党项人的眼里，李继迁已经是他们心中的皇帝了。

古时帝王祭祀，一般有派人祭祀的“遣祭”和自己亲往的“躬祭”。一个秋高气爽的上午，在贺兰山下新建成的陵园，李德明以“躬祭”的形式，为父亲举办了一场声势浩大的迁葬及祭祀活动。正式追祭父亲为皇帝：应运法天神智仁圣至道广德孝光皇帝。这不难看出，他是要将父亲遗留下的巨大遗产，升格为一个帝国去经营。他的心里不免这样想：既然我尊我的父亲为帝了，那么，后来的继承者，也得尊我为帝！——一个帝王的梦想不仅在他付诸实践的一切措施中，还体现在他对待父亲的态度上。

李继迁对贺兰山并不陌生，去世前就曾多次到过贺兰山，抗击过陈兵于贺兰山下的大、小凉族。从他派人前往红石峡安置先辈尸骨的事例来看，他应该是一个懂风水的人，或许，马过贺兰山时，他也曾给部下留过死后葬于贺兰山下的遗嘱。

李德明将父亲的那座陵园定名裕陵。从此，这里延伸出的巨大陵区就成了党项羌最高层，乃至后来的王朝高层官员的灵魂归宿地；从此，这里也拉开了长达近 200 年的王陵建设活动的幕布；从此，这里成了党项羌文化和中原文化交融于陵墓建设的见证。

令李德明想不到的是，他和他祖先的陵寝开始变得家喻户晓，得益于电影《大话西游》风靡中国大陆；得益于西夏陵成立管理处，并向外一次次推介西夏陵；更得益于银川乃至宁夏助推西夏陵申报世界遗产的努力。

死亡的话题，是谁也无法避免的。

作为在黄土高原上就已跻身党项羌八大部落之一的野利家族，在整个党项羌崛起中起到了很大的作用。通过对宁夏考古研究所完成的一个考古项目的分析，我看到了这种作用在党项羌进驻贺兰山下的银川平原初期的发挥，也渐渐清晰了这样一个概念：整个党项羌部落中，野利家族或许是最先埋在贺兰山下的。

那场考古是在位于西夏陵南 23 千米、贺兰山东麓完成的。当两块分别写有“大夏故”“臣闻野利”的汉字残碑出现时，考古学者们基本断定：这是野利家族的墓地！ 2011 年 8 月，对这座墓地的第二次考古再次拉开序幕，两个月后，完成了对七座墓葬的清理。至此，这块占地近三平方千米的墓区内有 14 座墓地。

14 座墓地意味着什么？是 14 个野利家族的显赫成员长眠于此，还是有野利家族之外的其他党项大族首领也长眠于此？你永远无法叫醒一个装睡的人，同样，谁也无法让千年前埋在这里的人开口告知答案。

第二次发掘的七座墓葬中，有的属于土葬墓，墓室较深，规模较大；有的发现骨灰，属于火葬墓，墓室较浅小。在这些墓葬中还出土有动物骨架，这表明重臣的墓中有动物陪葬。从出土的一块“时天禧”的汉文残碑可以看出，这座墓地的建成时期为 1017—1022 年。我从中读到的信息是：这个墓区修建于党项羌进驻银川平原的初期。那时的党项羌高层人士去世后，既有火葬，也有土葬！他们还保持着动物陪葬的习俗！

如果西夏陵南的家族墓地确定为野利家族的，那就可证明野利家族于 11 世纪初就生活在贺兰山东麓一带。从数量如此庞大的墓葬数量来看，他们要么是前期就驻守在这片土地上，要么是李德明派遣他们在贺兰山下负责督修西夏陵。而且，这项工作或许还带有世袭的色彩，让这个家族的成员接力赛式地守卫在这个岗位上！

用浩大来形容这项工程并不为过，从李德明开始，到他儿子元昊建立的大白高国（1038—1227 年，史称西夏，“大白高国”是由西夏语翻译而来，因其国人崇尚白色而得名）的晚期，历时近 200 年的时光，它伴随着这个王朝的兴衰与荣辱。

安排好父亲的入陵安葬后，李德明开始了另一项工程。他下令，将整个党项羌的政治中心整体迁移到新修的怀远镇，并将其更名为兴州城。

直到 1227 年被蒙古军队彻底损毁，兴州扮演了 18 年王都、189 年皇都的角色。它向来自其他王朝的使者、商旅、工匠呈现着自己独特的面貌，也向西夏的臣民展示着自己的信心；同时，它又远眺着贺兰山下的王陵区，向那里输送一个个新的主人。都城是奋斗者为了梦想而建的乐园，王陵区则是这些奋斗者画上人生句号的地方！两者互相张望，互相欣赏。

贺兰山 （徐胜凯 摄）

三　建筑智慧的接力

最后的一滴墨水，擦肩而过
春天，面容苍白
被卷进激光打印机的声响里

盲艺人的唢呐声，穿过鼓楼
当年的那些宫女，歌舞浓时
绕着红色门柱，匆匆进出
白天吟着《菩萨蛮》，夜晚舞动霓裳
你，站在昼夜的缝隙处
沉默，抑或呐喊

越来越多的人挤在车站
滚动的汗珠，砸痛青春
一个少年把激情掷给故乡
开始念叨：蕃密纳克，蕃密纳克，
从离去的那天开始，你就遗弃了我

1003 年 6 月 7 日，灵州城内发生了一件影响这个部族的大事。至少，对李德明而言是一件大喜事：他的儿子元昊出生于灵州城内的西平府！

由于长期和宋朝作战、交往，李德明对宋朝的文化很推崇，他让儿子从小就积极学习中原文化，这使元昊自幼就通晓汉蕃典籍、律法、占卜及军事知识，为他后来成为一个文化上的通才、军事上的天才、治国上的异才、政治上的奇才打下了坚实的基础，也使元昊最终成为“最具天才、最富想象力的党项统治者，无论是在人民大众的头脑里，还是在西夏的政体结构中，都有他留下的难以泯灭的印记”。

出身军人世家，使元昊一直在浓厚的军风濡染下成长。

1028 年 6 月，25 岁的元昊带兵远征祁连山下的甘州（今甘肃省张掖市），不仅攻下这座河西走廊上的富庶之城，还夺下了河西走廊上另一座重要的城池——凉州。这两场战争为元昊赢得了资本，之后，他被李德明立为太子。

这时的元昊，在历史记载中是“圆面高准，身长五尺余”，个性沉勇刚毅，多谋略的。他平常的装束是白色的长袖衣服，头上戴着黑冠，身佩弓箭，外出时常常骑马，身后的随从打着青色的大伞，前面有两杆大旗引道，经常随身携带《孙子兵法》《野战歌》《太乙金鉴诀》等军事方面的书籍。这样的一个英俊少年，不仅令党项内部的大姓——野利家族中的野利玉蓉倾心，就连敌对的宋朝边将也对他的相貌、气度、见识等有着各种版本的钦羡传说。

宋朝边防大将曹玮闻听元昊的英俊和才识，很想见他一面。曹玮派人四处打听元昊的行踪，多次派人暗中提前等在元昊将要经过的地方，元昊一旦出现就通知自己暗地里去见，无奈这个愿望一直没能实现。后来，曹玮干脆派人潜入兴州城，暗中偷画了一张元昊的画像。曹玮从画像上见到元昊模样后，不仅发出“真英物也”的感叹，还担忧道：“若德明死，此子必为中国患。”

潜入兴州的使者向曹玮讲述了这样一件事：李德明派驻守银州并监护四州榷场的大将苏奴儿拿马匹和宋朝进行边境贸易，有一次，因为获利较少，李德明便下令杀掉苏奴儿。当时，没人敢替苏奴儿求情，元昊刚刚出使辽国回来，立即赶到父亲面前，说道：“苏奴儿是党项大姓，其部落人口有千帐以上，他本人又武功高强，精通汉文，有智谋、有韬略，是党项羌难得的人才。”对于苏奴儿拿马匹换取的丝绸、茶叶数量令李德明不满意一事，元昊解释：“党项羌年年拿良马资助邻国，换取一些并不急需的物品，本已属于失策。为这种事情诛杀良将更是错上加错，如此下去，在党项羌各个大姓中必会出现部落离散、人心

元昊画像

涣散的局面。”曹玮听说这件事后，心想：这个少年如此想用苏奴儿，心里必有大智谋！后来，苏奴儿果真为元昊重用，在征服青海湟水一带的战役中，发挥了重要的作用。

元昊一直对父亲臣属宋朝的政策颇为不满，他坚持党项羌的生活禀性，认为党项羌“衣皮毛，事畜牧，蕃性所便”。元昊劝说一直称臣于宋的李德明：“称臣宋朝得到的俸禄，只能养活一小部分人，众多的部落仍然陷于穷困之中。这样会慢慢失去他们的支持，长此下去，我们拿什么来守卫自己的政权？不如习武自强，杜绝朝贡。从小处而言，可以抢夺周围富庶的地方；从大处而言，可以夺取疆土、扩大自己。”当李德明表示厌战、向大宋称臣时，元昊说出的那段话，成了党项羌历史回音壁上彰显一个民族领袖意志的铿锵誓言，以震古烁今的方式被史料记载了下来：“英雄之生，当王霸耳，何锦绮为？”

和年轻气盛的元昊相比，李德明则低调、内敛得多，他一直在暗中积蓄着党项羌的力量。同时，他也开始为自己的后事考虑，在贺兰山下为自己兴建陵园。

1030 年，从回鹘一带的西州传来“火星入南斗，天子下堂走”的谣言，李德明亲自带人居住到贺兰山，祈禳平安。

宋明道元年（1032 年），51 岁的李德明去世。

李德明修陵墓厚葬父亲的一幕，再次在元昊手中上演。元昊将父亲安葬在贺兰山下的那片陵区，追谥父亲为光圣皇帝，庙号太宗。不过，这次修建陵墓的声势和规模应该是他父亲时期无法比拟的。我在西夏陵区附近，西干渠的西侧、昊王渠的渠体东西两侧的岗丘上，看到由北向南散布着的十多处人工遗迹，这些遗迹被考古学者明确为西夏的窑址。也就是说，在这绵延近八千米的地带，集中着多处建筑材料生产基地，它们承担着烧制方砖、条砖、瓦、琉璃屋脊、石灰等建材的功能，为修建西夏陵园和贺兰山东麓的西夏帝王离宫提供建筑所需的材料。

在外有宋、辽觊觎，内有部落大姓分裂的危险情形下，元昊效仿父亲在祖父去世时秘不发丧的做法，对外封锁消息的同时加紧自己登位的进程。他在一个月内消除了内部的一切不安稳因素，于 11 月嗣位，但第二年才将父亲的亡讯派人告诉宋朝方面。相比李继迁的去世，李德明因长期和宋修好，他的去世得到了宋朝的重视。宋朝皇帝下令辍朝三日，命令司天监定举哀挂服的日辰。到哀日那天，皇帝亲自乘舆车到祭奠处，身穿素服。太常博士引领太常卿跪在皇帝面前，奏请皇帝为李德明举哀，又奏请十五举音。当天，皇太后也到了，举哀如同皇帝的仪式。

宋朝追赠李德明为太师、尚书令兼中书令，并派开封府判官、度支员外郎朱昌符为祭奠使，带着700匹绢、300匹布及酒、羊、米、面等，前往兴州城祭奠，皇太后也赐了同样数量的物品。

随后，宋朝政府封元昊为特进检校太师兼侍中定难军节度使，夏、银、绥、宥、静等州观察处置押蕃落使，西平王等。宋朝政府派工部侍郎杨告为旌节官告使、朱允中为副使前往兴州颁布朝廷的任命，杨告一行抵达兴州郊区时，望着贺兰山上的皑皑白雪，却走不进正在建设中的兴州城，已经有了称帝之心的元昊故意拖延时间，不肯在兴州迎接宋朝特使。后来，元昊在手下幕僚的劝说下，勉强答应接见杨告一行，但会见时却故意离宋朝派来的使者很远，经过再三催促，才勉强接受了宋朝的诏书。

拜受宋朝诏书后，元昊起立对他的左右僚臣说："我的父亲错了，我们有如此雄厚的实力和作战能力，却还称臣于他们！"当时的兴州政权仅仅是宋朝境内的地方政权，按照宋朝的外交惯例，宋朝特使到达时应该代表朝廷坐在主位上，但在设宴招待杨告一行的宴会上，元昊想独坐主位，后经杨告的劝说才没坐上去。宴请期间，杨告等人不时听见东屋背后有千百人在打铁、铸造、磨兵器的声音，吓得什么也不敢问，回到朝廷后也不敢上报。

袭封后的元昊，总以臣服于宋朝为耻。宋朝的使者返回后，元昊立即开始实施自己的一系列措施：公元991年，宋朝就赐李继迁国姓赵，但契丹人依然对党项羌首领沿用唐朝赐封的李姓姓氏，称元昊的祖父为李继迁。元昊认为宋朝封自己姓赵这事儿是一大耻辱，下令将党项皇室李姓改为党项姓氏"嵬名"，并且让党项统治氏族中所有"内"亲都采用"嵬名"姓，嵬名元昊还自称为"兀卒"，这个来自党项语的词汇相当于汉人的皇帝或后来蒙古人的可汗，意思是"青天之子"。随后，元昊在党项羌统治的区域内，开始推行一套独立的、行用中原政权职官术语、具有明显宋朝风格的职官体系，并且所有的职官官衔称号都有对应的党项名称。

为了从外在装束上明显区别于中原乃至周围少数民族政权统辖下的民众，1032 年，嵬名元昊自己先实行秃发，然后命令“国人皆秃发，三日不从令，许众杀之”。元昊这次下令统一境内居民的发型装束，颁布秃发令，并不同于以往进入中原地区的北方少数民族，是在本民族已有秃发的习俗上，强令被占领地区的汉人实行和他们一样的秃发，而是在没有秃发的党项人中间，仿效鲜卑人的秃发习俗。元昊先秃发做表率，很快使党项羌领地范围内的民众也都秃发（元昊死后，随着西夏政权的稳固和国力强盛，西夏国民不再是全部秃发，也有披发和编辫者，这在黑城出土的唐卡上的男供养人和武威西夏火葬墓中出土的木版画中的男侍从形象上都有体现，这些和中原人完全不同的发式，具有浓郁的西夏王朝臣民的民族特色）。西夏中后期的西夏皇帝和男性贵族很少见秃发形象的，他们往往戴冠，这在出土的西夏帝王图、《西夏译经图》中的惠宗秉常、敦煌壁画里的西夏帝王供养人像中皆有体现。1099 年，有西夏人投降宋朝，《续资治通鉴长编》中就记载他们是“剃发、穿耳、戴环”的形象。

元昊下令实施秃发令（纪录片《神秘的西夏》截图）

从古羌人将头发松散地垂覆在脸部的习俗来看，元昊的秃发令可能是一种标榜自己是党项羌的怀古心理，也可能是效法鲜卑皇族秃发的民族心理。从个人性格来看，这是元昊超凡脱俗、自尊自立的个性体现。

元昊后来还大力改革服饰制度，从衣服装饰上突出党项羌的民族特色，他本人在成年后就改变了年轻时戴黑冠的习惯，《宋史》中就记载他的冠带是“毡冠红里，冠顶后垂红结绶”。黑城出土的西夏统治者画像中帝王头戴直角高冠，西夏惠宗秉常戴的是尖顶冠，而敦煌莫高窟中的西夏帝王形象则是头戴白毡尖顶高冠，可见西夏统治者自元昊之后，其冠饰逐渐多样。同时，从《隆平集》、《西夏译经图》、莫高窟第409窟的西夏王妃供养像等形象来看，西夏王妃也戴着不同形状的凤冠。元昊的服饰改革，使西夏境内的官吏中，汉人和番人各有不同的服饰，西夏法律《天盛律令》就明确规定，汉人官吏应当头戴汉式头巾，违背的官员罚马一匹，平民则打十三杖。

北宋时期的东京，妇女以头上戴花为时尚，甚至男人也以头上戴花为美，这个习俗很快也传到了西夏。在西夏，男人和女人在身体某些部位或服装上配上小的装饰物，不仅有美化自己的功效，也能显出自己的地位和身份。比如西夏武官的服饰中就有金涂银束带、短刀、装弓矢的袋子等，《番汉合时掌中珠》中记载了当时西夏妇女的饰物有耳环、腕钏、珊瑚、琥珀、琉璃、玛瑙、璎珞等。

在一个爱美的民族中，当时尚的饰物逐渐在消费经济中占有一定比例时，势必会引起朝廷的注意，西夏政府机构中就特意设置了属于末等司的首饰院，专门负责宫廷需用的高档首饰制作。在内蒙古自治区临河区高油房出土的一对透雕纯金耳坠，西夏陵出土的鎏金铜扣、葡萄纹金饰、花瓣形金饰、鎏金银饰，黑城出土的项链，宁夏闽宁村西夏墓出土的多件正面鎏金、背面露银的带饰等，都见证了西夏不同时期贵族或平民的饰物打造水平和审美水平。

1032年，元昊以避父亲德明的名讳为由，改宋明道年号为显道，这标志着他开始用自己的年号。实行秃发令后的两个月，元昊就将兴州改为兴庆府，并开始大兴土木，修建宫城、殿宇。

兴庆府积极借鉴了长安城的建筑风格，想必元昊曾暗地里多次派人前往长安，绘制了长安城的建筑图。他对唐朝中期营建的兴庆宫尤为赞叹，于是便下令仿照唐代兴庆宫的形制，修建更为气派的一座城中城：兴庆府。

兴庆是宁夏平原上出现的第一座王城和皇城，它最大限度地发挥了汉、党项羌等民族共同的建筑智慧。

而出现在贺兰山下的李继迁、李德明的墓葬，也是两座恢宏的建筑。黄河一直以其富庶的物产和开放的文化性格吸引着外界的目光，党项羌来到这里时，也接纳了这种开放的文化性格。元昊是这种开放的代表人物，他积极学习汉地文化，同时也向北方游牧部族学习。这种文化大融合，也逐步体现在新兴的政权中，随着一系列措施的实施，元昊心中独立建国的想法更为强烈。

敦煌壁画里出现的党项人秃发形象

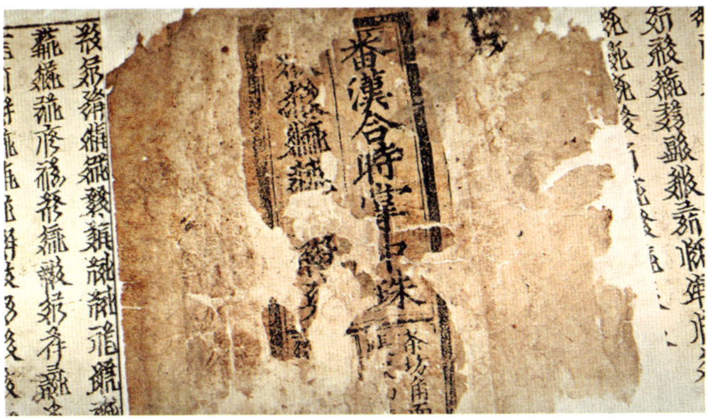

《番汉合时掌中珠》书影

兴庆府（纪录片《神秘的西夏》剧组制作的特效复原图）

四　山看见一项伟大的工程

早来的秋天，就像
一块锋利的冰块横在大夏河的源头
成了党项羌的回忆之刃
流出的，是一个群体的泪水
大雪封路，清心打坐的人呀
无法抵达民歌的花间
多年来，这里一如既往
一个背影从虚无缥缈的背景中走出
早起的男孩最先惊叫——“他们来了，战争来了”
他的声音，很快湮没在纷落的雪花里

多年后，这块黄色的土地上
依然留存当年那些征伐的场景
逐渐走进我的内心与文字
一个闪烁不定的词，抽走了记忆
黑夜里，我听见衰老相伴着那个词
合唱里最激越的声音：羌，羌，党项羌

贺兰山见证的东西多了：伟大的与猥琐的，残暴的与善良的，长久的与短暂的，政治的与艺术的，军事的与信仰的。但在 11 世纪初到 13 世纪初的 200 年间，它见证了一项巨大工程的诞生、延续。在后来的时光中，也见证了这项工程的损毁。

李德明根本没想到，父亲和自己的陵墓，会在千年后因为损毁而变成一座无法辨认主人的“死墓”，最终有助敲定其身份的，还是他儿子元昊执政时创制的一种文字。

对一个民族来说，文字是其生息繁殖、发展壮大的重要载体。这一点，极具政治天分的元昊认识很深。在元昊之前，党项人有自己的语言，但没有自己的文字，而周围的回鹘人、吐蕃人和契丹人都有自己的文字。在年轻气盛的元昊心里，党项人不能输给他们。为了强化党项人的民族意识，夯实本民族日后强盛强壮的根基，元昊指令大臣野利任荣创制了党项人自己的文字，这即是日后为世人熟知的西夏文字。在元昊的眼里，政令、军令需要属于自己的文字来传达，对祖辈功德的记述同样需要属于党项人自己的文字。

仔细辨认元昊下令创制独属于党项人自己的文字的各种传说版本后，我大胆地做出了这样一种假设：自幼就学习儒家经典的元昊，在极强的族群心理驱使下，将创制文字的眼光一一扫过契丹文字、汉字、回鹘文字、吐蕃文字，然后以汉字的外形结构为基础创制党项文字的构想在内心逐渐形成。

爱默生曾经说过：“人文知识分子不应该把对知识的追求当作获取报酬的职业。追求知识和真理是不可能为他带来任何世俗世界中的物质利益的。他只能依赖另一些职业生存，例如充当灯塔守望者。”野利任荣就是元昊打造并燃亮的一座灯塔，他是通过帮助元昊创制属于党项羌政权的文字而成就灯塔角色的。

《宋史》的记载是这样的：“元昊自制蕃书，命野利任荣演绎之。”他先让知识渊博、谙熟典故的野利任荣以外交使者、访学者等身份前往辽、吐蕃、宋、回鹘等境内，潜心研究他们的文字；然后，他将创制文字的重任交给野利任荣来承担。在兴州城的一个僻静之所，野利任荣在那里潜心研制文字，难得有空的元昊有时会来此，和野利任荣煮茶深谈、秉烛夜论。或许，他们是先确立了一些基本规则，甚至是一些基本笔画，然后才在此基础上由野利任荣演绎创制。

这样的情景持续了四年，野利任荣在闭门谢客、置身书海、潜心演绎的状态中，于1036年终于创制了党项人独有的文字。文字的创制是非常艰辛的，而在

西夏文字研制场景（纪录片《神秘的西夏》截图）

野利任荣这样一批杰出的文人努力下，短短四年，就让6000多个属于党项羌的文字横空出世，这是相当不易的。

元昊十分尊重野利任荣创制出的西夏文字，他专门设宴庆贺，令群臣上表敬献颂词，并当场尊野利任荣创制的文字为“国字”，这些“国字”因为元昊建立西夏政权而被后人称为西夏文。一个马背民族政权为6000多个单字的创制而举朝欢庆，这在中国历史上极为罕见。西夏文字颁布之时，元昊下令改元为大庆元年（1036年）以示庆祝。为了将新文字顺利推广到其统治区域全境，野利任荣派人到民间教习传授，帮助人们在日常生活中使用，他自己也不辞辛劳，亲自到很多地方传授、解惑。野利任荣还建议元昊，党项羌政权辖境内所有的文书诰牒，一律都用新制的西夏文字书写。元昊采纳了他的建议，这就从政府机构内部开辟了高效、便捷的新文字推广渠道。

知识渊博的野利任荣在西夏立国后主持“蕃字院”工作，元昊同吐蕃、回鹘及西域各国的往来文书，一律由“蕃字院”负责用西夏文字撰写。野利任荣还打开了一扇向中原王朝学习的窗户，他一方面大量吸收内地知识分子进入“蕃字院”，另一方面大力培养西夏王朝的高级知识分子，让他们进入“蕃字院”，和内

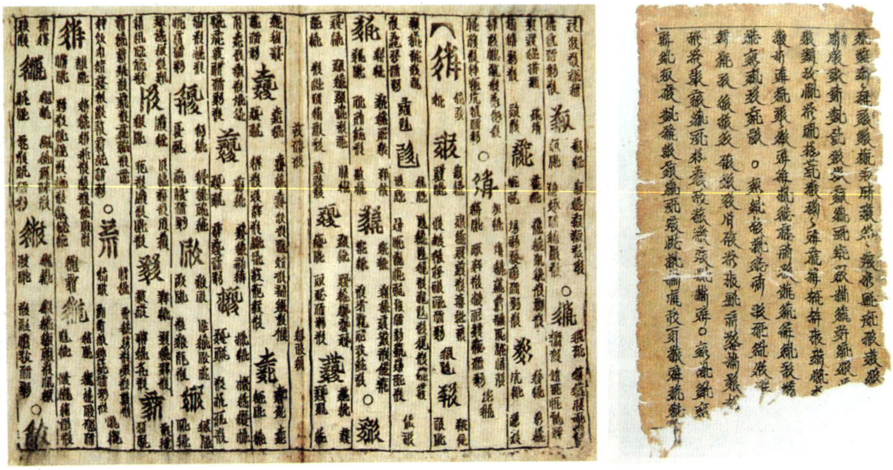

西夏文

地知识分子一道翻译汉文典籍。就这样，在野利任荣的主持下，《孝经》《尔雅》《四言杂字》等汉文典籍被译成西夏文版本在西夏境内流传。

1038年农历十月十一日，在党项羌八大部落首领的簇拥下，元昊接受下属杨守素的建议，在兴庆府筑坛受册，正式称“始文英武兴法建礼仁孝皇帝”，并当场宣读用西夏文写好的、给宋朝朝廷的绢轴。

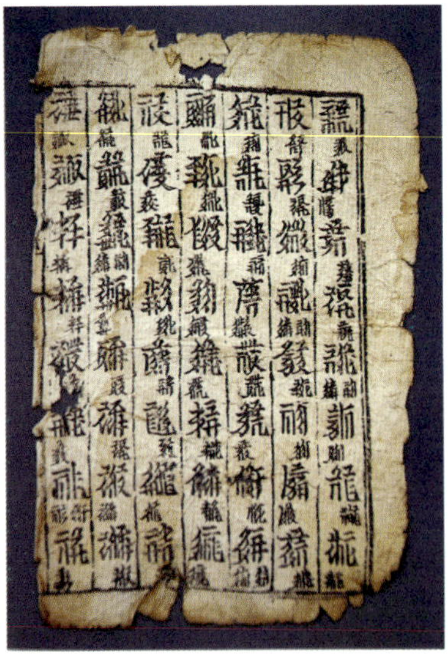

西夏文字典《音同》

他摒弃了从唐宋中原王朝所赐的李姓和赵姓，改姓“嵬名”，自号“兀卒”。“兀卒”是西夏语，青天子的意思，“嵬名”是党项皇族的特许姓氏，一般党项部族没有权利改为此姓。自此之后，党项羌皇室中的赵姓消失，取而代之的是嵬名，西夏的开国皇帝李元昊，改姓名为嵬名元昊。

称帝仪式结束不到20天，当年李德明带人前往贺兰山下父亲陵园上演的一幕，同样在嵬名元昊身上上演。他带人前往祖父和父亲的陵园，追谥祖父李继迁为神武皇帝，庙号太

元昊登基（纪录片《神秘的西夏》截图）

祖；追谥父亲李德明为光圣皇帝，庙号太宗。这与唐、宋开朝皇帝如出一辙。

在称帝、追谥祖父和父亲的同时，嵬名元昊下令，在新兴的王朝高层设立了中书省、枢密院、三司、御史台、翊卫司、官计司、受纳司、农田司、群牧司、飞龙院、磨勘司、文思院等一大批中央行政和军事机构。一条条立国初期的信息、公文，从都城的各个机构传出，奔向西夏区域的各个角落。

在中书、枢密、侍中等负责谋议的高层官职中，创制西夏文字的野利任荣位列第一，皇族嵬名守全位列第二，其后才是张元、张陟、张绛、杨廓、张文显等汉人；在负责文书的高层官职中，提议他称帝的杨守素位列第一，其次才是汉人钟鼎臣、党项皇族嵬名聿荣、汉人张延寿等人；分驻十二监军司的则是野利旺荣、野利遇乞、成逋克成、卧䓫赏多、如定多多、马窦惟吉等党项羌贵族将领。

在中国的西部，在宋辽之西，一个以党项羌为主的、将延续近200年的西夏王朝诞生了。宋朝因为这个政权在西部，习惯称之为“西夏”。黄河万里蜿蜒，哺育了在此世代繁衍的人们，也培育了一支支推动中国历史车轮前行的政治力量，繁荣了中华文明的大舞台。而西夏王朝，更是黄河文化灿烂的一章！

从此，贺兰山下的那片陵区以帝王陵的名义和规模出现！

西夏陵

称帝第二年五月，嵬名元昊做的一件事引起我的注意："五月，定朝仪。宋承唐制，以元日、五月朔、冬至行大朝会礼。"也就是说，嵬名元昊在政治制度建设上效法中原，主要以唐朝的为主。

1042 年 7 月的一天，创制西夏文字、为西夏国计民生操劳一生的野利任荣去世。这位党项羌贵族为西夏后期进入文治时代储备了一定的人力资源，被嵬名元昊赞为"西夏第一文士"。西夏立国后，他也从一个默默无闻的太尉逐步升到西夏第一任宰相，甚至被元昊封为"莫宁令"（天大王）。他的离世让嵬名元昊悲痛至极，三次前去祭奠，当场抚灵痛哭悲呼："何夺我股肱之速也！"元昊最终给予野利任荣厚葬，并封其为"富平侯"。

我关心的一个问题是，野利任荣葬于何处？他的陵墓至今无法确定具体位置，但可以肯定，是在贺兰山下的那片陵区。

野利任荣去世两年后，嵬名元昊的另一支"翅膀"也折断了。西夏的中书令张元去世。这位生前深得嵬名元昊厚爱的汉人谋士，又葬于何处？

很少有西夏研究学者留心这个问题。我是被 1990 年的一份考古资料吸引到这个问题上的。那年，考古人员用常规方法和遥感技术对西夏陵进行了全面探察，新发现陪葬墓 46 座，将发现的陪葬墓数由 147 座增至 193 座。

2000 年 2 月初，考古人员又在西夏陵区陆续发现 60 座陪葬墓，改写了此前西夏陵发现 193 座陪葬墓的记录，使西夏陵陪葬墓的总数增加到 253 座。

我对这些陪葬墓数量的变化没什么兴趣，真正让我感兴趣的是，陪葬墓如此众多，应该可从侧面看出这个王朝给重臣的待遇。而且，我也可以斩钉截铁地推断出，像野利任荣和张元这样的重功之臣，没有任何理由不安葬于斯！

由于年久日深、风剥雨蚀，以及早年盗掘和现代工程的破坏，许多陪葬墓已荡然无存。西夏陵中究竟有多少大臣在人生之烛燃尽后被安葬在这里，在地下继续陪伴他们的君主，已成为历史疑案。

像生前无法和他们的主人相比一样，陪葬墓和帝王陵相比，自然是规模小、形制简单、布局差别较大。这就使得学者也好，游客也罢，大多将眼光投向帝陵，于是这些生前为西夏王朝尽忠效力的大臣们，死后也不免承受被冷落的遭际。

我曾多次利用采访机会，一个人悄悄走近那些陵墓残体，并且天真地以为，这样就能辨认出它们主人生前的身份。但现实是无情的，随着陵寝被盗掘，他们的身份永远地被埋在了地下。只有地上残存的体积与规模，无言地提醒着浏览者：有重要身份的大臣之墓，除了墓冢之外，还有外城、碑亭、月城、墓城、照壁，个别的甚至有阙台、献殿。目前发现的陪葬墓，茔域面积最大的约有 20000 平方米，墓冢高达 10 米；中型陪葬墓，墓冢高 5~10 米，茔域面积 1500~5000 平方米，墓园中有墓冢、碑亭、月城、墓城、照壁等建筑；小型陪葬墓除一座墓冢再无其他建筑，茔域面积也较小。可见，同是陪葬墓，等级差别却很大，这也许是死者生前身份、地位的反映。除了规模与地表陪衬建筑的分布形态不同，陪葬墓还分为夯土冢、土丘冢、积石冢三种：有的用黄土、碎石夯筑，呈圆锥或圆台形；有的用自然砂土、砾石堆积，呈土丘状；有的则在砂土、砾石的土丘上码放石块。

这是权力分配的另一种写照，生前享受的待遇，同样被保留到死后。

我想，西夏早期的大臣们，陪同君主前往西夏陵祭祀或安葬新亡君主、重臣时，难道不是在接受一场生动的官场教育吗？那些冰冷矗立的陪葬墓其实也告诉生者，好好为王朝效忠，就会沿着王朝机器的台阶，上升到越来越高的级别，死后的陪葬规模也会越来越隆重。为了这俗世或来世的目标，哪有不努力的臣子？这一点，岂止在西夏是如此？

记得刚到银川工作那年，我所供职的《银川晚报》上刊登了一则消息，说的是西夏区的农民，在距离西夏陵保护区向南 23 千米处的贺兰山东麓荒地上兴修水渠，发现了一处墓葬群。从那里出土的 10 个彩绘木俑——8 个武士和 2 个文官被考古学者认定为西夏木俑；在距离墓葬 23 米处出土了 140 多块汉文残碑，其中的一块残碑上写有“大夏故”“臣闻野利”等字样，另一块上写有“张陟撰文”四个字。我当时赶紧将头埋进留存不多的西夏文献，像是在暗夜里打着微弱光芒找寻一条渺茫之路一样，查询张陟。还好，查到了一点：这是一位历经元昊、谅祚两朝的重臣，官居右仆射兼中书侍郎平章事。也就是说，张陟是西夏立国早期的文臣，能由他撰写碑文的墓主人一定是元昊、谅祚时期的，且其身份应不低于右仆射兼中书侍郎平章事。

西夏陵陪葬墓（纪录片《揭秘西夏陵》剧组制作的特效复原图）

很快，从山脚下吹过的风，吹散了我的这个想法！谁能肯定我的这个想法，谁又能推翻我的这个想法呢？

人生结穴处，可显选定墓址者与造墓者的智慧！

站在那一片被历史之风无情撕碎的废墟前，我曾不止一次地感叹西夏陵的建造者们，我想他们一定有这样的初衷：不仅让自己先辈的灵魂在这里安歇，也让那些曾经逆风千里、出生入死的追随者在死后与自己朝夕相随，这何尝不是他们及各自跟随者最大的人生荣耀？如果李德明是西夏陵的总策划者，他一定想让父亲生前的亲密战友在另一世也能陪伴父亲，这既体现了他们生前为党项羌的强大而一并努力的精神，也体现了他们死后为守望贺兰山下的这座精神家园抵足而眠的情谊。

我想，从谋划地斤泽为最初的创业基地到出使东京沦为人质，从出策李继迁攻取灵州到跟随李继迁出征凉州，跟随李继迁一生并发挥了重要作用的张浦，一定是李继迁最理想的陪葬者。李继迁生前或许就给过儿子类似陪葬的交代，因为这一则可以体现功臣生前与死后都辅佐王者的心理，二则也是王者对功臣的另一份人生荣誉的赐予或奖励。

查阅完西夏立国前及立国初期重要文臣武将的名单，我替嵬名元昊一一点名：野利任荣、张元、嵬名守全、张陟、张绛、杨廓、张文显、杨守素、钟鼎臣、嵬名聿荣、张延寿等文臣，或安葬于陵区内，或在距离陵区不远处入葬，相伴自己的另一个世界。而那些在立国初期放弃都城生活、赶赴各个重要军镇、开启边塞镇守生活的十二监军司首领，如野利旺荣、野利遇乞（此二人被宋朝离间后遭元昊诛杀，不会入葬西夏陵区）、成逋克成、卧眘赏多、如定多多、马窦惟吉等党项将领，更是陪伴自己在死后世界的必须人选。

这样一来，被叫惯了的西夏王陵，该矫正名字了：它不仅埋葬着西夏的王，还埋葬着数百位为王朝做出巨大贡献与牺牲的文臣与将军。我们还是叫它西夏陵吧！

千年过去，贺兰山的雪花年年飘落，向天地祭起一片巨大的哀思。这里陆续接纳越来越多的王和臣，仿佛一张被逐渐摊开的大饼，变得日益庞大而气势。这种摊饼的最终结果，使这里成了西夏最高层精英群体向后代传递心灵密码的精神殿堂。

一次次看着那些巍峨的帝王陵和相伴其旁的大臣陪葬墓，我不禁想起了一个西方的词汇：公墓！二者的差异也在我的脑海里闪现。

在俄罗斯或者欧洲其他一些国家，有着将名人埋葬在一起供人敬仰的传统。在一个墓地里，往往挤满了文化或政治的精英、文学家、学者、医学家、艺术家、画家、博物馆或大学的创始人等，比如在俄罗斯的新圣母修道院公墓埋葬着芭蕾大师乌兰诺娃及果戈理、马雅可夫斯基、奥斯特洛夫斯基等作家；在巴黎的拉雪兹神父公墓里，长眠着巴尔扎克、都德、肖邦、莫泊桑等艺术家与作家；在维也纳的中央公墓里，则埋葬着莫扎特、贝多芬、施特劳斯等音乐天才。新圣母修道院公墓还因为这些精英的埋葬，使俄罗斯前总统叶利钦死后因为没有多余空地儿只能占了一个过道。

文化的差异，有时不仅体现在生者身上，还体现在死者的归宿上。中国的皇家陵园与西方的公墓不同，里面往往挤的是开国皇帝或功勋、战斗英雄、文臣武将，作家、诗人、艺术家是没有资格在死后入驻于此的。

西夏陵，既是帝王们死后的集体合唱地，也是政治、军事精英们继续效忠的公墓！

第三部分

时间的拐点，山下的差异或突兀

西夏陵（吴衡 摄）

一　王朝的阶梯

刀锋切开经页，血流出
牧歌的腹地，雨花埋葬梅花
真理，总在我们没发觉时飘然而至
砸疼一个时代的忽略与淡漠
唯一的答案，行走在高原

冷日下，我举起青稞酒
唤回一场思想和学问的雪
黎明前动身，脚步与背影
找寻青春和学问的尊严

1007 年 5 月的一天，李继迁的妻子罔氏去世，李德明请求宋朝允许他派遣的工匠前往五台山，修建十座寺庙。宋朝不但允许了这一请求，还专门派人护送供物前往五台山。这一记载于《宋史·夏国传》中的史实，让我洞窥到党项羌高层到 11 世纪初已经信奉佛教的信息。

后来的考古证明，西夏陵中的很多陵寝外形呈现塔状！这种迥异于中国帝陵的形制，彰显出了它的独特性！一个疑问随之而来，李德明给父亲修建陵寝之始，是不是在心里已经有了这种奇特而大胆的想法：以塔的形状来展示这些辉煌建筑的独特性！

1034 年 12 月，已经掌握了党项羌最高领导权的元昊，向宋朝敬献良马 50 匹，求宋朝赐佛经一藏。宋朝允许了这一请求，并派人将佛经送到兴修不久的兴庆府内！1045 年，西夏又特地派僧人吉外吉、法正等到宋朝，感谢宋朝第二次赐予佛经。这说明，在西夏立国前夕和立国初期，党项羌高层已经有了明显而强烈的宗教需求。

在西夏王朝建立前的各种筹划工作中，信仰的选择也是元昊所思考的。1036 年 4 月，僧人善称带领八名僧侣，从天竺出发，一路经过大食、西州、夏州前往东京，向宋朝进贡梵经、佛骨及铜菩萨像，然后在东京逗留了三个月。当他们带着宋朝皇帝赐予的礼物返回经过夏州境内时，元昊派人探知了他们的行程。他专程前往夏州，极力挽留这九名僧人，苦苦哀求他们留下携带的贝叶梵经，未被允许后，竟然强行羁押了这些僧人。这直接导致西域前往宋地的僧侣自此不再经过夏州。

一个党项羌女性的出现，在西夏的佛教卷轴上增添了浓厚的一笔，她就是没藏黑云！

没藏黑云原来是元昊大臣野利遇乞的妻子。由于中了宋帝国的反间计，元昊错杀了手握重权的野利旺荣、野利遇乞两兄弟，并和没藏氏私通。

野利皇后发现元昊和没藏氏的私情后大为恼怒，令没藏氏入戒坛寺出家为尼。

这个故事的版本，让我看到了武则天故事的影子，唐太宗死后，武则天入感业寺出家，削发为尼，然而唐高宗即位服丧三年间，常常往尼姑庵探望武则天，并令其蓄发入宫，最终成为皇后，后来更成为中国历史上唯一一位女皇帝。

没藏氏会成为第二个武则天吗？历史已经否认了这种猜想，但是谁能否认当时没藏氏心中没有这样的一闪念呢？

那时的党项羌未被汉地理学思想束缚，那时的没藏氏和众多党项羌女子一样，是追求个性自由的。

没藏氏出家为尼后，元昊常常到寺中与她幽会。1047 年农历二月初六，元昊和没藏氏的儿子谅祚，出生在外出打猎途中一个叫两岔河的地方。

为了庆祝儿子谅祚的诞生，元昊下令在兴庆府东 15 里的地方，修建了一座寺院，据《嘉靖宁夏新志》记载，这座寺院仅台基就高达三丈，并因为台基高而

没藏黑云画像

被称为高台寺。后来，“高台寺”成为西夏留给银川且一直被沿用至今的地名，它也因此成为银川目前仍在使用的最古老的地名之一。

高台寺在兴庆府郊外的秋阳中建成。这年秋天，一个主要由僧人组成的使团，受嵬名元昊的派遣，离开兴庆府，一路东行，出现在东京城内。和以往出使东京的大臣、武将、商人等不同，这批僧人得到宋朝方面的许可后，前往洛阳龙门石窟、大相国寺等佛教圣地考察、学习，然后郑重向宋朝方面提出，请求赐予《大藏经》。宋朝政府再次答应了这一请求，这些僧人将《大藏经》带回后，郑重地收藏在高台寺中！

元昊的这一举动，标志着党项羌向内地学习佛教文化，同时也表明了，刚刚成立不久的西夏王朝，完全向外界打开了学习各种文化的窗口。

地处丝绸之路上的回鹘政权，比内地更早地接受了佛教，有很多精通汉文、回鹘文的佛教高僧。西夏占据河西走廊一带后，元昊便派人请这些僧人前来兴庆府，将他们安置在高台寺内，并在那里讲经说法。同时，元昊着力培养通晓西夏文、汉文和回鹘文的高僧，在高台寺里进行西夏文《大藏经》的翻译工作。

高台寺不仅是一处高僧讲法译经的地方，也逐渐成为西夏王朝的皇家寺庙。在一些重大的佛事或节日里，西夏的皇帝也常在这里礼佛，祈求国泰民安、风调雨顺。高台寺不仅是佛教信徒们礼佛诵经的好地方，也成了文人墨客登临高处、观赏山河的好去处，自然也就留下了很多吟咏高台寺的诗歌。明朝宁夏的都御史杨守礼就曾经有一首《春日登高台》：

元戎招饮高台寺，马首春风入面和。
草树万家分绿野，云山千里间黄河。
老来较射犹能壮，兴到吟诗不厌多。
文武同官俱塞外，好将忠义共磋磨。

没藏氏清楚地认识到，自己一时的荣光随时可能消散，她必须为自己的未来另做打算。除了容貌外，她手里唯一的王牌就是自己与元昊的儿子谅祚。可是，元昊已立野利皇后之子宁令哥为太子，于是，没藏氏与没藏讹庞兄妹开始策

新修的高台寺

划如何废除宁令哥，另立谅祚为太子。

谅祚自幼被寄养在没藏氏的兄长没藏讹庞家中，没藏讹庞专门让人找来野利遇乞的亲信毛惟昌、高怀正的妻子，抚养谅祚。

谅祚满月后，元昊就升任没藏讹庞为国相。

1047 年 5 月，元昊看上太子宁令哥的未婚妻没㖆氏，将其立为“新皇后”，废黜了野利皇后，引发了一场精心策划的阴谋！主谋者正是没藏氏与她的哥哥、大臣没藏讹庞，元昊是被刺杀的对象，行刺者竟然就是年轻的王子。

1048 年，对元昊来说，这是一个凶年！《西夏书事》中这样记述：“春正月朔，日赤无光。”在每年惯例的元旦行朝贺仪上，西夏的群臣面对太阳虽然红彤彤一片却没有光的怪异天象，相顾失色，他们没想到，15 天后，一场谋杀君王的行动，从侧面印证了这个凶年的到来。

1048 年农历正月十五，元昊登基的第十个年头，兴庆府在漫天大雪中迎来了一个祥和的上元佳节。伴着浓浓的酒意，望着身边年轻美貌的宠妃，元昊觉得自己此刻是天下最幸福的人。然而，侍立在身边的王子宁令哥却一脸忧郁，并没有丝毫节日的喜庆。他是元昊最为钟爱的儿子、西夏国的太子、整个王朝未来的继承人，然而，此时的他正在痛苦的抉择中。

新王妃带来的情爱欢愉，让元昊失去了早年的警惕和理智，他并没有察觉到自己的生命将要走向终点。剑尖已经刺向鼻尖的一刹那，或许，元昊才看到结束自己生命的致命一击，不是别人，正是他最喜欢的儿子宁令哥带来的。历史跟元昊开了一个玩笑。那柄带着儿子深深仇意的剑，斜斜地刺过来，伸到鼻尖下时，它的主人将手向上轻轻一挑，随着一声惨叫，一生征战沙场的元昊，被儿子削去了鼻子。这个情景让我苦思良久，这样的刺杀方式，在中外的刺客手法中确实独树一帜，是宁令哥遇到了父亲的抵抗后剑尖偏离了方向，还是他特意选择了这种巧妙但致命的一招？总之，刺者和被刺者，在一刹那亮出了各自人生最后的答案。

元昊的这种死法，却令我捡拾出了他生前的一个怪癖。史料记得清清楚楚，早在 1044 年的河曲之战中，辽国被俘的将士，遭遇到了人生中最大的一场羞辱，他们被接到元昊命令的党项羌战士砍去了鼻子。人的爱好各种各样，而元昊的特

没藏讹庞怂恿太子宁令哥刺杀元昊（纪录片《神秘的西夏》截图）

殊嗜好，是将战俘的鼻子砍去。

据说在河曲之战中，辽兴宗在西夏士兵的紧追下，疯狂逃命。等到逃至安全地方后，伶官轻声问他：“您看一下鼻子还在吗？”

辽兴宗勃然大怒，下令让人绑起伶官，系在帐后，准备杀掉。多亏众人相劝，那位好心但不会表达的伶官才免于一死。

契丹战士知道元昊的这一奇特爱好后，后来每次战斗，如果战败了，就拼命奔跑，唯恐被俘后被砍掉鼻子。

这仅仅是文献记录的西夏对辽作战的一个例子，在对宋、吐蕃或回鹘人的战斗中，元昊的这一嗜好或许同样用于对待俘虏。这既能满足他对男人鼻子或者说战俘鼻子的特殊爱好，也能有效地威慑对方的战士——一旦被俘，命可以保住，但一个失去鼻子的男人回到军营或者家乡，会遭遇怎样的冷眼呢？

是命运的嘲弄也好，报应也罢，元昊在丢失鼻子的那年正月丢失了性命。我对他关注的重点，是他离世后，一定给修建陵寝造成时间上和动工条件上的双重困难！

元昊去世的消息是不能公布的，这和他在一个喜庆的月份离世无关，而是阴谋者需要一定的时间填补破绽，展开和对手的战斗。谁能想到正带领西夏走向辉煌的王会突然辞世呢？那一个月，西夏的臣民还蒙在鼓里，他们并不知道统治他们的铁腕之王已经离开，连西夏的对手们也不知道这个消息。一个刺杀父皇的人，是无法继承皇位的，何况，利用太子的仇恨刺杀元昊的人根本就不想让他登基。太子只好出逃，但很快被杀害于逃亡路上。

等宫中一切平息后，一个月的时间过去了。

当初劝说元昊称帝的杨守素，再次出使东京，这次他的使命是向宋朝报丧。按照当时的外交政策，宋朝方面得派一个人到西夏去吊丧。一个叫任颛的大臣被选中了。出发前，任颛前往驿馆，向杨守素问询元昊的死因，杨守素却只能保持沉默。

给宋朝报丧一个月后，西夏方面才按照惯例派遣使者将元昊的遗物上呈给辽国皇帝。宋朝这次派遣开封府判官、尚书祠部员外郎曹颖叔担任祭奠使，六宅使、达州刺史邓保信为吊慰使，带着朝廷赐的绢、布、羊、面、酒，前往兴庆府吊丧。

元昊在死后还是给自己赢得了足够的尊严！但他的陵墓建设，能否也体现他的尊严呢？

元昊是在世时就下令给自己营造陵墓，还是仓促离世后才开始这一工程的呢？或许，元昊的仓促去世，让年幼登基的谅祚及众大臣深感修建陵墓的时间紧

3 号陵陵塔与脊兽　（纪录片《揭秘西夏陵》剧组制作的特效复原图）

3 号陵鸟瞰　（杨宏峰 摄）

迫，从去世到入葬的时间仅仅两个多月！元昊被埋进泰陵！后来，考古学者将那批陵墓中一个编号为3的陵墓认定为元昊的陵墓，那也是目前整个西夏陵区唯一对外开放的一座，是被公认为保存相对完整、体形最壮美的一座。每每面对它，我的心中就涌起1956年诺贝尔文学奖获得者，西班牙作家、诗人胡安·拉蒙·希梅内斯的那句诗——

> 他到达死亡之境。但是他活得很轰轰烈烈，所以，虽然他躺在这儿腐烂，命运仍然注视着他！

确实，元昊在千年前被埋葬于此，但他至今仍然被后人视为西夏王朝的代言人！

二　塔，信仰与陵墓的旁证

盛事已逝，鹰遁九月
“老虎站在仙女旁”的箴言，飘落在北风里
一笼民间的烛火，穿过青稞的故乡
光影消失，羌谣分娩
一条河带走一条谕示
一块厚冰，盖在九月青藏的身体上
失眠的羊群集体暴动
走在通往《羌史》的路上
而我，借宿在离玛曲还很远的村庄
手纹上写满找寻的气息
倾听者的骨殖，开始被示众
举抬者穿透积雪，像鼾声越过夜晚
层出不穷的流浪者，闪现而过
夜色因此急促，黎明久不出场

1977 年 6 月，甘肃省武威西郊林场职工在山脚下整田植树，突然，一位职工感觉铁锹磕上了硬东西，他立即俯身细看，原来是一大块鹅卵石横在土里。那位职工小心地把鹅卵石周围的土拂去，将鹅卵石从土中抱出，然后，继续往下挖。没想到，铁锹再次磕上硬东西，这次，铁锹遇到的是一方青砖，在掀砖的过程中，他发现青砖不止一块，而是一块接一块地平铺着。随着方砖的搬移，一处古墓露出来。

随侍像

老仆像

武士像

里蒿老人像

1977 年从甘肃武威西郊林场西夏墓出土的文物

职工们的整田工作只好停止，林场领导火速派人到武威市文管部门汇报，考古工作者闻讯后赶到。不久，挖掘出一座小型单室砖墓，相距 10 米的地方又发现了一处同样的墓葬。他们从墓葬出土的文物题记上考证，这是两座 1194—1201 年间的西夏古墓，距西夏灭亡只有 30 年左右，是西夏晚期古墓。两座墓都是夫妻合葬墓，共埋四人，男墓主人分别为西经略司兼安排官口西处都案刘仲达和西经略司都案刘德仁，祖籍彭城（今江苏省徐州市），都是汉族人。根据墓穴的位置推测，刘德仁与刘仲达之间，有可能是父子或叔侄的亲属关系。

考古人员继续工作，在墓葬中发掘出四座木缘塔，其中一座造型奇特、保存完整，为考古人员研究西夏的葬俗打开了一扇宝贵的窗户。塔身通高 76 厘米、底径 45 厘米，由塔座、塔身、塔顶、塔刹四部分组成。通过塔顶的墨书汉文题记可知，木缘塔是用来盛放骨灰的葬具。使用佛塔式葬具，表明墓主虔诚礼佛。像这样融灵柩、佛经咒语、佛塔为一体的葬俗葬制，在当时已发现的古代葬俗中尚属首例，这也表明，在河西走廊一带，西夏晚期的墓葬已经采用了塔葬。

西夏除了普遍的火葬和土葬两种葬式外，还有塔葬。一个普通的官员尚且用木缘塔，那么，皇室人员甚至帝王去世后，是不是应采用更为奢华的塔葬仪式？西夏陵那些高大的塔形陵体，是不是一种无言的回答？

灯塔，往往有指示航行的作用。如果一座古塔，散发出一束奇妙的文明之光，那它自然也就扮演了灯塔的作用！

中国的考古学者在20世纪中后期的陆续发掘后分析认为，西夏陵中的帝陵外形是塔。如果说西夏帝陵和陪葬大臣的墓群修建是一条伴随着西夏前夜及辉煌时期的航道，那么在这条航道上，一定有一处扮演了被历史遮蔽的灯塔的角色，指引着这个航道在某个历史时期发生了悄然的改变！这个灯塔是什么？这个历史时期又是西夏的哪个节点？

在我的心里，有一座至今依然存留的西夏古塔，它就像暗夜里投来的一束光，成为我辨析西夏陵形制轨道上的一处拐点。

在银川市新华西街以南、利群西街以北、进宁南街以西和利民街以东的区域内，有一座高大的古塔被一道绛红色的院墙围着，无论墙里墙外，人们都能在一抬头间看到它。这座古塔，银川人习惯称为西塔。它为我挑开了一道西夏人信仰的帘幕，让我追溯起党项羌贵族在建立西夏前及西夏王朝时期的宗教信仰。

元昊去世的消息传到东京后，宋朝的不少大臣都希望出兵讨伐西夏，但判延州程琳、知庆州孙沔却建议不出兵，应安抚，孙沔尤其指出："乘危伐丧，非中国体！"这些建议被采纳。

这世间从来但见新人笑，哪闻旧人哭。当元昊移情于儿媳的美貌时，曾得到元昊恩宠的没藏氏早已心灰意冷。夜夜独守空房的巨大寂寞包围着这个聪慧而美丽的党项女子，她的内心处于一种巨大的失落中。

出家的没藏氏一直关注着儿子谅祚的命运。从襁褓中的谅祚被抱着继承西夏帝位的那一天起，没藏氏一心希望儿子龙运长久。为保儿子谅祚"圣寿以无疆""俾宗祧而延永"，出家的没藏氏尘心未尽，想依靠自己的影响力"大崇精舍，中立浮图"。

1050年，没藏氏开始让人设计并在兴庆府西郊建造一座寺院，因为是"皇太

承天寺塔（纪录片《神秘的西夏》剧组制作的特效复原图）

后承天顾命”而建的寺，因此被称为承天寺。这是西夏历史上第一次大规模的皇家造寺，整个工程历时五年零七个月，于 1055 年 10 月建成。

寺院西侧后来又兴建了一座比长安城里的大雁塔还高半米的如云宝塔，这就是近千年间一直屹立在兴庆府且成为城市标志性建筑的承天寺塔。从此，巍峨的塔尖迎来兴庆府的晨曦、送走兴庆府的斜阳，默默地收录着西夏政治心脏里的风土人情。

承天寺的建成，令宋朝朝野一片震惊，这是当时中国最高的宗教建筑，比西安大雁塔高 0.5 米；比早它六年动工兴建的素有“天下第一塔”之称的开封铁塔高出 8.62 米！恢宏的建筑、云集的高僧、朝拜的信众使得承天寺塔成了西夏软实力的象征，回鹘、吐蕃、党项、汉人等纷纷前来礼佛敬香。就在承天寺建成前八个月，也就是 1055 年 2 月，没藏氏派专使前往东京求赐历史方面的书与佛经，宋朝方面只赐予《大藏经》，被没藏氏派人迎请到承天寺珍藏。

随着建筑规模以及收藏经卷的增多，承天寺成了吸引西北地区高僧大德讲学弘法、研佛修行的殊胜之地，不仅兴庆府的佛教徒常来这里敬香礼佛，西夏境内的许多信徒也纷纷前来膜拜参观，甚至没藏氏和谅祚也会时常到这里来听高僧讲经。当时的承天寺，与后来在西夏境内兴建的凉州护国寺、甘州卧佛寺，同为西夏三大佛教圣寺。

没藏氏虔诚的佛教信仰及从小就带谅祚出入寺院，对谅祚产生了深刻的影响。在谅祚少年时期的心灵中埋下了信佛、尊佛的种子。

在国家图书馆珍藏的近百部西夏文佛教文献中，保存着一幅精美的版画。据专家考证，这幅版画描绘了西夏前期兴庆府地区某寺院译经的盛大场景，与传世文献中叙述的翻译佛经的译场相符合。图中的译经场所应该位于都城皇家的寺院中，极有可能就是高台寺或承天寺。

从版画中描绘的“都译勾管作者安全国师白智光”字样可知，此译场的召集人是被封为“安全国师”的僧人白智光，其姓名在其他西夏出土的佛经发愿文中也经常出现。簇拥在白智光前后左右的 16 人，担当的角色是“辅助译经”，这僧俗 16 人都在主译人白智光的周围从事紧张而和谐的译经工作。

后来，没藏氏又向宋朝求赐《大藏经》和一些佛经，都珍藏在承天寺里。

西夏历史上曾经六次向宋朝求赐佛经，谅祚在位的 19 年间就有三次，可见没藏氏和谅祚对佛教的重视。同时，谅祚还继承了元昊时期将汉文佛经翻译成西夏文的传统，他向宋朝迎请佛经时还提出派佛经翻译高僧到西夏的请求。

然而，承天寺里日益繁盛的香火和经久不息的诵经声并没有使没藏氏彻底忘却红尘，她也没有将自己的晚年尽付于青灯之下。这位春心未泯的党项羌女人先前就与前夫野利遇乞的财务官李守贵私通；不久又与担任过元昊侍卫官的宝保吃多已偷情。没藏氏的移情引起了李守贵的忌恨，1056 年 10 月的一个夜晚，没藏氏与宝保吃多已出猎贺兰山的夜归途中，遭到李守贵密派的骑兵伏击，没藏氏和新情人宝保吃多已都被击杀。为时九年的西夏没藏氏摄政至此结束，也给西夏历史留下了一个风流女子入宫、得宠、出家、摄政、偷情、死亡的人生足迹。

为什么要在此讲述没藏氏的这些事情呢？我的笔墨落脚点在她如此尊奉佛教，地位又如此显赫，她去世后，是否像唐代的长孙皇后那样被埋进帝陵呢？目前的考古资料并没有为我的这个问题给出理想的答案：西夏陵中，没有发现女性的墓葬！那些显赫于朝政中的女性，甚至一度决定西夏命运的女性，究竟埋在了哪里？如此庞大的陵群中，怎么就没有她们的寝位？西夏，这个谜一样的王朝，再次给后人留下了一个巨大的谜团。

没藏氏去世后，没藏讹庞将自己的女儿强许给年仅 9 岁的谅祚。谅祚明显成了没藏家族掌控政权的一个道具，他的年龄和资历决定了他无法改变外戚执掌政权命运的现状，他和那些忠于王朝的大臣一样，默许这种现状延续了三年。

转机出现在谅祚 12 岁那年。也就是 1059 年，谅祚开始以参与国事的方式亮剑。他踏上了致力于改变母族执政、挽救西夏国家权力涣散和声望下滑的道路。他开始起用一些能站在自己一边的文臣武将，其中最明显的是起用毛惟昌和高怀正两位汉族大臣。这两个人的妻子曾经抚养过谅祚，因妻而贵的命运发生在这两人身上：谅祚授予他们六宅使（负责管理皇帝诸宅院事务的官员）的职务。

或许是出于报恩，或许是他们也看不惯没藏家族的跋扈，当他们接到谅祚让其暗中搜集没藏讹庞资料的密令时，欣然从命，并表现出了极大的热情，一个个真实且不利于没藏讹庞的消息，像定时炸弹般汇集到谅祚那里。然而，他们的保密工作没有做好，这种密探行为被没藏讹庞知晓，并引发了没藏讹庞的怨恨。

高怀正当时正在大笔发放高利贷，而彼时的西夏政权或许并不允许这种搅乱经济的行为。高怀正发放高利贷的行为被曝光后，谅祚也无法庇护他，这个致命的把柄让没藏讹庞成功地除掉了高怀正。

而毛惟昌的落马则是因为犯了一个在当时的西夏根本无法容忍的错。不知是出于好奇，还是他心里在某个时段也蹿起了一股想当皇帝的火焰，因职务之便，他能够接触到开国皇帝元昊穿过的龙袍。或许他仅仅偷穿过一次元昊的龙袍，或许他已经养成了趁无人之际偷穿龙袍的习惯，总之，这件事被没藏讹庞抓住了证据，于是按照西夏律令，毛惟昌被处死。

斩断了谅祚伸向自己的这两条危险的触须，直接导致没藏讹庞和谅祚之间矛盾的白热化，但年少的谅祚还是无法和舅舅直接对抗，像一头埋伏在草丛中的幼豹，他继续寻找着最佳的出击机会。

似乎一切都跟什么也没发生过一样。一天，谅祚到舅舅家玩，偶遇了没藏讹庞的儿媳、一位姓梁的女子。那时，没藏讹庞为了给儿子日后进入西夏最高权力阶层提供政治资本，让儿子带兵镇守边塞，儿媳便常常独守空房。

那是一个对西夏历史产生重大影响的见面时刻，一个是西夏的最高统治者，一个是漂亮、聪颖的成熟少妇。一见钟情的情爱火苗在他们中间很快点燃，私情在谅祚和他的表嫂之间蔓延，私情浓处，谅祚还特意将一枚随时出入宫廷的金牌送给了梁氏。

年轻的谅祚到舅舅家的次数越来越多，还常常借故不回宫里，这让没藏讹庞有点奇怪。1061 年，14 岁的谅祚给西夏的历史写上了意外的一笔：一个下午，谅祚与梁氏正在私通，没藏讹庞的儿子突然归家，发现了谅祚和妻子的隐情。皇帝给自己戴绿帽子，是忍耐还是反抗？没藏讹庞的儿子实在无法决断。那天晚上，月光在没藏讹庞的府邸洒下一片清冷，老谋深算的没藏讹庞觉得时机到了，他从那顶扣在儿子头顶的绿帽子上，看到了将王冠戴到自己头上的契机。

当夜，他们便以此为由密谋杀谅祚而另立。一个是激愤难当的被戴绿帽子者，一个是要以此为契机推翻皇权戴上皇冠者，父子二人谋划了一场阴谋。因为是在自己家中，再加上是夜深时分，他们没有任何顾忌地谈论着篡位的计划。

没藏讹庞父子说的那些话全被梁氏暗地里偷听到，在丈夫和情人、家族利益和国家危亡之间，梁氏选择了连夜出府密告谅祚。

没藏讹庞父子谈完计划后，仿佛看见西夏皇权已经被自己彻底掌握，异常兴奋。父子俩提前庆功似的开怀畅饮，不知不觉间有些醉意，他们没想到梁氏已经从后门出去，带着谅祚送给她的金牌急匆匆地走进皇宫。按西夏规定，持金牌出入宫廷必有重大事情，侍卫立即禀告谅祚。闻听这个消息后，谅祚立即采取行动，派出亲信漫咩带领铁鹞子军缉捕没藏讹庞父子及其家族。《宋史・夏国传》

是这样简述的："其（漫咩）官高于讹庞。然势力反出其下，于是，亦恶讹庞。谅祚乃与漫咩等举兵诛讹庞，灭其族，并杀其妻没藏氏，而以梁氏忠于己，因以为妻。"

还沉浸在夺取西夏皇权美梦中的没藏讹庞父子就这样被梁氏出卖了，按西夏律令，谋反之罪导致整个没藏家族遭到诛杀，这个伴随着党项羌从青藏高原到黄土高原再至宁夏平原的党项羌大姓，就这样谢幕于西夏的历史之册！那天以后，梁氏再没回没藏讹庞的府邸，她不仅留在了取得胜利的谅祚身边，而且不久就被谅祚立为皇后，永久地留在了皇宫，这是西夏历史上有记载的第一位汉人女子晋升皇后，也是西夏历史上的第一梁太后（西夏历史上有两位著名的梁太后，第一梁太后是谅祚的妻子；第二梁太后是第一梁太后的侄女，于 1086 年开始摄政，长达 13 年）。

1061 年，14 岁的谅祚亲理国政，开始了西夏第二位皇帝的历史运行轨道。

1062 年，已经执掌朝权的谅祚向宋朝献马，请求赐给宋太宗御制诗章的草、隶书石刻的印本，以及《九经》《唐史》《册府元龟》等典籍，并特意求赐《大藏经》，宋朝政府答应了这些要求。自谅祚登基后，西夏得到了宋朝的三部《大藏经》，加上以前求赐的两部，先后得到了五部《大藏经》。西夏从宋朝输入佛经的同时，也向辽国输出僧人、金佛和《梵觉经》等经卷，佛教成了宋、辽、西夏和平往来的使者。

大宋宰相韩琦察觉到西夏综合国力在逐步提升，谅祚执政期间西夏对宋的边防威胁比元昊时期更明显，便建议宋英宗停止对西夏的岁赐，终止榷场生意。宋英宗为此发诏书谴责谅祚，并且提出要中断榷场。谅祚再次出台了灵活的外交政策，派遣使者到东京向宋英宗谢罪。司马光对此指出：谅祚的举动一是骗取宋朝的岁赐；二是便于西夏人到东京贸易；三是让宋朝放松警惕。

战争还是不可避免地发生了。

经过长期的国力储备，谅祚于 1067 年下达了对宋作战的命令，并秉承党项羌政权中首领必须亲自带军出征的传统，带领数万西夏军队出兴庆府向东直抵位于今陕西省绥德县的绥州，开始了他生命中第一次也是最后一次东征。

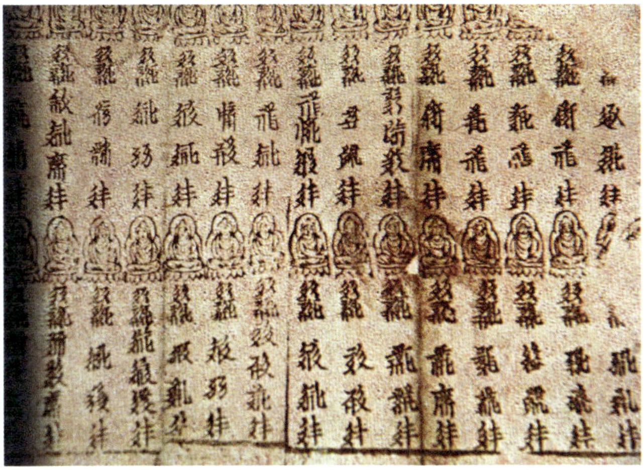
1972 年，武威市张义乡出土的西夏文《千佛名经》插图

宏佛塔出土的卷轴绢画炽盛光佛

西夏控制绥州时，派驻的军事首领是嵬名山。1067 年 10 月，宋朝发兵围困绥州。宋朝将领种谔利诱嵬名山的弟弟等人做内应，胁迫嵬名山率众归顺宋朝，宋朝因此得到归顺的党项及其他蕃部首领 300 人、居民 15000 户和士兵上万人，并击退了前来夺城的 4 万西夏军队。与此同时，宋朝的知保安军杨定曾在出使西夏时向谅祚跪拜称臣，接受西夏的馈赠，回去后却私自将谅祚赏赐的金银藏起来，只向宋朝政府上交了谅祚赐给他的宝剑等物品，并夸口可以刺杀谅祚，从而赢得宋朝政府的信任，被提升为知保安军。谅祚认为这是杨定对西夏的欺骗，于是设计在 11 月诱杀了杨定等人。

这样一来，西夏政府便向宋朝方面提出索要嵬名山及此前叛逃宋朝的西夏横山酋长，而宋朝也向西夏方面索要杀害杨定的凶手以及此前被俘的宋朝官员。双方谈判失败后，谅祚带领的西夏军队取得了一个又一个胜利，终结这些胜利乃至谅祚性命的战役是大顺城之战。

大顺城守将蔡挺得知西夏军来攻，立即下令周边人户坚壁清野，全部进入城堡，不得派兵出战；同时在城堡周围护城河中布满铁蒺藜，使西夏军队在渡水时多被铁蒺藜所伤，进攻迟滞。在攻守之间的激战中，谅祚总是冲锋在前，带领西夏军士一次次进攻。可是攻城三天，仍一无所获，谅祚又一次亲临阵前督战。蔡挺命令蕃官赵明带领 800 名弓弩手埋伏在城外，宋军箭如雨下，西夏军死伤不可胜数，谅祚也被宋军神射手的毒箭射穿铠甲。

身受毒箭重伤的谅祚流血不止，西夏军队只好撤退。谅祚回到军营后，饱受箭毒发作带来的痛苦，回师兴庆后仍然无法治愈，于当年 12 月去世，时年 21 岁。由于他的长子秉常年仅 7 岁，第二年正月，他的妻子梁氏便执掌西夏大权。

梁太后重新组阁政权，以自己的哥哥梁乙埋为国相，形成了梁氏集团把控西夏的局面。

直到 1068 年 2 月，梁太后才派人向辽国和宋朝呈报谅祚去世的消息。

谅祚 21 岁去世，其陵墓修建更加紧迫。在《宋史・夏国传》中也只有“谥曰昭英皇帝，庙号毅宗，墓号安陵”的寥寥数语。

谅祚自幼受母亲影响，常常亲临西夏请来的宋、回鹘高僧译经现场，并聆听佛法。承天寺塔、戒坛寺塔、高台寺塔等一个个佛塔，不仅成了西夏早期佛教建筑的见证，或许也是今天我们看到的西夏陵塔形的一个旁证。

秉常即位后，王安石向宋神宗提出对西夏局势的见解：对秉常应严格约束，别让他在边境上再滋事。但事实上，西夏军队不断在边境上制造摩擦。1070 年 5 月，西夏在距离夏、宋边界仅 10 千米的庆州荔原堡（今甘肃省华池县东南）北边筑起了闹讹堡，引发双方小规模的战争。8 月，西夏再次发兵直逼庆州城下。随后，攻城未克的西夏军队在无定河下游地区又展开了夺取绥州的战役，王安石顺势向宋神宗提出坚壁清野的策略，被采纳并运用到宋朝对西夏的作战中。执掌西夏大权的梁太后也加快了收复无定河下游地区的步伐。

由于宋朝采取守势，梁太后仅取得了收复罗兀城这样的胜利。战争给夏宋边境上的人民造成了很大的损失，王安石派人调查后给宋神宗建议，放归西夏俘虏，以宋夏和平来加快宋朝的改革步伐，实现富国强兵的目标。

1085 年，第一梁太后去世。1086 年，26 岁的秉常去世，虽然在位 20 年，但西夏的皇权大多数时间都被控制在梁太后手中。秉常去世后，其 3 岁的儿子乾顺嗣位，但大权被第二梁太后把控。

按照西夏法律，男子 15 岁就成人了。1099 年，16 岁的乾顺却依然无法从母亲手中接过皇权，这引起辽国方面的不满。加上辽道宗一直对第二梁太后的专权

榆林窟第 29 窟中的西夏国师像

榆林窟第 3 窟南侧的普贤变图，是西夏晚期绘画的优秀代表作品

榆林窟第 3 窟中的西夏五十一面千手千眼观音变图

榆林窟第 3 窟中具有明显西夏风格的文殊变图，是西夏绘画的代表作品

和好战很厌恶，适逢第二梁太后在一次上书中言辞不恭，直接成了辽国想消灭她的导火索。辽道宗让前往西夏的使臣在带的酒中下毒，将第二梁太后毒死。在辽国的扶持下，16 岁的乾顺终于夺回了早该属于他的皇权，开始活跃在西夏政治和军事舞台上，成为西夏历史上的第四位皇帝。

乾顺和此前的西夏国君一样，重视佛教在王朝内的推广。1093 年 6 月—1094 年 1 月，乾顺和他的母亲第二梁太后一起发愿，动用大量的人力、物力，重修了凉州的感通塔。完工时，更是立碑赞颂这一佛教盛事，这座如今成为国宝的石碑上，记述了凉州古佛舍利塔的感应故事和重修此塔的经过。

西夏立国后，甘州成为西夏重要的军事重镇。甘州早在西夏立国前一年，即 1037 年设镇夷郡，后又设宣化府。秉常即位时，他的母亲第一梁太后摄政，第一梁太后十分虔诚地信仰佛教，这种虔诚影响到了她的侄女——第二梁太后。1099 年，第二梁太后去世时，乾顺特地下令在甘州修建宏仁寺，因为里面塑修了目前中国最大的室内卧佛，也一直被人称为“卧佛寺”。

第二梁太后十分崇敬佛教，现藏俄罗斯的《佛说宝雨经》里就记有她和儿子乾顺译经的题名。如今，在日本天理图书馆里藏有一页西夏文残经，九行题记中有“译主宝幢瑞御大西夏语译”的字样。日本著名的西夏学专家西田龙雄在他的《西夏文华严经》一书中指出，这卷残经使用了藏文佛经才有的专门用语，是从藏文翻译来的。而它的题款明确标明是由甘州禅定寺高僧翻译，可见，当时的甘州已经是翻译藏文佛经的一个中心，生活在这个时期的第二梁太后对译经的作用十分突出。

在西夏都城兴庆府有戒坛寺、承天寺、海宝寺、大度民寺等；在贺兰山上有佛祖院、五台山寺、慈恩寺等；在黄河边有位于今甘肃境内的炳灵寺（西夏时期在这里重修佛像若干）、五佛寺（出土过西夏文《金光明王经》），今宁夏境内的青铜峡 108 塔寺、安庆寺、石空寺、田州塔寺等；在凉州有护国寺、圣容寺、崇圣寺等；在甘州有卧佛寺、崇庆寺、诱生寺、十字寺、禅定寺等；瓜洲有阿育王寺等；黑城有黑水城寺、普度寺等。这些寺院遍布西夏境内，成为西夏佛教兴盛的一个标志。

阅读安徽文艺出版社 2011 年 6 月第一版的《宽容》时，曾被扉页上纪伯伦的那句话深深吸引："一个伟大的人有两颗心：一颗心流血，一颗心宽容。"读完这本书，掩卷时忍不住又翻到扉页上看了这句话，且让它带着一股力量刻印在内心。不过，也就是刻印了而已，这类名言，谁的脑海里没有一些？然而，当我写作这本书，行文至此，这句话就像一场雨水过后，干黄的沙漠里一下子肆意疯长出细瘦、碧绿的沙葱一样，猛然就从大脑里冒了出来，让我对一些西夏王朝的领袖人物的两颗心，产生了不解。他们一方面极力向权力的最高处跻身，导致战争爆发或权力争斗，甚至母子亲情也被权力的战车碾压得七零八落；另一方面他们又动用国家力量，向周围的王朝延请佛经与高僧，修建佛塔、寺院。一方面大肆修建佛殿庙宇祈求和平，另一方面又得应对突然降临的战争危机。西夏就这样陷入不断轮回的佛音和战声交织之中。

延请僧人前来讲经的习俗一直在西夏境内延续。从李德明第一次向宋朝迎求《大藏经》，到崇宗乾顺的近百年时间里，西夏方面译成的大藏经共 820 部，3579 卷。这与著名的汉文《大藏经》最终结集 6000 余卷花费了近千年的时间相比，在中国翻译史乃至世界翻译史上都是一个惊人的创举。

在形成于西夏仁孝时期的西夏文《新集碎金置掌文》中记载："弥药勇健行，契丹步履缓。羌多敬佛僧，汉皆爱俗文。"不难看出，到西夏中期，佛教在西夏区域的流行程度。

消除了来自王朝外部的不稳定因素后，乾顺开始了他亲政后的国内政治文化改革措施。1101 年，御史中丞薛元礼给乾顺上书，阐述西夏进一步推行儒学的必要性和重要性，并列举了一些北方少数民族地区遵行儒学治理其辖境的事实，希望乾顺能够提倡儒学，改变西夏境内百姓安于物质享受、读书人不愿刻苦读书的懈怠风气。乾顺采纳了这位汉族大臣的意见，开始建立国学，选拔皇亲贵族子弟 300 人率先入学，并专门设立了"养贤务"来负责国学的物质保障，迈开了西夏大规模推行儒学的步伐，确立了儒学在西夏政治、文化中的至尊地位，也完成了乾顺及其后继者百年盛世的文化奠基和人才储备。

乾顺还积极借鉴中原王朝的封王办法，开始西夏历史上的第一次封王，逐步实行皇族分封，以巩固皇权。1103年，他庶母所生的嵬名察哥成为西夏历史上第一个受封为王者。察哥被封为“晋王”后，逐步掌管了西夏军权，多次在战争中展示了卓越的军事才能。1120年，乾顺封宗室中的嵬名仁忠为“濮王”，嵬名仁礼为“舒王”。这两兄弟的父亲嵬名景思在秉常被梁太后囚禁时，就曾竭力保护秉常。秉常复位后，曾打算起用嵬名景思，却因国政大权被外戚掌握而没能实现。乾顺分别授予通晓蕃、汉文字且善于管理的仁忠、仁礼为礼部郎中和河南转运使。

我在想，西夏陵中那么多的重臣陪葬墓，到乾顺时期，这些王是不是也被埋进我们今天看到的西夏陵区呢？如果是，他们的陵制又是怎样的？

1123年的乾顺是开心的，这一年6月，大辽王朝天祚帝派使臣前往西夏，封乾顺为夏国皇帝，这是西夏自元昊立国后，第一次得到辽国的正式册封。这一年9月，西夏皇宫也被一股喜气笼罩：乾顺一位曹姓妃子为他生下了长子，对40岁的乾顺来说，这可谓一份晚到的厚礼。按照西夏史书记载，这个男孩出生时，屋子里充满了彩色的光芒，乾顺的女儿成安公主非常喜欢这个异光中降临的弟弟，向乾顺请名为“仁孝”。

乾顺是西夏历史上第四位皇帝，也是统治时间最长的一位。从文明的缔造角度看，他也是最有作为的一位皇帝。

一个3岁继承皇位、在位54年的皇帝，可谓将自己的一生都贡献在皇帝的岗位上。这样长久居于皇位者，在中国确实不多，但西夏的乾顺做到了。他于1139年去世，皇位被他的儿子继承，这就是仁孝皇帝。

皇权交接之时，往往也是一个王朝最容易生乱之际，尽管自己是合法的继承人，尽管当时的西夏基本沿着一个良好的轨道前行，但按照当时的惯例，仁孝先是忙于消除王朝内的各种隐患，并安葬父亲于西夏陵中的显陵。等这一切进行完毕，乾顺已经去世四个月了。昔日西夏、宋、辽对峙的三方也已变成了西夏、宋、金。塞上的秋寒中，仁孝派出的使者前往金国告哀，并追父亲的谥号为圣文皇帝，庙号崇宗。

在仁孝执政早期发生过这样一件事：一位父亲刚刚去世的富人，看中了邻村的一块荒地，但没经那块荒地主人的同意，便执意要将父亲埋在那儿，这引起了一场纠纷。荒地的主人一气之下捣毁了富人之父的坟茔，并将尸体挖出后丢在荒野。富人带人到荒地主人家算账，引起荒地主人所在村村民的义愤，双方发生严重械斗，数十人在械斗中死亡。

由于死亡人数较多且反响很大，这件事很快被上报到朝廷，仁孝有些为难，该如何处理这件事呢？

仁孝这才认识到，西夏立国以来，一直缺乏一部真正意义上的法律法典，此前的旧律对诸如盗毁墓葬等行为没有明确的制裁标准。这件事促使他仿效元昊创制西夏文字的办法，借鉴中原王朝立法定典，亲自下令让北王兼中书令嵬名杜荣、中书全智嵬名敬嘉、枢密东拒嵬名吉文等22人参与到编纂西夏第一部法典的工作中。东院经略使副枢密承旨三司正汉文博士赵真、同中书副范世州、汉文翻译蕃太学院教师苏吉列等汉族知识分子也参与其中。纂修者中西夏皇族有五人，汉族有八人，党项羌及其他民族有九人。法典问世后，仁孝亲自赐名为《天盛改旧新定律令》，这部内含二十章的法典，简称《天盛律令》或《西夏法典》，不仅是西夏王朝第一部完整的法律文典，也是北方少数民族政权中难得的成文法典。

依据这部法典，那位未经别人允许就埋葬其父的富人，受十三杖的处罚——《天盛改旧新定律令》在《盗毁墓祠圣物》一章第一百六十五条中明确规定："不允许在（属于）别人和该地主人地上埋尸或焚尸。若违此律，则（罪犯应获罪）：有官品者罚一马，庶民杖十三……擅自掘尸并弃尸荒野者，则（对罪犯）应按上述因耕耘土地发现尸体而未掩埋断律处罪。"那位损毁富人之父墓葬的村民，则受到了更为严重的处罚——《盗毁墓祠圣物》一章第一百六十一条中关于"盗毁"明确规定："禁止任何人毁坏墓葬、墓志、碑碣。若违此律，有人盗毁任何王公墓葬、皇亲和殿侍等墓葬者，均处六年苦役。发现开棺者处十二年苦役。若发冢开棺并盗尸者，皆处绞刑。盗毁官吏和庶民墓者，处三年苦役；已开棺者，处八年苦役。同时，墓内无尸而毁坏祭台、墓冢、墓志、碑碣、（立于墓两侧之）石雕像者，（对罪犯）处罪应比上述毁墓（盗尸）断律减轻三等。"

贺兰山东麓平罗县境内的大水沟大佛寺 （岳昌鸿 摄）

仁孝画像

同样，在这部法典中，不许任由尸骨风吹日晒或弃尸荒野，对发现盗墓而不举报的行为要严惩、不许收买埋尸体的土地，等等。

这种严格的规定，使西夏在仁孝时期盗墓、毁墓等行为得到了遏制。法典甚至规定了对盗毁庙宇的神像、孔子圣象、旗幡和祭祀神物的主犯处六年苦役，从犯处三年苦役。

在《元史》卷一二九《李恒传》中，有这样一个有趣的事：元军南下到江西时，有人曾提出，要发掘文天祥家族坟墓以利军事。身为昭勇大将军、同知江西宣慰使李恒阻拦道："王师讨不服耳，岂有发人坟墓之理？"

王子今先生在他的《中国盗墓史》中这样分析道："这位出身西夏贵族的将军否定了遣兵往吉州发掘文天祥坟墓的建议，可能有某种特殊的文化背景在起作用，或许亦应当看作是指挥人员以一种个人文化倾向左右军事策略的实施。"先生可能对《天盛律令》不了解，其实，从这件事可以看出西夏法律对盗墓行为的严惩，早已深深地印在西夏贵族出身的李恒的意识里。

仁孝 70 岁去世，和他那位在位 54 年的父皇相比，他在位时间长达 55 年。乾顺到仁孝的统治时间近百年，在西夏的发展史上具有重要作用。在这近百年的时间里，西夏政治、军事、文化、经贸都迎来了繁荣。仁孝去世后，17 岁的纯祐即位，追父亲的谥号为圣德皇帝，庙号仁宗，葬于寿陵。

三　悄然改写的塔制

一块白色的石头，接受尊崇
一块牧场，安置梦想
是的，时间破坏了一切
因为发生的不可撤销，不可预知
风中发出的预言
或许是为了躲避惩罚

家园仅仅是一个理由，路上
才是真正的身姿和留影
通往理想和满足的途中
奔跑与溜达
速度？仅仅是借口
时间能告诉我们：没有最好的与最糟的
只有是否合适

如果说西夏立国初期的墓葬是仿照内地，以土葬为主，那么西夏陵所采取的塔形、塔制也应该是借鉴内地汉传佛教的塔形与塔制。12 世纪末 13 世纪初，当另一股信仰之火——藏传佛教传到贺兰山下时，如果西夏陵的外形还采取塔形，那么塔形就一定发生了变化。

在整个西夏的帝王中，纯祐是属于低调且无能的一类。不过，他在即位五年后，给西夏引进了藏传佛教！这让西夏的历史发生了重大变化。

21 世纪最初的 10 年时间里，我的不少时光是在青藏高原上度过的，主要目的有两个：一是寻找在青藏高原上的西夏后裔；二是寻找藏传佛教是何时、由何人传入西夏的。

2003 年夏天的一个黄昏，我几经转折，找到玉树州州府结古镇南郊外的一个佛学院，见到院长丹求达哇，也见到了藏文版的《康木朵简史》。我清楚地看到，用汉文书写的“赵纯祐”三个字在藏文书籍中十分醒目，“公元 1198 年”中的阿拉伯数字也是如此。

一道大门，轰然打开。

感谢丹求达哇 10 年来持续不断地找寻有关藏文资料，并陆续翻译给我，使我得以沿着一条崎岖的、外界看不到的小径，慢慢走进有关拔戎噶举和西夏的秘域。

1198 年，纯祐派出的使者从贺兰山出发，一路向西南，大致沿着今 109 国道的方向进入今青海省境内，抵达澜沧江上游今玉树州囊谦县境内，抵达当时在康巴藏区颇有影响的昂欠。

我想，当西夏的使者说出他们的使命时，昂欠王一定十分震惊：他并没听说过西夏王朝，但当得知使者希望能够迎请他们的高僧到西夏传教时，他的内心一

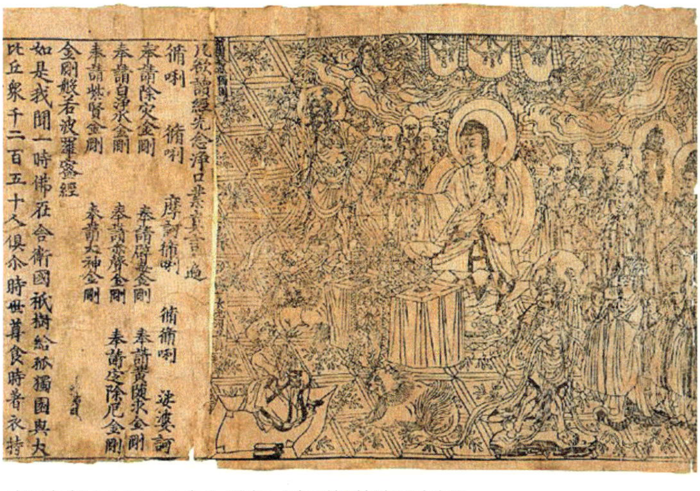

咸通九年（公元 868 年）雕版《金刚般若波罗蜜经》

定是愉悦的。谁能代表昂欠完成这一任务呢?

无论是纯祐，还是昂欠王，他们都没想到，早在五年前，一位年轻的噶举派僧人热巴，已经从藏区出发，踏上漫长而孤独的“西夏路”。

关于热巴，在西夏文献和内地的汉文文献中都少有记载。我是通过藏文文献及在玉树州实地考察的途径了解他的。10 年间，我数次前往西宁市、玉树州拜访丹求达哇，我们俩通过对照、翻译藏文文献，以及多次在玉树州囊谦县的觉扎乡、香达镇一带实地考察，才最终梳理出热巴在西夏传教的时间和路线略图。

2017 年 12 月中旬的一天夜里，我的手机响了，丹求达哇从青海玉树囊谦县县城东郊的达摩林通过手机告诉我一个好消息：他意外地找到了一本古藏文书，上面竟然完整地记述了热巴从雪域高原前往西夏传教的详细过程。我们立即相约：到北京，找一处安静的地方，将这本书翻译出来。2018 年元旦刚过，我们相聚北京，经过近一个月的翻译整理，终于厘清了热巴前往西夏的脉络。

1164 年，热巴出生在今西藏那曲地区的一个普通牧人家庭，他的家乡是一个叫那本修教智的地方。他 7 岁时便开始学习藏文，13 岁那年有幸遇见噶举派四大支派中的拔戎噶举创始人、塔布拉杰大师的亲传弟子达玛旺秋，并投入其门下学习佛法。1196 年 12 月，他到达西夏传教。

热巴凭借自己的学识、修为赢得了纯祐及西夏皇室的认可，这种认可就像一张被赋予了无上权力的通行证，为他后来在兴庆府、灵州、凉州、甘州等西夏的佛教重地弘扬藏传佛教开了一路绿灯。按照藏文文献记载，他在西夏境内传教 20 多年，直到蒙古军队最后一次攻伐西夏前，才带人回到藏地。因为他在西夏境内修建寺院、翻译佛经、传播藏传佛教、参与城市设计等，被西夏国王奉为德师、帝师、国师，所以在一些藏文文献中他被称为德师热巴、帝师热巴。

热巴从西夏回到囊谦，带回了西夏国王赏赐的大量印章、织锦、法器等物品。

回到囊谦后，热巴把他在西夏的经历写成书，叫《噶本》；他和弟子们先后建了 22 座寺院，其中不少是在囊谦县内。《青海通史》里这样记载：“拔戎噶举创始人达玛旺秋的弟子德师热巴曾长期传教于西夏，是西夏王的灌顶师。”按照这本书的记述，热巴仅在西夏传教四年，这与丹求达哇翻译的在西夏传教 20 多年的记载相矛盾。显然，《青海通史》中记载的时间，和我所探寻到的结果并不一致。

正确的答案，依然在追索中。我觉得，2018 年 1 月在京和丹求达哇一起翻译的资料更趋于真实。

我大段描写藏传佛教传入西夏的经过，仅仅是为了求证一件事：西夏陵的塔形、塔制或许在藏传佛教传入以后，会受其影响发生一些改变。

佛塔，亦称宝塔，原是印度梵文 Stupa（窣堵波）的音译，还有人称为浮屠。佛塔最早是用来供奉和安置舍利、经卷和各种法物的，许多佛塔会刻有建塔碑记、圣像、佛经等。

塔是佛教专门的建筑，也是佛教兴盛衰亡的标志，作为埋葬佛骨舍利的纪念物，供信徒们顶礼膜拜。佛教在西夏逐渐成为国教，一座座寺院塔群在境内的各个角落建起来，其中最有名的是西夏最大皇家寺院中的承天寺塔、兴庆府北郊的北塔、为甘州赢得西夏佛都之称的甘州卧佛寺中的卧佛寺塔、凉州感应塔、黄河之滨的青铜峡 108 塔、西夏和宋朝前沿地带的韦州康济寺塔、贺兰山东麓的拜寺口双塔、贺兰山拜寺沟深处的方塔、贺兰县城东郊的宏佛塔，等等。

拜寺口，应该是百寺口的一个音译。从这个名字可以看出，那道沟里分布有很多寺院、佛塔。目前，仍矗立在沟口的双塔，是宁夏境内仅存的西夏双塔，都是十三层八角密檐式空心砖塔，也是西夏引进藏传佛教的一个明证。塔身上严谨有序地塑装着众多僧人、罗汉、护法金刚、供养天和七宝、八吉祥以及兽面、云托日月、火焰宝珠等多种题材的造像及装饰图案，实为国内罕见。在西边那座塔发现有西夏文、梵文和汉文三种文字，塔身上的西夏文字和大量与西夏陵相似的灰布纹砖瓦、绿黄琉璃建筑残件、瓦当和滴水，说明双塔是西夏时期一处重要的皇家寺院。按照丹求达哇的说法，这里一度是热巴主持寺务和修行的地方。塔后的 10 排 60 座喇嘛塔林显示，至少有 60 位藏传佛教高僧在这里译经、弘佛、讲学、修行，并最后在此圆寂。

拜寺口双塔 （刘宪忱 摄）

如果说双塔是藏传佛教传播于贺兰山下的一个明证，那么沿着拜寺口往里而行，贺兰山腹地的方塔，则是藏传佛教在贺兰山传播的另一个明证。

1990 年 11 月末的一天，宁静中带有寒意的贺兰山腹地突然传出一声巨响，一座西夏古塔被不法分子炸毁。宁夏回族自治区文化厅和公安厅立即组织专家进行现场联合调查，发现了墨书汉文和西夏文题记的塔心柱，这些文字明确了古塔是 1075 年建成的。这是一座高层方塔，从始建到被毁历时 900 多年。方塔出土的西夏文献，以藏传佛教密宗经典的佛经为主，其中最受专家关注的，是这里出土的 9 册之多的藏传佛教秘典完本《吉祥遍至口和本续》，它不仅是西夏文佛经中的海内外孤本，而且是藏密经典中最早的刻本（藏文佛经晚至明代才有刻本）。也有专家提出，这可能是藏密经典中此经的唯一传本，它涉及西夏学、版本学、印刷学、佛学、藏学等诸多学科。

更重要的是，这部佛经因其上面出现的字样颠倒现象很快被专家认定是木活字印刷的明证，被认为是现存世界上最早的木活字版印本。这次发现也被舆论界称为“20 世纪印刷史上最重要的发现之一”。1996 年 11 月 6 日，文化部科技司确认，贺兰山下发现的西夏文《吉祥遍至口和本续》，是世界上发现最早的木活字版印实物。

我的推测是，古塔建成后，一直是西夏的皇家寺塔。藏传佛教传入后，一定有重要的高僧大德在这里修行、传佛。

那么，我的问题来了：从早期的汉传佛教承天寺塔、高台寺塔、北塔到中晚期出现的拜寺口双塔、康济寺塔、青铜峡 108 塔，如果说西夏的佛教轨迹至此发

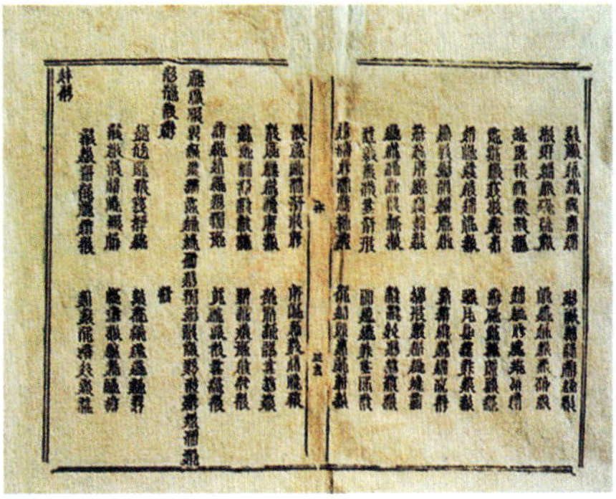

西夏文《吉祥遍至口和本续》书影

生了重大的变化，那么借鉴塔制的西夏陵外形，是不是也发生了变化呢？如果发生的话，从哪位皇帝的陵园开始体现这一变化呢？

西夏陵留给后人的诸多谜团中，又增添了一个！

佛寺与塔在西夏境内的出现，仅仅是在这个政权内部出现一些建筑吗？显然不是，它们带给这个政权的是一种信仰的全面建立，而这种信仰又将使它的臣民在建造具有佛教意味的建筑时拥有恭敬之心。西夏陵中的塔形或许会从侧面说明这一点。

1560 年，瑞士钟表匠布克游览金字塔时的那句话可以作为旁证说明西夏陵建造者的虔敬心——“一个钟表匠在不满和愤懑中，要想圆满地完成制作钟表的 1200 道工序，是不可能的；在对抗和憎恨中，要精确地磨锉出一块钟表所需要的 254 个零件，更是比登天还难……金字塔这么浩大的工程，被建造得那么精细，各个环节被衔接得那么天衣无缝，建造者必定是一批怀有虔诚之心的自由人。”布克游览完金字塔并得出“奴隶造不出金字塔”的论断 400 年后，埃及官方认同了他的推断。如果让布克看完西夏陵，我想，他也会和我一样得出“西夏陵不会出自奴隶之手”的结论，尤其是精巧、细密、暗藏高级智慧的部分，必定是由带有成就感的高级匠人满怀虔诚完成的。这一点，与敦煌莫高窟、龙门石窟、云冈石窟的建造何其相似？

四　黄昏时期的王国

清晨里走失的，十万册经书
悬浮着一个民族的全部秘密
寻找或许没有任何意义
浓雾从林间窜出，盖住路的脚步

剔净的骨头，敲打着雾气中的袈裟
雨水淋湿的，岂止是诵经声
霜冻来临，亲人们在这里匆匆聚会
随后，把自己安排在逃亡途中

如今，连最年老的喇嘛
也不知道该怎样讲述：
家乡和那时发生的一切

12 世纪末，中国的政治大势是这样的：南宋政权控制着秦岭—淮河以南的广大地域；金朝控制着黄河流域大部及东北地区；西夏控制着今宁夏、陕西北部、甘肃西北部、青海东北部和内蒙古部分地区。此外，西南有吐蕃诸部和大理，西北有西辽，北有蒙古诸部。

存在了上百年的辽、宋、西夏并立局面终结，出现了金、南宋和西夏对峙的局面。

从仁孝执政开始，新格局带来的危机已经潜伏在西夏王朝的肌体。仁孝臣服于金的外交政策，尤其是奉行汉化的崇儒、尚文之政，使西夏的尚武精神被削弱；历经五朝后，整个西夏高层出现纵情声色、恣意玩乐的状况，原先的质朴、勇毅、刚劲、剽悍、勤劳等风尚被消磨殆尽。如果说西夏王朝是一辆由李继迁、李德明精心打造的战车，那么，这辆战车就是由元昊隆重推到历史前台并亮相于11世纪中国的历史大屏幕上的。元昊以后的100多年，这辆战车在宋、辽、西夏并立的大历史环境下，沿着一条上行的轨道攀升，通往自己的辉煌之巅。

然而，北宋王朝退出黄河流域后，西夏虽然失去了来自宋朝的军事威胁，但新兴的女真势力随着疆域的扩张，成了西夏的强大对手。西夏王朝的运行轨道开始出现下行的迹象，王朝的天空出现了"下午的征兆"。

进入纯祐时期后，西夏和金两个北方政权之间没有第三势力介入，双方也没有大的利益冲突，西夏对金采取了友好的政策，甚至将臣属状态持续了80多年。这为整个国力的储备起到了作用，国力有了明显提升，外交形势也比前朝好，为纯祐继续执行父亲执政时期大兴帝陵的举措创造了条件。

这一时期的南宋政权曾经多次想与西夏结好，但西夏方面却不理睬宋朝派来的使者，这为后来西夏抗衡金时缺少盟友埋下了隐患。

纯祐给历史留下了一个仁慈恭俭的形象，清代史学家吴广成在他的《西夏书事》中描写道："在位十四年，四郊鲜兵革之患，国中无水旱之虞。盖西夏小邦，但能循旧章，安无事，已称善守矣。"然而，这种表面的相安无事使西夏像一只伏在温水中的青蛙，没有察觉到来自国内的腐化和外部环境的恶化这些"热水"，并让这些热水不停地灌注进浸泡西夏躯体的大浴缸内，等到浴缸中的水全变成热水时，这只青蛙的命运只能是死亡了。

纯祐在位时，根本没防范来自他身边的危险：他的族弟、越王嵬名仁友的儿子嵬名安全。

在任得敬叛国时，仁孝委派他的族弟嵬名仁友诱捕了任得敬的弟弟任得聪、任得仁等任氏集团力量，孤立了任得敬的叛变势力。嵬名仁友因此被仁孝封为"越王"，嵬名仁友去世后，他的儿子嵬名安全、被史料记载为"天资暴狠、心术险鸷"的党项贵族，立即给纯祐上书，要求继承父亲的爵位，纯祐不仅拒绝了这个无礼要求，反而将他发配到甘州地区。地处河西走廊中段的甘州，因为北控居

西夏陵

延、南接凉州、西连青海北部草原的战略位置，不仅扮演着丝绸之路上连接中原和西域的要冲角色，也是连接西夏都城和河西走廊的咽喉所在。纯祐发配嵬名安全时，考虑到他毕竟是皇族，所以降封他为“镇夷郡王”。这次降封，埋下了嵬名安全对纯祐仇恨的种子，同时，嵬名安全依赖甘州丰饶的物产和丰美的草场，培植自己的经济和军事资本。

嵬名安全被降封不久，西夏境内夏州的一户农家养的一头猪生下了一个怪物，农户将这个长着两个头的怪物献给了朝廷。得知这个消息后，嵬名安全私下让人占卜，卜者说这是一个国家两个王的兆头，这更加促进了他想篡位的野心。

1206 年正月，嵬名安全发动宫廷政变，废黜了纯祐，自立为帝，改元应天，这便是西夏王朝历史上的襄宗。西夏的皇权虽然仍掌握在嵬名家族的手中，但国家明显步入了下滑的轨道。

1206 年 3 月，纯祐去世，年仅 30 岁。他将一个政权面对的新的复杂局势，留给了篡权者。

嵬名安全追其谥号为昭简皇帝，庙号桓宗，葬于庄陵。关于这位西夏统治者去世的情节、丧葬的礼仪等，目前所存的文献中，没有只字片语。

第四部分

终结者带来的血与痛

一　蒙古骑影，王朝的摧毁者

黎明时分，经语从屋脊滑落
像失控的露珠，滑过丘陵

起土的弯刀，踉跄于对手的尖叫
将博物馆当成床

梦境中，月光爬上纸张
黄土里的琴声，淬碎听众的心房

种子搂着阳光，不停地问：
“春天什么时候来的，什么时候走的？”

危险在遥远的地方滋生！嵬名安全和他的政权却没有一丝察觉。

或许是贺兰山下的美酒催生的夜宴，或许是从甘州进贡的回鹘女子带来的新鲜感，或许是清缴敌对势力后的轻松，或许是夏日宁夏平原上的农作物吐露着丰收的希望……这些都让嵬名安全在篡位半年后依然沉浸在愉悦中。兴庆府内，随着天气的炎热，他的眼光有时会扫向贺兰山，那里有历代西夏统治者下令营造的行宫；有时会扫向远处的甘州，那里有他“落难”时好哥们陪伴的日子，但他却很少将眼光向国家的东北方投去，在他的意识里，那里没有什么值得他关注的。

然而，危险往往是在人们没有觉察的时刻，在不经意的地方产生的。给西夏带来灾难的种子，萌芽在距离兴庆府万里之外的地方——斡难河。

在我读中学时，地理教科书上称斡难河为鄂嫩河。那时，“鄂嫩河”仅仅是一个因高考需要记住的河流名称而已。没想到，在做西夏研究以后，这条河成了我研究西夏历史时经常会关注的一个地方。是的，西夏后期的命运，和这条河边发生的一件事情有着间接的关联。

这条河发源于蒙古国小肯特山东麓，流经蒙古国和俄罗斯境内，因为一个叫铁木真的部落领袖在这里宣布即位，直至今日仍被蒙古族人奉为民族发祥地，被牢固地印刻在每个蒙古族人的脑海里。

在这条河的源区，铁木真成功地召集到分散在蒙古高原上的一些部落首领，让这些部落首领奉他为蒙古诸部的大汗。在蒙古族人的历史上，这个举动和中原王朝的皇帝即位有着同样重要的意义：他们奉铁木真为他们的“天子”——成吉思汗。从此，蒙古族人的历史开始重写。

为了占有更多的牧场和牲畜，成吉思汗和他的蒙古骑兵把目光投向四方，开始蓄谋已久的劫掠战略，蒙古草原上的一些政权或毗邻的王朝命运开始转变。

蒙古铁骑征战于北方草原，越来越多的草原部落臣服于蒙古骑兵的弯弓和战刀。然而，此时的嵬名安全还在忙着清除异己，忙着享受篡位带来的快乐，他觉得自己已经将国家的命脉牢牢地掌握在了手中，丝毫没有大厦将倾的危机感，对国家东北边境遭受蒙古骑兵的侵袭也毫不在意。他的这种大意仅仅保持了一年，西夏就迎来了新敌——蒙古铁骑的正面进攻。

这年秋天，北中国的大片地区仍然是草肥马壮。站在青草深处，成吉思汗胸中描绘的地图正在逐步变大，这种变化必然导致一个个新的被征服对象出现，它们要么被清除，要么归降。边界的突破，终于和西夏的疆域产生了碰撞。

一个聪明的领袖，不会给自己缝制一顶粗暴侵略的帽子，他一定会让自己的扩张有合理的理由。那时的成吉思汗，对着陌生但富庶的西夏绿洲、城市一定产生了浓厚的兴趣。当自己的扩张之箭射至西夏的边界时，他和谋臣们开始给这支箭继续往前延伸找理由。

这次，成吉思汗的理由是：西夏没有向自己纳贡。他的内心其实很清楚，阻

成吉思汗壁画像

挡自己成就的，是强大的金，然后才是实力比自己强的西夏，而这两者当时还结有联盟。他首先要做的，就是拆散金和西夏之间的联盟，迫使西夏臣服于自己。

这便出现了《元史·太祖本纪》中记述的“二年丁卯秋，再征西夏，克斡罗孩城”。也就是说，1207 年秋天，蒙古骑兵向西夏的北方重镇斡罗孩城发起了进攻。

这座城被持续攻打了 40 多天才被攻破，围城者与守城者之间究竟展开了何等惨烈的交锋？城池久攻不下，让成吉思汗大为恼火，他下令屠杀城中幸存者，并派兵四处劫掠。斡罗孩之战，对西夏而言，意味着丧钟敲响了第一声；对习惯于马背征伐的蒙古骑兵而言，是他们第一次在今中国境内攻占城池，这为他们后来的攻城战积累了经验。自此以后，成吉思汗或许会下令，军队在作战训练中必须加入攻城项目。

成吉思汗的军队继续向西夏发起进攻，一封封加急战报从前线飞往兴庆府，它们像秋天上空南归大雁发出的凄楚之鸣，终于将嵬名安全从梦中唤醒。他下令调集右厢各路大军进行抵抗，这意味着西夏疆域东部的主要兵力基本上全投入这场防御战中了。双方相持了五个多月，蒙古军队因为供给不足而退军。

对西夏志在必得的成吉思汗，很快在第二年的春天，再次发出了向西夏进攻的命令。这次进攻并没有取得理想的成效，一番旋风般的劫掠后，担心遭到西夏方面的反击，蒙古军队很快又回撤了。

蒙古军队的两次正面进攻与劫掠，并没有引起西夏当政者足够的重视和警惕，国力在一片内讧中持续消耗着。

又一年的秋天，落叶再次落在兴庆府的大街上，对西夏而言，这是个悲苦的季节，成吉思汗的蒙古铁骑又一次发动了新的攻势。或许是为了安抚国人的心，或许是为了继承西夏历代统治者在战争发生时要太子出征的习俗，嵬名安全的儿子嵬名承祯带着父皇的重托，以主帅的身份，带领副帅大都督府令公高逸及紧急抽调的5万军士，匆匆离开兴庆府，向东北部的门户斡罗孩城奔去。那里，再次成了蒙古铁骑新发动的侵扰西夏战争的第一战场，双方在斡罗孩城外展开激战。这次，西夏援军也难敌蒙古骑兵的弯刀。战争进行得十分艰苦，副帅高逸竟然被成吉思汗的军队俘虏。太子带领随从仓皇逃回兴庆府。高逸被俘后坚决不降，被蒙古军杀害。蒙古军继续攻城，西夏太傅西壁讹答率兵巷战，最后也被俘，蒙古军队再次攻入斡罗孩城。

西夏的北部防线被蒙古骑兵踏破，马过阴山，蒙古骑兵驰骋在平坦的河套平原上，很快便逼近西夏都城的外围克夷门。元昊时期，曾在克夷门设立右厢顺监军司，派驻7万党项军队把守。嵬名安全派嵬名令公带领5万人前往迎敌，嵬名令公利用克夷门“两山对峙、中通一径、悬绝不可登”的地理条件，击败了蒙古军队，暂时抵挡住了蒙古军队的攻势。双方随即进入了两个月的相持阶段，西夏军队在暂时的胜利前放松了警惕，被蒙古军队精心设置的圈套迷惑，待发觉时，已经走进了圈套，嵬名令公被俘，克夷门被攻克，西夏都城的北面防线被攻破。

西夏的都城，呈现在蒙古骑兵的面前!

早在1205年，纯祐将兴庆府改为中兴府，试图复兴西夏，然而，驭马而来的蒙古铁骑，无情地打破了这个复兴之梦。梦醒时分，蒙古军队已经将战火燃烧到中兴府。这座建立在贺兰山东麓冲积平原上的城市，一直受惠于黄河，这次却要承受黄河带来的灾难。

黄河从西南向东北方流去，将平原包裹在它的臂弯里。此时正是雨季，围城的蒙古军队久攻不下，就利用雨季黄河暴涨的时机，修筑堤坝，试图引黄河水淹中兴府，浑黄的河水在平坦的平原上肆虐而过，城外的西夏居民溺死无数，城墙被河水浸泡，随时有倒塌的危险。

双方再次开始了胶着战。嵬名安全派密使从中兴府悄悄出发，快速奔向金国的都城，他带去的求救信很快摆在了金国主完颜永济的面前。如果我是当时的完颜永济，也会在这封求救信前为难的：派兵吧，如果这次挽救了西夏，它一旦恢复元气，或者金、西夏联军击败了成吉思汗的军队，西夏有可能会在日后再次成为自己的威胁；拒绝吧，西夏一旦战败，甚至亡于蒙古军队的铁骑下，成吉思汗一定会一心一意地集中兵力对付金。往往，三角关系的军事政权，都会面临这样一个尴尬的境地，任何两方的联盟都会对第三方构成致命的威胁。完颜永济也好，成吉思汗也好，嵬名安全也好，当时这三个中国北方的军事集团首领，都深知这个道理。无论是中国历史上的三国时期，还是北宋、辽和西夏的结盟与较量，都给他们留下了一面面借鉴的镜子。

从金做出的决策分析，完颜永济应该是想看着西夏的大厦轰然倒塌于成吉思汗的手下的。尽管他也问计于臣，不少有远见的大臣呼吁，和西夏形成首尾相顾之势，攻打蒙古军队，否则蒙古军队在攻破西夏都城再攻打金时，金会失去西夏这个钳制蒙古的重要力量，但金国主完颜永济最终带着幸灾乐祸的口吻说："敌人相攻，吾国之福，何患焉？"

显然，完颜永济拒不发兵援助西夏的决定，对成吉思汗来说，无疑是一个好消息。

嵬名安全没有等来金的援军，等来的却是西夏太傅、被蒙古军队在斡罗孩城之战中俘获的西壁讹答。西壁讹答再次踏进中兴府时，已不再是西夏的大臣，而是敌方派来的说客：他进入中兴府的使命，是招降西夏。昔日的君臣，变成谈判桌上谈判双方的代表，为各自的利益而战。昔日的臣带着对西夏的情感和对全城百姓安危的考虑，也带着新主人征服世界的野心和谁也无法抗拒的威严，而昔日的君则带着失败者的懊丧和失去谈判筹码的担忧，带着试图挽救西夏命运却无力回天的绝望，听谈判桌另一端的西壁讹答不停地劝说。面对城外的围军，嵬名安全手中的筹码在哪里？除了答应成吉思汗的要求，他还能有什么选择？

从蒙古军队围城到派往金的使者失败而归，再到西壁讹答走进中兴府谈判，西夏的帝王和大臣们度过了难熬的三个月时间。最终，出现了这样一个中兴府的臣民们不愿意见到的场景，嵬名安全迈着沉重的脚步登上了中兴府的城楼，隔着城外还没退去的、被蒙古军队决堤的黄河水，答应了对方的四点要求：向成吉思汗称臣；允诺愿意成为成吉思汗征战时的“右手”——也就是说，成吉思汗如果发动对其他政权的战争，西夏要出兵助战；西夏愿意将境内的骆驼、毛毡、猎鹰等进献给蒙古；将西夏的公主献给成吉思汗。

这是一个令成吉思汗收获颇丰的秋天，从发动战争到三个月后得到西夏统治者的称臣，他将一个昔日强大无比的王朝成功地踩在了脚下，并朝那个倒下的影子狠狠地跺了一脚。那一脚，令对方胆战心惊。

逐渐寒冷的塞上冬日里，围攻中兴府的蒙古军队撤兵而去，给西夏留下了一道足以令其心忧的背影，也是一道无情的阴影。

这是西夏王朝历史上极其严重的一件事，如果仅仅将其归于西夏对抗蒙古军队进攻的一次战争，那么，我们显然会掉入轻视的陷阱中。

1000年后，读完这段历史，面对那个至今模糊但又似乎清晰的背影，我对成吉思汗的军事谋略不得不赞叹。一场看起来很简单的战争，背后蕴藏了很多历史信息：他攻破了西夏的北方军事重镇，撕开了西夏北方防御的一道口子，这就好比是用一把钢丝钳将围拢西夏的铁丝网剪开了一个口子，甚至是打开了一个通道；他让被俘虏的西夏大臣说服了对方的最高首领，并满足了自己的物质需求和日后的军事需求；他让西夏在屈辱中称臣时满含对昔日盟友——金的仇恨，西夏的最高统治者登上城楼求和的举动，不仅击垮了西夏最高的尊严，也成功地拆解了金、西夏联盟，为自己日后分别消灭西夏和金奠定了基础；他让马背上作战的蒙古骑兵第一次掌握了在河渠纵横的平原地区作战的技巧，包括决堤这种借力打力的方式，为日后攻打南宋统治的平原地区积累了经验；他在这场入侵西夏的战争中消灭了西夏军队的有生力量，为自己第二年进攻金甚至后期西征减少了后顾之忧。

一个皇帝登上城楼，向敌对方求和，这件事一定会发酵成臣民对其不满的恶性事件。蒙古军队撤离的阴影还未完全散去，西夏王朝最高统治者的宝座就再次发生了更迭。出乎嵬名安全意料的是，他当年废除纯祐的一幕重新上演在西夏宫廷内，嵬名遵顼走上了这个开始步入黄昏期的王朝的宝座。

被拉下皇位的嵬名安全，不久就为自己42岁的人生画上了句号，在位仅六年。和其他西夏统治者一样，贺兰山下的那片墓地就是他人生最后的安息地。按照历代

中兴府被毁（纪录片《神秘的西夏》剧组制作的特效复原图）

西夏统治者留下的惯例，嵬名遵顼追嵬名安全的谥号为敬穆皇帝，庙号襄宗，安葬他的那座陵墓，在少得可怜的那点西夏史料中被称为康陵。

三角关系中的大国政治，再强大的一方也惧怕其他两方的联盟。后来的事实完全可以证明，嵬名遵顼刚上位就采取修好金的政策是明智的。这个抱有重兴西夏之梦的继承者，采取了联金抗蒙的外交政策。

带着向金说明西夏愿意臣服于金、并和金联手抗击共同对手的使命，嵬名遵顼派出的使者迅速而又悄悄离开中兴府，马过黄河，前往金。此时的金已远非昔日横扫中国大江南北的那只勇猛的"海东青"了，在呼啸东北甚至北中国的"东北虎"契丹政权消亡后，与长年称雄北方草原的"西北狼"党项政权结盟，共同抵抗蒙古军队显然是当时的政治环境下最好的选择。金当即让西夏使者回复嵬名遵顼，愿意结成抗蒙联盟，并于嵬名遵顼即位第二年就册封了嵬名遵顼，让这位在摇摇欲坠的西夏皇位上做着复兴之梦的统治者得到了金的册封。

金的册封，无疑给嵬名遵顼甚至疲软的西夏王朝打了一针兴奋剂，嵬名遵顼还特意下令隆重庆贺。西夏贺酒的香味还没散尽，西夏与金联盟的消息就传到了成吉思汗的耳中，他仿佛看见昔日草原上的两股强大力量正联手盟誓，并会马上组成联军攻打正在崛起的蒙古。成吉思汗无法容忍金、西夏联手，成为自己的强大对手，而摧毁金、西夏联盟的最好办法，就是对实力上显得弱些的西夏下手。然而，此时的成吉思汗早已做出了西征的计划，他无法腾出手来对付西夏。

蒙古军队西征需要更多的兵力补充，西夏军队自然成了成吉思汗远征军的理想兵源。于是，成吉思汗的使者出现在中兴府，他的脸上写满了傲慢，以自上而下的口吻给嵬名遵顼带去了成吉思汗的命令："我要远征西部，当初你们曾经答应，遇上征战这样的大事，你们将成为我们的右手跟随。"

宣读完毕，成吉思汗的使者等待嵬名遵顼的回复，那一刻的朝堂上一片死寂。是的，就像一个数次入侵羊圈的狼再次闯入羊圈，要求带走几只羊，羊能有什么选择呢？前几次蒙古军队入侵西夏，西夏屡战屡败，已经失去了和对方谈判的底气和筹码，除了满足对方的要求，西夏还能有什么选择？可就在这时，一个洪亮的声音响起，这是一个让嵬名遵顼和满朝文武乃至成吉思汗的使者都吃惊的声音。这个声音在几百年后，被一个日本人从《蒙古秘史》中翻译成了中文——“气力既不足，何以称汗为？”这句话的意思是说，既然你们的成吉思汗连征战的这点力气都不足，还称什么汗呀？

使者很快将这个看起来冒冒失失、实则藐视成吉思汗的人记在心里，他就是驻防贺兰山西侧的大臣阿沙敢布。一个在强敌面前低三下四的王朝，面临羞辱性的征兵令时，能有这样的大臣勇敢地站出来，将当时势如破竹的成吉思汗不放在眼里，这不仅令那位使者吃惊，甚至也出乎嵬名遵顼和很多大臣的意料。紧接着，那些鹰派大臣也纷纷表态，似乎能够以此争回一些尊严。这是一种鼓励，也是一种暗示。在这样一些鹰派人物的支持下，即位不久的嵬名遵顼代表西夏回绝了出兵助战，将蒙古的使者打发回去了。

使者回去后，绝对不会真实地反馈他在西夏中兴府看到的一切，他一定是将事实放大，添油加醋地告诉了成吉思汗。一个伟大的人物，一定具备忍耐力。使者的讲述像一个打气筒，让成吉思汗内心的那个气囊鼓了起来。他的内心涌出这样的愤慨：自己征服蒙古高原后，很快就通过西征将更多土地纳入自己的版图，岂能允许阿沙敢布这样的人挖苦呢？！但他眼前最重要的事是集中兵力西征，他很快在内心的天平上完成了个人尊严被挑衅和大业完成两者之间的衡量。他意识到，时间以及自己的实力不允许他意气用事，现在就发兵去教训西夏。轻重之间的掂量后，他发出了“姑罢之”的感叹，同时也给自己设定一个复仇目标：“若获长生天之佑护，得以牢握金勒归来后，却再理会之。”一个必须要灭亡西夏的种子，就这样埋在了成吉思汗的心中。

闻听成吉思汗带领蒙古军队西征的消息后，嵬名遵顼和他的大臣想必长嘘了一口气。他们并不知道，成吉思汗裹挟着北半球最大的一股军事旋风西征时，他给留守的大将木华黎留下了“选择时机攻打西夏”的密令。

战争面前，强者若想讨伐弱者，找个进攻的理由往往很容易。当年冬天，嵬名遵顼还没来得及将长嘘的那口气吐尽，木华黎就以西夏方面“礼意渐疏”，开始讨伐西夏。西夏境内出现了“列城不能御”的惨败局面，蒙古军队长驱直入，再次抵达都城中兴府城下。据城苦守20多天后，嵬名遵顼登基时的豪情被眼前

西夏影视城中的城楼

的战事无情地击溃，他再也看不到复兴的任何希望了。他把太子嵬名德任叫到跟前，匆匆地将国家的危局交付给太子，自己率随从西出都城，向陪都凉州逃去。这也是《元史·太祖本纪》记载的1218年，蒙古军队“伐西夏，围其王城，夏主李遵顼出走西凉”的史实。

遵顼的出逃是秘密的，蒙古军队并不知晓这件事，蒙古军队对中兴府的围攻依然在加紧进行。匆促接过守卫都城重任的太子，以嵬名遵顼的名义，派人到城外的蒙古军营中请降、谢罪。在草原上纵横驰骋的蒙古大军，面对宁夏平原上这座坚固的城池，缺乏攻城工具和经验，眼看着一时也无法攻破，加上主力在西征的战场上，出兵的初衷本身就是威胁西夏不要乘蒙古军队西征时乱动，达到威慑目的后，木华黎下令撤兵。

在1217—1221年的几年时间，西夏和金之间，发生过几次战争，西夏的失利，使其放弃大举攻金的战略，转而采取附蒙攻金。但形势的棋局对西夏已经非常不利。西夏和金战争的几年时间内，军事格局更加明朗，木华黎率领的蒙古军队已经征服了原属于金的华北平原，他的征服眼光瞄上了更南方的南宋疆土，进攻路线上，一个地方像堡垒一样横在了蒙古军队面前。

我拿着一支铅笔，在如今的中国地图上小心地找寻着这个地方——葭州，笔尖最终指向今天陕西省的佳县。那一年，这个地方就凸显在木华黎的视线里。1217年，蒙古军队取胜后撤离了西夏境内，西夏军队重新占据了葭州。这次，木华黎无意和西夏发生战争，他的目标是借道葭州，让蒙古军队南下。夏天，木华黎派出的特使走进了中兴府。想必，那时西夏王朝的君臣们一旦闻听蒙古使者的到来，定会皱紧眉头，后者总是带来令他们不安的坏消息。这次木华黎向西夏提出：让蒙古骑兵借道葭州南下，向今陕西境内进发。这个要求引起了嵬名遵顼的极大恐慌，他认为这是蒙古军将再次攻打西夏的信号，便派大将塔海在河套地区宴请木华黎，犒劳其手下的蒙古军队。

筵席上，木华黎明确告诉塔海，这次的确是成吉思汗下令南下进攻今陕西境

黄河边的陕西佳县

内，并无意攻打西夏。这个消息很快传到中兴府，嵬名遵顼松了一口气，立即兑现当年答应蒙古方面“为右手”的诺言。西夏不仅允许木华黎的军队通过葭州南下，还让塔海带领5万西夏士兵加入南下的蒙古军队。这样的借兵使用，是否真的会应了那句歇后语“刘备借荆州——有借无还”？

有了5万西夏兵的帮助，蒙古军队借道葭州，打通了一条南下通道，而且乘机将葭州据为囊中之物。我曾专程去过葭州，那是一座位于山腰的小城，俯瞰着黄河。易守难攻的地理位置，使这里一直有着“铁打的葭州”之誉。木华黎为了防备西夏夺回这个金、西夏边界的要冲，也为了日后更好地从东边攻取西夏，便派手下大将石天应留守葭州。这个举动引起了西夏方面的不满，他们明白这是蒙古对西夏存有戒心，也明白如果弱小者继续沿着弱小的轨道前行，而强大者在自己开辟的大道上高歌猛进，那么，弱小者向强大者低头就是必需的，无论这种低头是出于无奈选择还是明智之举。嵬名遵顼再次做出讨好姿态。他下令大将迷仆带领3万西夏军队到今陕北，和蒙古军队会合，并帮助蒙古人攻取了金统治下的今绥德、延安等地。

然而，西夏先后派出襄助蒙古军队的这8万大军，真的是“肉包子打狗——有去无回”了。木华黎成功地招降了这些“友军”，甚至连西夏大将蒲甘卜也率军彻底叛降木华黎。8万帮助木华黎的西夏军队，大部分再也没有回归西夏，最终成了蒙古军队南下远征军中的一支劲旅。这是西夏历史上一次大规模派兵参加蒙古军队的军事行动，也是《元史》记载不少西夏军队出现在蒙古进攻南宋的行列中的原因。

成吉思汗的远征，为蒙古、西夏之间带来了短暂的和平，西夏方面却未能抓住这个有利时机养精蓄锐，结果成吉思汗西征归来后，给予西夏的是彻底的毁灭。

二　凌厉一击，大厦的倒塌

一场吃剩的残筵，杯盏有序
一堆地下的火，互不串门
铜牛镇守甬道口，盼望着雪淹壁画
一千多只乌鸦衔来冬天，染白记忆

地下的辉煌，汇聚成河
所有的码头，拒绝摆渡
你招手的模样，被史料篡改
秘密，浮动在碑文忽略的缝隙
考古挖掘，成就着不同的档案袋
被盗空的墓室，像被掏去内脏的尸体
大风吹熄油灯的夜晚
你们消失，留下一块抽搐的盐巴
羊群踩过，不过是一些身躯埋葬之地
是另外一场信仰丛生的凌晨

一个冬天，需要羔羊来取暖
一个走失的王朝，和野史有什么关系
答案，正倒在一个长长的哈欠里

西夏军队的相助，使蒙古军队南征的步伐明显加快。在归顺成吉思汗的路上，嵬名遵顼也只能越走越快。他接到成吉思汗的新命令：让西夏的太子带兵助蒙攻金。他的心里一凛：如果太子战死疆场，那么西夏的接班人就没了；如果太子出兵胜利，那么他会被迫继续效力于成吉思汗的其他战场，谁能保证哪一天不会有一支箭射中太子呢？

父子之间开始了对话。

嵬名遵顼："我们答应过蒙古军队，他们出征时成为他们的右手。"

太子："不是已经两次派出 8 万兵士相助他们了吗？"

嵬名遵顼："可我又接到他们让我增派兵士的命令，我怎敢违背呢？"

太子："金现在的兵势依然强大，攻打他们会白白耗损我们的力量，不如和他们缔结和约，结成盟友。"

嵬名遵顼："赶快放弃你的这个荒唐想法！如今，强大的只是蒙古了！在蒙古军队的战刀前，我们和金、宋都是羊羔！"

看到父亲根本听不进自己的建议，太子无言地退了下去。

夜色渐浓，太子望着天上的明月，想起先祖们努力打拼下的这个政权，怎么就迎来了这样的结局？太子努力地寻找着一个理想的答案。

第二天，太子见到父亲，说出了自己的选择："我是不会带兵助蒙攻金的，如果您在成吉思汗那里不好交代的话，那么，我选择出家做和尚，这样您也就能够给他们一个交代了！"

嵬名遵顼认为这是太子在对抗自己，他无法容忍太子在如此艰难的时刻不能为自己、为西夏做出牺牲。他生气了，便不顾太后和大臣的意见，派人将太子押出中兴府，囚禁在灵州，另外派人出征金。

1223 年夏天，蒙古、西夏联军很快抵达今陕西凤翔一带，遭到金军的顽强阻挡，西夏军队损失惨重。带兵的将领下令自行撤兵。南下征战的蒙古军队失去了有力的策应，这一情况被快速上报给成吉思汗。

成吉思汗发怒了。10 月，他派兵围攻了西夏刚从金手中夺取的积石州，后由于金军组织力量反击，蒙古军队才从积石州撤去。嵬名遵顼想乘机积聚兵力从金的手中夺取巩州（今甘肃省陇西县一带），大臣御史中丞梁德懿劝他认清当时形势，尤其是要看到蒙古军队迟早要灭掉西夏的危机，希望西夏继续走联金抗蒙的外交路线。嵬名遵顼不仅没有接纳这个建议，反而罢免了梁德懿的官职，继续做蒙古攻金的帮手。他后来在攻金时又数次失利，遭到蒙古方面的多次责问，惶恐不安的遵顼终于发觉助蒙攻金的尴尬和危险，于是将帝位传给了次子嵬名德旺，做太上皇去了。

嵬名德旺是1223年12月继承皇位的。继位不到一个月，一件奇异的事情传到了他的耳朵里。守陵者传来消息，说西夏陵中的草木皆出现了流血现象。这就是《西夏书事》中记述的“春正月，裕陵、泰陵灾。草木皆流血”。他当即派风水阴阳师前往陵区禳解，草木流血的现象一直持续了20天才停止！这也是留世的西夏文献中关于西夏陵晚期的唯一记载。

草木流血这件事究竟该如何解释？从现代科学角度似乎找不到合理的答案。我觉得可能是当时的人们对西夏国势衰败的附会之说。

和父亲的态度不同，年轻气盛的嵬名德旺即位后就秘密做了一件事。于是，从中兴府前往漠北的路上，出现了嵬名德旺派出的密使。

嵬名德旺不甘心西夏成为蒙古人攻打金的帮手，于是在成吉思汗西征未归之际，极力摆脱蒙古人的控制，他暗地里派人前往漠北，联络和成吉思汗有仇的一些部落，试图组成抗蒙联盟；同时也派人前往金，希望和金恢复昔日的战略联盟，共同抵抗蒙古军队的进攻。

然而，不幸的是，前往漠北的密使被蒙古骑兵拦截，他们身上的密信很快就传到了仍在西征的成吉思汗手中。谁能容忍背叛呢？一般人不可能，成吉思汗就更不可能了。

成吉思汗暗中将主持中原战局的大将孛鲁招过去，密令他伺机出兵西夏，将西夏的图谋消灭在萌芽状态。可怜的嵬名德旺，自然永远等不到他派出的密使带来任何对他有利的消息，而且，他不知道自己的这个举动为自己以及西夏的未来种下了恶果。

西征归来的成吉思汗开始算账了。像一个成熟的会计，他将算盘珠子很快拨到了自己想要的位置，制订了对西夏的报复计划。

再一次，我在地图上找寻那时的成吉思汗画定的灭亡西夏线路。第一个映入

西夏陵

我眼帘的地方，是今天的甘肃省敦煌市，那时是西夏疆域图上最西北的一个行政区——沙州。

成吉思汗带着刚刚西征取得的胜利，进入沙州，这里是他复仇的第一把火点燃的地方。蒙古军队围住了沙州，这座城市的守军不会不知道成吉思汗和他的军队西征的胜利，不会不知道他此前也曾下令屠过城，然而，驻守于此的籍辣思义和他的守军，像一堵墙一样，严严实实地横在了蒙古军队的眼前。他们将蒙古骑兵挡了几个月。成吉思汗担心西夏派援兵救援沙州，下令孛鲁、黑马率领军队从黄河东部的今山西境内出兵，攻打西夏东部的银州，使西夏从东西两方面同时受敌。

西夏无法给沙州派援军了，守军变成了孤军。在没有援军、城中粮食告缺的情况下，城中军民杀牛、羊、骆驼替代粮食，能食的动物被杀尽后，城中军民依然坚守。成吉思汗似乎也没有了办法，让人从城外挖地道试图攻城。这个办法被籍辣思义察觉，他令人找到蒙古人挖的地道，在沙州城的出口处放火，浓烟呛坏了地道中的蒙古军。蒙古军一时无法攻破这个西夏的西北重镇。而东线的蒙古军越过黄河后，就和西夏军队展开激战，西夏东线守军在强大的蒙古军进攻下战败，东线指挥的最高军事将领塔海战败被俘，银州被蒙古兵占领。西夏都城再度告急，嵬名德旺不得不派人前往成吉思汗帐前请降，并答应派送人质前去蒙古。

对西夏来说，沙州是一座英雄之城；对蒙古骑兵来说，这座城是横在他们面前长达半年之久的一堵铁墙，一个让他们惊悸不已的噩梦。不可一世的成吉思汗以下令撤兵的方式，结束了这个噩梦！

那些久攻不下的蒙古骑兵带着一种难言的尴尬，留下些许遗憾，撤退了！当我在几百年后漫步于昔日的沙州、今天的敦煌城时，似乎还能听得见当时的西夏在长久的绷紧神经后，悠长地喘了口气！但西夏境内的残局，已经很难收拾了。这口气喘的时间太短，两年后，这座城市在蒙古骑兵的横扫中，彻底失去了喘息的机会。

嵬名德旺在取得暂时的平安环境后，依然奉行联金攻蒙的战略。他在对日益强大的成吉思汗产生畏惧的同时，也提高了对后者的警惕，他无法像开国皇帝元

敦煌莫高窟

敦煌莫高窟第 265 窟，西夏重修的菩萨和弟子像

敦煌莫高窟第 327 窟中的西夏飞天像

昊那样做一位高明的棋手，将西夏摆放在辽与北宋的大棋盘上，并且在化解一场场危机后力求精彩的博弈，他彻底失去了游刃有余地存活在金和蒙古之间的能力，但他无法甘心。日益严峻的局势让他只好再次低下高贵的头颅，向征战了10年的金伸出橄榄枝。

1225年夏天，他派出的特使紧急赶赴金的都城，和金重新缔结盟约，定为兄弟之国。但是，双方10年间的征战已经内耗了各自的国力，在蒙古人的进攻前，双方的盟约只是一张白纸。

我相信，那时的嵬名德旺如果想起前御史中丞梁德懿跟嵬名遵顼说过的话，他的脸可能会红。或许，梁德懿所说的话会像一根根坚硬的刺，令他的心痛楚不已，梁德懿并没有说错："国家用兵十余年，田野荒芜，民生涂炭，虽妇人女子咸知国势濒危，而在廷诸臣，清歌夜宴，舌结口钳。"

连民间的妇女都能感知到国家的危险，朝中大臣们却在清歌夜宴中享受着属于他们的快乐，对国家危机闭口不言。

我特意查阅词典，了解到口钳的含义有两个，一是从前用来惩罚泼妇的一种刑具，它有一个套在头上的铁框和一个插入嘴内的金属嚼子；二是口紧闭。语出《庄子·田子方》："吾闻子方之师，吾形解而不欲动，口钳而不欲言。"读到梁德懿的这段话时，我不禁替那时的西夏感到危险，也为西夏能有这样勇毅而正直的大臣感到欣慰。

一个国家的精英们沉睡时，真正的危机就来了。不久，嵬名德旺就收到了殿中御史张公辅的一项建议：国家应该"收溃散以固人心""崇节俭以裕军储"。我从中读到的信息是，这个王朝的人心已散乱，国家的向心力不足，而奢靡之风却弥漫在王朝的各个阶层，军队的储备正日益减少。这一切，就像一块块漂浮在大洋上的浮冰，最终慢慢聚拢于一处，形成一个巨大的冰山，而王朝的巨轮正行驶在和冰山相遇的途中。梁德懿和张公辅是站在巨轮前方的哨兵，他们感知到了冰山发出的寒气，清醒地预料到了国家的巨轮和巨大的冰山相遇会发生怎样的后果，他们的话似乎就是递给巨轮的船长——嵬名德旺——的一架望远镜，然而，嵬名德旺傲慢而固执地将这架望远镜蛮横地推开了。

1226年5月，64岁的嵬名遵顼去世，被追谥为英文皇帝，庙号神宗，但其埋在哪里，史料中没有记载。

西夏学界普遍有个观点：鉴于国力的日渐羸弱和蒙古军队的进逼，嵬名遵顼可能是最后一位入葬西夏陵的西夏帝王，他的继任者嵬名德旺可能是最后下令为西夏的王修建陵墓的人。如果这个观点正确，那么我想，或许面对嵬名遵顼的陵墓时，嵬名德旺的心境和诗人清平在《祖先和亲人》中描述的一样吧——

祖先中的一位是我的亲人，我相信
他的灵魂已飞升，可他的尸骨更值得称道
因为在死亡到来之前
他已将灵魂放在一边

给我智慧的是祖先，给我身体的是亲人
今天我看到这样的景象：
一个人大限将至，他让身边的事物各归其类
就像一位小镇的杂货铺老板

嵬名遵顼去世五个月后，也就是1226年7月，嵬名德旺去世，西夏半年内连亡两个统治者，似乎预示着什么。嵬名德旺被匆促即位的最后一位西夏皇帝嵬名晛追庙号为献宗，谥号与所葬之地我没在目前所见史料中找到记载。

至此，我有理由相信，从李继迁入葬西夏陵开始，他的后继者们就像赶赴一堂堂课的学生，陆续在生命结束后来到这里。他们在位时的光荣或不足，都写在一份份生命的答卷上。贺兰山下的这片陵墓，就像一个地下课堂，让他们实现了在地下的相聚与交流，他们在世时或许无法实现各自的梦想，但在这里却可以为一个相同的目标展开讨论！或许，他们的灵魂可以游走于地下的这片地域，无论他们在世时如何勇猛或智慧，也只能听凭未竟的梦枯萎于搁浅的时光中。

王位更迭，为敌人从外部摧毁西夏提供了更为便利的条件。善用间谍的成吉思汗对西夏内部发生的情况一定是了如指掌的。他就像一头猎豹，在等待着最精准且最致命的出击机会。

西征及东伐金国取得胜利后，成吉思汗的眼光再次朝西夏望去，他给自己找了五个终结西夏的借口，让蒙古骑兵的出师有了更为冠冕堂皇的理由：一、22 年前西夏接纳了他的仇人桑昆；二、西夏迟迟不送质子去他那里；三、西夏大臣阿沙敢布曾讥讽他没能力称汗；四、西夏拒绝在蒙古军队西征时征调兵力跟随；五、成吉思汗带兵西征期间，西夏图谋联合漠北蒙古各部联合反叛。

这五个借口就是五道动员令，1226 年秋冬之际，成吉思汗发动了对西夏的最后一次亲征，一场精彩的、带有终结心理的围猎计划开始实施。成吉思汗分兵两路进攻西夏，西路大军由阿塔赤带领，重点放在祁连山东麓的河西走廊地区；东路大军则由成吉思汗亲自带领，以黑城为首要攻破对象，然后南下，试图摧毁西夏都城中兴府，一举消灭西夏。

阿塔赤受命带领西路军，将攻取的第一个目标再次锁定沙州。蒙古军队的围攻遭到沙州守军的再次抵抗，阿塔赤手下的大将忽都帖木儿见无法以武力取胜，便写信招降沙州守将籍辣思义。籍辣思义接到信后，联系当时的具体情况，他并没有像上次那样采取死守的策略，而是结合当时双方力量悬殊的情况，决定使用诈降计。

等待回信的忽都帖木儿迎来了从城中走出的沙州使者，后者带来了降书和犒劳蒙古军队的牛羊和酒肉。忽都帖木儿显然放松了警惕，当他率军前往沙州纳降时，遭到了西夏军队的伏击，混战中差点被西夏军队擒获。这次诈降激怒了阿塔赤，他集结大批蒙古军围攻沙州。沙州在力量悬殊、没有外援的情况下，成为这次蒙古伐西夏战役中首先失掉的城市，这座西夏的英雄之城没能逃过蒙古军队的血洗和劫掠。巨大的攻城代价使蒙古军队恼羞成怒，燃烧在高层将领内心的怒火使其采取了一个惊人的举措——下令屠城。此后，这种做法不断在攻克西夏城池后重演。

没有人能抵挡住那时的蒙古军队，沙州被克后，肃州成了西路蒙古军队的第二个攻占对象。同样遭到西夏守军的顽强抵抗后，蒙古军采取了诱降策略，肃州守将举立沙献城投降，但蒙古军队还是因为久攻不下而怒气未解，依然决定屠城。先前就投降成吉思汗的昔里钤部是举立沙的兄长，他害怕屠城时自己的家人遭到杀戮，就向攻城的蒙古军首领求情，因此，得到屠城旨意的蒙古军队在屠城时，仅仅赦免了昔里钤部的亲族 106 户。

西路蒙古军队继续沿着祁连山南下，攻取西夏在河西的城池、草场、村落，蒙古军队的厮杀和西夏军队的抵抗，构成 1226 年冬天祁连山下的惨烈景观。

三　丧钟与悼词：西夏之死

盛夏捂烂的碟片，站在一地麦香旁
有关西夏的唱词被风沙篡改
——“这时，我们正穿过兴庆府的走廊，
来到广场；有谁觉察？
西夏的春天和宁夏的春天，真正的区别！”
我的到来，是为了修正被篡改的内容？

抵达的黎明，一群盐池的羔羊等待渡河
一千年前的那群已成献礼
裱在岩画上
一千年后的那群会被送到宴席旁
解释羊的使命
现在的这群，和我结伴而行
献礼？还是乡村失语的见证？
手上攥紧的真相与书写
会被谁收藏？被谁遗忘？

那些被扭曲的内心，被夸张的新闻
那些散失在民间的谣曲，受伤的记忆
正在被一一收容清点，这一切
悄然中进行，完全与别人无关

早在1225年，西夏都城里曾发生过这样一件事：成吉思汗派出的使者带来了令当时的亚洲畏惧不已的成吉思汗的责备，这次，受责的对象是嵬名德旺："以前你们的国王曾说过，西夏愿为我的右手，当花剌子模挑起争端时，我要征讨，派使者希望你们从征，你们的国王却不履行自己的诺言，不但不派出从征人马，反而用恶言恶语讽刺挖苦。我当时就说过，等西征回来后再与你们算账。今天，我们来与你们说说这事儿。"

懦弱的嵬名德旺赶紧为自己辩解："我未尝出言相讥。"

站立在大殿上的阿沙敢布立即站出来承担责任："相讥之语，我尝言之。今汝蒙古若以惯战而欲战，则我有阿剌筛（今内蒙古阿拉善地区）之营地，有褐子之帐房，有骆驼之驮焉，可趋阿剌筛山（今贺兰山）奔我，在彼战之。若需金、银、缎匹、财物，则可奔额里合牙、额里折兀。"成吉思汗的使者听明白了：西夏有贺兰山做营地，有银川、西凉这两个财物富足的后方，欲战欲抢，悉听尊便，我们不怕，会奉陪到底。

临暮的西夏，强敌压境时能有如此有骨气的大臣，确实是西夏晚期的幸运。嵬名德旺在阿沙敢布这样的鹰派人物鼓励下，决定迎战蒙古军队。蒙古的使者返回后，向成吉思汗汇报了西夏方面的反应，当时的成吉思汗还在发高烧，却坚持下令继续进军西夏，史料中如此记载他的话："听彼出此大言，曷可退耶？即死也，亦应就其言而行之。长生天汝其知之。"后来对军队下令："每饭则言，殄灭无遗，以死之，以灭之。"意思是让兵士在吃饭前要诵念灭绝西夏的誓词。对西夏王朝进行灭绝的政策此时已经出台，成吉思汗决心将西夏百姓及其父母直至其子孙之子孙，屠戮殆尽。

随即，成吉思汗的大军越过巴丹吉林沙漠东部边缘地区，直抵贺兰山西部的阿拉善地区，和驻守在这里的阿沙敢布的军队交战。成吉思汗集结了精锐之师参战，西夏军队战败。阿沙敢布被俘，西夏军队的营帐、军需物资、骆驼等都成了蒙古军队的战利品，俘虏中强壮者全部遭到屠杀，瘦弱者被分发给蒙古军士做奴隶。然而，巍峨的贺兰山像一道不可逾越的墙，挡住了蒙古骑兵向东挺进的脚步。攻取阿拉善后，天气越来越炎热，习惯在草原上生活的成吉思汗无法忍受伤病的折磨和贺兰山西侧沙漠炎热的天气，只好屯兵避暑，等待与西

薄雾中的贺兰山

路军会师。

西路的蒙古军队继续向南推进，第三大目标是甘州。

谁也无法料想十几年后会发生的事情，甘州的西夏守将曲也怯律的庶子察罕同样如此。从记事起，察罕就觉得自己是个不幸儿。他从小就不被父亲待见，被罚到遥远的乡下放牧。按照后来发生的事情，我推想，他放牧的地方是肃州管辖的最偏远的角落，应该在今内蒙古和蒙古国交界的马鬃山一带——一个荒凉而贫瘠的地方。一天，蒙古军队出现在这里，发现一个放牧的党项少年将放羊棍插在地上，棍头顶着他的帽子，他朝帽子恭恭敬敬地礼拜。蒙古士兵对此诧异不已，将其掳回军营，交给成吉思汗，并说了他们见到的奇异场面。

成吉思汗纳闷了："告诉我，那样做，是你们的什么特殊礼节吗？"

"不是！"少年肯定地说。

"那是什么呢？"

"我自幼读书，知道党项羌中有这样一个道理：当一个人独行时，要将帽子置在放羊棍上，帽子代表尊者；如果两个人行的话，那么年纪长的则为尊者，要礼让他，让他走在前面。今天，我一个人放牧，属于独行，因此将帽子置放在放羊棍上。何况，听说最近这里有贵人、长官要路过，我先学习一下行礼。"

少年的话引起了成吉思汗的好奇与好感："你叫什么名字？是哪里人？"

少年的眼眶湿润了，塞外放牧生活的辛酸以及有家难回的苦衷一下子涌上来："我没有名字，家在哪里也不知道，我从记事起，就给人家放牧！"其实，他有意遮掩了一个事实：他知道自己的身世。

大汗的话铿锵有力，吹得少年的耳膜发疼，却是那种幸福的疼："从今以后，你就叫察罕！"

成吉思汗对跟随在身边的妻子说："这是个能成大事的少年，以后要像待儿子一样好好待他，他就是我们的养子！"

事实证明，成吉思汗的眼光是正确的。这位少年后来在元朝建立前就得到成吉思汗赐给的蒙古姓氏，大汗还将弘吉剌氏许配给他。后来，他在成吉思汗发动的攻打金的野狐岭之战，以及西征中发挥了重要作用。如今，他以蒙古军队高层智囊的身份，出现在自己的家乡，出现在父亲的面前。

只是，此时的这对父子，已成为对垒的敌对方！

察罕似乎听见成吉思汗这样说："难道我们还需要像以前攻打唐古特的城池那样行动吗？"

察罕明白了大汗的意思，他很快写好了给父亲的劝降信，然后走到城门下，将书信绑在箭尖上。

"嗖"的一声，守卫在城楼上的西夏兵士看见那支箭飞驰而来，落在城楼上。西夏兵士捡起信来，交给了曲也怯律。察罕特意在信中提出，想见当时13岁的弟弟。接到消息的弟弟来到城楼上，两兄弟隔空相望，无语而对。

晚上，察罕派出的暗探潜入弟弟住处，劝说后者早点归降蒙古军队。暗探出城时被西夏兵士发现，被押送到守城副将阿绰处。阿绰当即召集手下的36名将领连夜杀了曲也怯律父子。第二天，他们将曲也怯律父子的头颅悬挂于城门，向蒙古军队昭示了血战到底、誓死守城的决心。

蒙古军队的怒火再次被点燃，火焰旺处，阿绰和其他36名将领带领的众多将士全部战死，甘州失陷。成吉思汗再次发来命令：屠城！察罕赶紧向成吉思汗进言："全城百姓又没有什么过错，只是杀害我父亲和弟弟的那36个人有罪！"因为察罕的极力劝阻，才使得这座西夏城池幸免被屠。

蒙古军队继续沿着河西走廊向南推进，河西走廊最南端的大城市、西夏陪都凉州，迎接而来的是蒙古军的全力攻城。西夏守将斡扎箦在强敌攻城的情形下，献城投降，整个河西走廊全部从西夏的版图上消失了，这个消息让西夏献宗嵬名德旺更加惶恐，有史料记载他是因惊悸而死的，他的侄子南平王睍在西夏最后的残局下，被仓促推上帝位，这也是西夏最后一位皇帝。

从漠北到河西，炎热或干冷的气候都没能阻挡成吉思汗的军队，他们在铁的纪律和意志下，在北方开阔地带迅捷地行动着。他们在"换马不换人"的快速行军系统下，日夜兼程。或许，这种学自党项羌领袖元昊创建的铁鹞子军的速度，保证了他们能在敌人猝不及防的情况下出现在敌人视野里，并一次次赢得战争的胜利。西方学者为此指出：成吉思汗骑兵的速度，直到铁路出现才可与之匹敌，但它的灵活性却不是铁路所能比拟的。西征归来后，蒙古骑兵不仅装备了花剌子模等国家骑兵的上好弓箭，装备了穆斯林铠甲以及大马士革轻质钢剑，甚至还装备了西夏的火炮、连环弩等远程武器。

攻取凉州后，蒙古军队的西路军进攻路线突然折向东：穿越腾格里沙漠，一举攻下西夏的应理州（今宁夏回族自治区中卫市一带），西夏的东部重镇灵州成了蒙古军队攻占地图中下一个攻取的目标。

新登基不久的西夏末帝嵬名晛已经感到了深深的恐惧，他之前的几位统治者，哪位抵挡住了蒙古军队的旋风袭击？遍数朝中武将，还有谁能扛得起抵抗蒙古军队、挽救灵州厄运的重任呢？朝堂上，文臣低头，武将叹气，年迈的老将军嵬名令公站了出来，洁白的胡须、铿锵的语调、为国赴死的决心，成了朝堂之上的一道风景，他请求带兵10万渡河驰援灵州。嵬名晛的心，被老将军的豪气所暖，很快便召集了10万西夏精兵。西夏将士虽然拼力抵抗，但作战能力明显弱于蒙古军队，西夏军队死亡人数是蒙古军队死亡人数的10倍，嵬名令公带领残部退守灵州。灵州守将佐里战死，蒙古军队攻入灵州，抓获了被贬黜到灵州的废太子嵬名德任，太子被俘后不肯投降而被处死。

灵州一战，西夏除都城外的血气全部散失，蒙古军队扫荡了西夏东部的盐州等地，往日辉煌的西夏王朝只剩下都城这一座孤城。看着这座西夏的心脏之城仍在顽强地抵抗，在一时攻打不下的情况下，成吉思汗下令蒙古军队对中兴府形成包围圈，然后带着自己的精锐之师向今甘肃临洮一带而去，试图攻取西夏和金在那里的辖地。

面对西夏军队勇猛的回击，成吉思汗一筹莫展，逐渐热起来的天气，也迫使他一面回师宁夏南部的六盘山避暑休整，一面派人前往中兴府谕降。

嵬名晛见西夏国力已尽，心想：西夏多次对抗成吉思汗，结果是民众和国土遭到蒙古人的屠杀、掠夺，西夏除了都城外的土地几乎全被蒙古军队侵占，再做抵抗只能导致灭亡。或许是出于逃生本能，或许是想给自己和随从充足的逃亡时间，嵬名晛派使者去觐见成吉思汗，请求和谈并订立盟约，希望成吉思汗给他一个月期限。就在这一个月的时间里，嵬名晛安排好了逃跑的一切事宜，带着随从、妃子、工匠、精锐的御林军等，在提前设计好的路线上，带着西夏仅存的力

仿建的西夏城

量，秘密逃亡。

关于嵬名晛的逃亡，汉文、藏文和西夏文历史书籍都没有记载，只是说他在觐见成吉思汗途中被蒙古人杀害。对嵬名晛的逃亡，我曾花了十多年时间去研究，也曾不止一次地深入其可能逃亡方向或路线中去探寻，最终，我认为有这样三种可能：一是利用蒙古军队撤离河西走廊留下的空白，秘密穿过阿拉善境内的沙漠，悄然逃往祁连山北段今青海省祁连县境内；二是逃往今四川西部甘孜州境内、昔日党项羌曾流徙到的木雅人聚居区；三是逃往青藏高原。

第一种可能的提出，对西夏研究来说，是个新话题，它起源于我和才华扎西的相识。才华扎西的身份是青海省祁连县的一名文化学者。2008 年，我刚从青海省最南端的囊谦县境内考察完西夏佛教源头返回西宁，和他谈及我那几年痴迷的西夏后裔话题，他很吃惊，认为按照祁连县当地藏族人的说法，嵬名晛是逃亡到祁连县境内的。尽管我执拗地认为，他所说的并不符合历史事实，但还是决定第二天早早起来，跟随他前往青海最北端的祁连。踩着初冬的青海北部之雪，穿行在无所不在的寒气中，西越日月山，绕行青海湖北缘，到了海北藏族自治州的州府所在地——一个因多数当地人还未早起而显得寂寥的小镇。吃早点的过程中，他热情地介绍了流传在祁连的、关于嵬名晛的各种传说。我认真地听着，心里还是有些抗拒，对我而言，真实的文化遗迹与文献记述更有说服力。翻过白雪皑皑的大冬树山，一个开阔的洼地出现在眼前。从高处往下看，依次是雪山、森林、坡地、河谷、村庄、道路，大体的色调是白、绿、黄、黑，而铺在这个巨大的调色板底部的，是显出铁青色的一道弧线——这里是黑河的源头。我心里自然地涌出了这条河与西夏的各种关联：黑河并不黑，只是那蜿蜒而出祁连山西麓的弧线，因肤色相对于冬日的白雪与夏日的碧绿来说有些暗罢了。

入住才华扎西家，他捧出一本藏文书籍，认真地给我翻译。按照这本书中的记载，便出现了这样一个场景：成吉思汗带领他战无不胜的军队，围攻了西夏的都城，向西夏皇帝提出，将美丽的西夏公主许配给自己。一个令西夏统治者在江山社稷和心爱的女儿之间做出抉择的难过之夜降临。失眠的统治者处于焦虑中，烛光下，是来回踱步的身影。悄悄进来的公主告诉父皇，为了不让西夏被成吉思汗消灭，自己愿意成为成吉思汗的妃子。皇帝还能有什么选择呢？他只能在自责与无奈中，派人护送公主前往城外的蒙古军营。

成吉思汗带着美丽的西夏公主，行至今祁连县境内。西夏公主乘成吉思汗和她交合后疲倦地睡去时，拿出早就偷偷备好的剪刀，刺伤了成吉思汗的下体。然后仓皇逃出军营，被蒙古军追至河边，不愿被俘受辱的公主毫不犹豫地跳进了河中。蒙古军队认为，公主玷污了这条河。于是，这条河被认为是一条不洁净的河流——黑河。

这个传说被放大，在黄河边的灵州、黑河流经的甘州、黑河的终点亦集乃城都有类似的传说。

而我更关心的是西夏后裔，确切地说，是嵬名晛与这里的关系。

“别急，书中有这样的记载！”上午的阳光透过他家的窗户，照在才华扎西的脸上，他喝了一口浓茶，继续开始他的翻译工作。——西夏最后的统治者叫多杰华（嵬名晛），逃到今祁连县城一带，命随从在西侧的山顶上，修筑了一座规模宏大、易守难攻的城池。

那是我见过的最险要的一座城池，我和才华扎西两人，只带了相机和一瓶矿泉水，从相对较缓的西坡往上爬，足足用了近四个小时，才见到山顶的那座古城遗迹。直到现在，每每想到那座城，我还是惊奇于它究竟是如何建成的。我空手爬山仍耗费近四个小时，山坡十分陡峭，根本找不到路。如果是西夏人逃亡到这里，他们是如何将那些巨石、建筑材料搬运上去的呢？围绕在古城四周，直线距离大概 10 千米的四座烽火台，像卫星似的守护着古城。才华扎西带着肯定的口气告诉我，只有逃亡的皇帝才需要这样险要的城来保证不被敌人伤害；这座城叫多杰华，这座山也叫多杰华，都和那个叫多杰华的西夏最后一位统治者有关。

我无意也无法反驳他的这个观点。对这座古城遗迹，青海省曾组织过专业的考古，肯定它是北宋时期的建筑，而那时这里的确是被西夏统治，至少，这座城是西夏的建筑！

站在山顶上，向西俯瞰，能清楚地看到远端黑河瘦小的身影，它向远方奔流而去。这是西夏时期两座主要的城市——甘州和亦集乃——的母亲河。这样一

站在多杰华山上俯瞰黑河

多杰华山上的古城遗址

条重要的河流，西夏没有理由不派重兵把守；何况，祁连县地处祁连山西麓，东接甘州，西连青海湖北部的大草原，战略地位极其重要，在这里修建这样一座城，从军事角度考量也有其原因。按照当地的民间传说，嵬名睍真要带领人悄悄来到这里隐居，也不是没有可能的！

关于嵬名睍逃亡的第二种和第三种可能，我是将眼光投向川西高原的。那是个内含巨大秘密的时刻，西夏最后的统治者或者国家的精英们，不肯投降而选择流亡。流亡路线和地点成了一个巨大的谜。归顺唐朝政府之前，生活在青藏高原一带的党项羌，已经有一支在岷江流域甚至四川西部高原留下了他们的生活印迹，他们和流徙于黄土高原上的党项羌有着共同的脉源。亡国之际的西夏精英们，选择逃往今四川西部高原的羌人生活地区，不是没有可能的。在祁连县的那几天，才华扎西热心地给我找来各种藏文资料，其中一本书中有这样的观点：不愿意投降成吉思汗的西夏高层们，在他们的首领赛吾（藏语发音）带领下，辗转进入甘甲（今地名不详）一带垦荒种地，逗留长达20多年，其部下的华秀氏、交合秀氏、掖合秀氏、嘉秀氏、达合秀氏等多个部落，分为三个大的部落，一部分随赛吾沿岷江南下到今康定西部的木雅地区定居，那里的妇女至今仍保留着党项羌习俗，戴帛袋状的头饰，头发沿帽檐一侧内叠扣在头上；一部分西上今西藏地区定居，元朝时被八思巴接纳为卫藏13万户之一；还有一部分散流在川西高原、甘肃南部甘南草原一带，从事游牧生活。

关于成吉思汗的死因，有这样的说法：六盘山下，成吉思汗被西夏军队的连环弩发出的毒箭射中，箭毒发作时带来的痛苦开始折磨这个横扫世界的蒙古族男人。大半生一直频繁长途征战，对他的身体损害很大，加之出征前他曾坠马跌伤，却仍带伤攻打西夏，使他得了一种大概属于伤寒的疾病。成吉思汗预感到自己的生命大限将至，于是命令儿子窝阔台、拖雷等来到自己身边，给他们留下了三条极其重要的遗嘱：

第一条，儿子们必须齐心协力抵御敌人，“如果我的儿子个个都想成为汗，想当帝王，不相互谦让，岂非又像一头蛇和多头蛇的故事？”为了启发自己的儿子认识到团结的重要性，成吉思汗曾反复对他们讲过这个多头蛇的故事：冬天夜晚，天气酷寒，多头蛇的几个头为了御寒，都想爬进洞去，结果你争我夺，谁都没有爬进去，全冻死了。而那条只有一个头的蛇，却爬进洞里，抵御住了严寒。

第二条，灭金的战略方针。

第三条，如何彻底灭亡西夏的意见：“我死后，你们不要为我发丧、举哀，叫敌人不知我已死去。当唐古特国王和居民按照指定时间从城里出来时，你们可将他们一举全部消灭掉！”

在蒙古人的史料记载中，当成吉思汗最后一次出征，经过今鄂尔多斯市伊金霍洛旗境内时，从未掉地的马鞭突然掉在地上，成吉思汗对部下说：日后若死，当埋在这个景色优美的地方。至今，蒙古族人将那里当作祭祀成吉思汗的地方，忠诚的达尔扈特人几百年来一直守卫着圣灵。那盏常亮不息的圣灯，亦如成吉思汗的精神，一直闪耀在蒙古族乃至更多敬仰成吉思汗者的心中。

成吉思汗被称为“世界上骑马征战最遥远的人”，他已经成了两个形象的代表：一个是千年来世界上最富有的人，据《亚洲华尔街日报》报道，近1000年来，全球50位最富有者中，中国占了六位，成吉思汗就是其中之一；另一个是亚欧两洲战无不胜的战神。

成吉思汗和他的军队给历史留下了许多谜，也留下了各种评判：

伊金霍洛旗境内的成吉思汗陵

成吉思汗被看成人类的灾难之一。他是12个世纪中草原游牧民对古代定居文明入侵的典型。

——勒内·格鲁塞《草原帝国》

公元13世纪，对西方战略的发展来说，是一个卓有成效的年代。其所以显示出光辉，是因为蒙古人给欧洲的骑士们充当了教师……

——英国战略理论家利德尔·哈特

蒙古人的军事水平完全超出那时任何欧洲指挥官的想象力……

——［英］韦尔斯《世界史纲》

不同的民族性格决定着不同的墓葬文化。和西夏历代统治者斥巨资修建陵墓相比，终结西夏的成吉思汗却没有留下任何陵寝。

成吉思汗虽然去世了，但西夏的噩梦并没有结束。蒙古人的仇恨之水开始泛滥，淹没灵州后直逼中兴府城下。这次，西夏的君主没有上次在城墙上缔结盟约时那么幸运了。西夏已无法再组织一次像样的反攻，等待他们的，只能是亡国的结局！

至此，西夏王朝谢幕。和那些或短暂或长久地骄傲于史册的政权一样，西夏经历了初生、辉煌、没落、衰亡的过程，一把锈迹，横插于历史的册页中！

无论是早期在青藏高原上和周围族群的争斗，还是在黄土高原上的崛起，立国后在宋、辽、金之间的斡旋，乃至王朝末期和蒙古人之间的厮杀，战争一直伴随着这个古老的族群，战争带来的不仅是疆土的扩张，更是一个族群或王朝自信心增加抑或消减的过程。

纵观整个西夏战史，完全是一个凭借少数兵力在一个四面皆敌的环境中和强国、大国抗衡的历史。从公元 881 年党项羌中的拓跋部在夏州建立地方政权，到 1227 年西夏灭亡，以党项羌为主体的西夏政权一直不停地和宋、辽、回鹘、吐蕃、金、蒙古等政权发生征战。西夏时而依仗成功的外交联盟，时而凭借有利的地理条件，时而发挥自身骑兵和武器的长处，时而突出战争统帅的杰出军事指挥才能，使得西夏战史成为中国军事史上丰富且精彩的一章。

四　一百五十多年间的两次空城

为了推迟黑暗的降临
一场迟落的雨在早到的雪中洗浴
像一个黎明，在夜里照亮自己
穿过屋脊，就成了一句古老呼唤
雨水远逝，众山枯黄

盔甲，将锈迹交付军营
一道褒奖令，让青春褪色
甚至，会让优秀者身陷孤单
工匠们展开想象，画卷里坍塌着皇朝的苍白
最黑的一页，出没于键盘间
一个民间收藏者，迎接、高呼——
看！这是果实和真相

西夏王朝灭亡后，关于它的记述，又出现了一个巨大的历史空白。

蒙古军队在发动对西夏王朝的最后一次战争中，宁夏平原成为蒙古军事力量摧毁的首要目标，不仅灵州、中兴府这样的政治、文化、经济中心遭到毁灭性的摧毁，整个平原地区的农田水利也遭到严重的破坏，这种破坏除了要扼杀西夏王朝的财富中心外，也和来自草原地区、深受游牧文化影响、忽视农耕文化的民族心理有关。

元朝初期，许多上层人物对农业的重要性认识不足，有人甚至提出“汉人无补于国，可悉空其人以为牧地”的主张，建议将黄河流域的河套地区变成牧地。然而，这个建议遭到大臣耶律楚材的反对，元朝政府才算没有采纳。忽必烈任命西夏国相斡道冲的孙子朵儿赤为中兴路新民总管，从南宋俘虏军士中挑选壮士，在已经“土瘠野圹，十未垦一”的西夏故土上进行农业恢复！然而，这种恢复仅仅进行了三年，就因为一场兵乱而终止。

忽必烈自称蒙古大汗后，向天下明确宣布“国以民为本，民以衣食为本，衣食以农桑为本”的立国大计。

然而，就在忽必烈称汗当年，驻军六盘山地区的浑都海因支持阿里不哥夺权，发动了兵乱，大批蒙古军队纵横于宁夏平原，更是摧毁了不少水利设施，使不少渠系遭到毁坏或淤积，加上战争中的屠戮和越来越多的西夏遗民为躲避战乱而出走他乡，昔日西夏的粮仓、财富制造与积聚中心成了人烟稀少之地，出现了人烟稀少、水利失修、农业荒废的情景。

这一情形竟然持续了几十年！

游牧民族的出生与长期的马背征战，使忽必烈对农耕生产并没有多深的概念。然而，随着元朝的建立，帝国都城的修建选址在华北平原上，这就是今天的北京城。帝国疆域内的官员、将领、工匠、商人陆续进京，帝国的权力机构运作也大多在北京，粮食供给成了头号难题。这一难题于1262年的一天直接摆在了忽必烈的面前。那天，他发现有一份议政奏折打动了自己。奏折的主人叫郭守敬，是一位水利专家、天文学家，郭守敬在这份奏折中指出兴修水利对元朝帝国的重要性。忽必烈耐着性子看下去，发现郭守敬竟然具体地提出了六项有关水利建设方面的建议，其中，特意指出了宁夏平原水利开发的必要性和重要性。

郭守敬

忽必烈对宁夏并不陌生，当年他曾带兵

从六盘山南下，进军内地。无疑，郭守敬的建议打动了他。从那天开始，宁夏平原的水利开发不仅走进郭守敬和忽必烈的视线，也开始走进元朝的国策。

郭守敬对水利开发的奏折，坚定了忽必烈修复宁夏平原水利设施的决心，他下令擅长水利的中书左丞张文谦负责此事，并召集水利建设方面的专业人才到宁夏平原实地考察。

1264 年 5 月，从大都到宁夏平原的路上，出现了张文谦、郭守敬及其随从人员的身影。张文谦的身份已经变成西夏中兴等路尚书行省，郭守敬和新任的西夏中兴等路行省郎中董文用等人一起先行。

如今的宁夏人对郭守敬是陌生的，很少有人沿穿城而过的唐徕渠散步时，会留心西门桥边那尊掩隐在树荫中的雕像——那是银川市政府为了纪念郭守敬特意塑造的。

如果我是那时的郭守敬，来到宁夏平原后，看到的一定是一个疮痍满目的水利废弃景象，大批的渠系要么被损毁，要么淤积。昔日渠水汤汤、水波百里的渠系，成了干涸、破败的干沟，大批农田因为没水浇灌而荒芜一片，百姓的逃离让村庄里炊烟不再。这个曾经生机勃勃的人工绿洲，像一个醉汉瘫软在地上，

唐徕渠是宁夏平原上最负盛名且发挥功能最大的古渠，图为横穿银川的唐徕渠

今日渠系发达、生机勃勃的银川平原

气力尽失。昔日的西夏国都变成了一座废城；昔日繁华富庶的宁夏平原也变得人烟稀少、了无生气。

任何一个优秀的外来官员，走马上任后一定得注重利用当地资源，郭守敬同样如此。幸运的是，他经过多方努力，找到了一位西夏遗民、水利专家。这位叫唆脱颜的水利专家深受郭守敬的赏识，两人就宁夏平原上的水利重建有着很深的沟通。

唆脱颜和郭守敬一道从废弃的中兴府出发，沿着破败的废渠一路逆行，巡视、考察那些废弃或面临废弃命运的河渠，一直走到位于今青铜峡峡谷内的唐徕渠渠口，一路行来，一个完整的整修平原渠系的计划，在两人心中渐有雏形。

经过实地考察及听取唆脱颜的意见，郭守敬很快向张文谦呈上自己的修渠计划。这个计划得到张文谦的认可。郭守敬开始具体负责整修废弛的河渠。

历史资料中没有留下关于他在这项工程中的详细资料，我只能通过零星的史料来想象他的勤奋和努力，以及创造性的工作。史料也没有留下秦汉以来平原上古老渠系的具体操作技术，但《元史》中明确记载，在兴修宁夏平原的水利工程中，郭守敬创造性地发明了闸堰这种水利设施，闸堰通过人工操控水闸，可以使流淌在渠系中的流水速度得到控制，渠底的淤积物在快速流动的渠水冲刷下被带走，淤积的渠系重新流淌来自黄河的水。

《元史·郭守敬传》中记载，郭守敬修复的水利工程，仅在中兴府路境内的有唐徕、汉延等渠，分别长 200 千米和 125 千米；在西北其他各地的，还有 10 条长度都在 100 千米的正渠和 68 条大小支渠被修复。这些修复的渠道，总共可溉农田 60 多万公顷。

人工绿洲，开始重新焕发生机！一个新天府逐渐恢复。

从这段史料来看，西夏亡国后的三十多年时间里，宁夏平原上一度出现了农田荒芜的景象。可以想象，当时位于贺兰山下的西夏陵，应该也是被忽略、被冷落的。

黄河在宁夏平原段流速平缓，水量丰沛，使郭守敬看到了在这里发展水利运输的便利条件，他上书忽必烈，建议在宁夏境内的黄河通漕运，这个建议很快也被忽必烈采纳。于是宁夏平原上的漕运开通了，从今宁夏平原的上游地段中卫到内蒙古东胜，沿河设立驿站10个，有驿船66艘。水道的开通，让贺兰山下的山道陷入更为冷清的历史境遇，也加剧了西夏陵被冷落的程度。

兴修宁夏平原水利工程时，郭守敬就感到劳力不足，同时考虑到水利修复后农田劳作者的安置问题，他上书朝廷，从各地征调了大批水利工匠、壮年劳力来宁夏平原进行农田水利建设。工程竣工后，随着灌溉面积增加，忽必烈又采纳他的建议，将大批归顺元朝的南宋“新民”迁移到宁夏平原，仅湖北随州、鄂州一带的新民就有1107户被迁往宁夏平原，安置在今青铜峡市的枣园等地。这些人也是注重农耕生产的。可是，山边那些曾经巍峨的陵群，对他们是否也有吸引力呢？

1289年，中兴路总管朵儿赤下令，调集西夏遗民中的精壮男子到宁夏平原垦田，他们将九个堵塞的黄河渠口开凿出三个，“郭守敬经验”如同沿新开凿的渠系流淌的黄河水，缓缓流进宁夏平原，成为元代水利建设在宁夏平原上一件闪光的利器，这件利器很快就使宁夏平原的水利设施成为造就一方福地的法宝。郭守敬离开宁夏平原三年后，平原上就初步出现了林绿、水足、粮丰、人定的局面。在郭守敬领导的新一轮水利开发高潮中，宁夏平原不仅吸引了大批逃亡的西夏遗民返回平原，也吸引了南方各地迁移来的大批“新民”在宁夏平原定居下来，重新使宁夏平原焕发了生机。

而这些西夏移民在亡国62年后来到宁夏平原，心里对那个逐渐模糊的王朝还有多少情感呢？

西夏陵，还有多少人能够记得？

元明交替时，宁夏一度成为农民起义军的活动地区，甚至成为一个大战场！是否可以推测，这些人也曾盗掘过西夏陵？

1371—1374年，明朝军队陆续将灵州、鸣沙和宁夏路等地的百姓（包括元代留下的蒙古人）迁移到关中一带，使今天的银川继西夏亡国后又一次出现空城状态，再次呈现一片凋敝情景。所幸的是，一百五十多年前的那次空城是军民遭到屠戮的结果，而这次却是官府强行迁移百姓造成的，空城状态在几年时间就得到了改变！

1378年，明朝设立宁夏卫，陆续从中原各地征调军民移居宁夏，这些移民来自今山东、山西、河北、湖北、湖南等地，尤其以江浙一带为多，使宁夏平原上出现了一股江左之风。

长期的空地角色，让这片昔日的西夏心脏之地，旁落于外界的关注！但它执拗地等待着，等待关注者、阅读者的到来。

五　王爷的淡描与志书的冷漠

一页阅读，应对挑剔

盔甲与战袍，生锈在猝然降落的雨中

那时，文字爬过剑尖

秋霜围城，冻伤守边者的耳朵

一批俘虏的后代，变成土著

缓缓打开失传的经卷

1684 年 5 月 31 日，康熙接见从江南急急赶来的江宁巡抚王新命，后者带来一个令他悲痛的消息：他的信臣、两江总督于成龙去世了！

这个消息，竟然让康熙做出了南巡的决定。

沿着大运河一路南下，康熙沿途几乎没做什么特殊停留，他的目的地是两江总督署。两江范围内，已经退仕在家的和现任的官员都被紧急召集而来，下跪大堂两侧，聆听了康熙长达四个小时的训话，聪明的大臣从中听出了玄机：康熙认为，明朝之亡在于内斗，清朝初兴的原因不仅是满臣之功，还有大批汉臣的努力甚至心血。这个说法在清朝初建以来，可是第一次！康熙当场给大臣们说出了自己的两个决定，一是给 67 岁去世的于成龙立祠堂，并亲自书写墓前碑文——这是清代皇帝给汉臣写碑文的第一例；二是他要拜谒明太祖朱元璋的孝陵——这更是让闻听这一消息者大呼意外！

训话结束后，康熙特意留下王新命。

“朕想去前朝开国之君朱元璋的孝陵，卿可知怎样前去？”

康熙像

“这个……微臣确实不知道去孝陵的具体路线。”

“速派人去查！”

王新命明白了：皇上决意要去孝陵。

康熙将每日为他讲书释疑、评析书画的内阁中书高士奇召集到身边，让他快速查找明代拜祭孝陵的大礼程序。

一切准备就绪后，康熙带人前往孝陵。于是历史上的这一幕出现了：按照明律的规定，康熙首先带头从神烈山碑前坐轿进入，身后是两江范围内的各级官员，缓缓行至下马坊前，康熙走下轿子开始步行，走过大金门前的通道，神色凝重地拜谒四方城碑，最后进至明太祖墓前。看着高大的坟体，康熙心生感慨。他对身边的人大赞朱元璋的伟业，说应该给这位明代开国皇帝立个碑，以示清廷对其的敬重。

为了表明这一态度，完成第三次南巡的康熙回到京城后，于 1699 年 4 月的一天，提笔写下了“治隆唐宋”四个字，让时任两江总督的张鹏翮去建亭立碑。

如今的明孝陵朱红大门外东侧立有一个石刻告示，上面有清宣统年间两江洋务总局道台、江宁知府以六种文字刻的“治隆唐宋”四个金字，那便是康熙皇帝所题的，意为明太祖的功业胜过了唐宗宋祖。

读到这段史实，我不由替元朝慨叹！清代能有康乾盛世，和康熙、乾隆的胸襟有关。康熙执政初期，满臣在尊贵血统论中将一个个骄傲的面孔横在汉臣面前，朝中渐渐分化出满臣与汉臣阵营。康熙何等聪明，他看到了危机暗生，看到了汉臣的力量，便做出了拜谒明孝陵的举动。当然，这里面或许有他真的崇敬朱元璋的因素，但这一拜祭，消除了江南汉人，尤其是很多知识分子对康熙的不良看法，为一个伟大时代的缔造创造了条件。

但西夏灭亡后，其旧都被洗劫，帝陵被损毁，连保护前朝帝陵的传统都丢得干干净净，更别提什么拜谒前朝帝陵了，西夏甚至在明代的史料中还被称为“伪夏”。

1428 年的一天，明代著名诗人金幼孜离开京城。这次，他以礼部尚书兼武英殿大学士的身份，被宣德皇帝册封为正使，和副使魏骥一道，带领一个规模不小的使团，前往一个对他来说十分陌生的地方——宁夏。

经过长途跋涉，他们终于抵达位于宁夏的镇城（今宁夏回族自治区银川市）。一夜休息后，他们向镇城内的王府而去。那是一个晴朗的早晨，前往王府的路上，金幼孜在抬头的刹那，一座巍峨高山赫然入目，诗兴顿时泉涌，一首《将至宁夏望见贺兰山》创作而成——

匹马何时出帝关，今晨初见贺兰山。
风沙近塞居人少，斥堠连云逻卒闲。
白海堆盐封碛外，黄河引水注田间。
边城按堵全无警，圣德于今遍百蛮。

走近今银川市新华东街阳光那波里西餐厅附近，金幼孜一行远远就看见了这座城市中最高级别的、最恢宏气势的建筑——庆王府。

几百年后，我按照史料中零星的记载，跟随金幼孜的脚步，试图给读者展现庆王府的布局或规模。

金幼孜首先看到的那道高大的土夯墙，是被称为萧墙的外墙。他率领的朝廷使者来到棂星门，当地百姓称其为龙凤门。前来迎接的王府第一位高级官员——长史，带领他们穿过棂星门后，往北缓缓前行。来到一面高大的砖墙前，长史介绍道："这是端礼门，此门东西两端分别为东过门和西过门，三道门之间有廊相连。前面那道门是承运门！"穿过承运门，顺着长史的指引看过去，三个烫金大字悬挂在一处大殿上——承运殿，这里是庆王接见当时宁夏文武官员的地方。走进大殿，上面端坐着的，正是他这次来要拜见的大明王朝的庆靖王朱㮵。

庆王府是按照朝廷规定所建的，其形制借鉴大明王朝的宫廷建制，因此，金幼孜不用再深入后面就清楚，承运殿的后面，是庆王休息的地方——后殿；后殿的后面，是庆王居住的地方——王宫；王宫的东侧是庆王的正妃孙氏的居所，王宫的西侧是庆王的次妃汤氏的居所。

这次宁夏之行，金幼孜的主要任务是替朝廷宣读诏书：册封宁夏左卫指挥赵璧的女儿为庆王的第四个儿子朱秩煃的妃子；册封宁夏左屯卫指挥佥事的妹妹为真宁王朱秩荧的妃子；册封宁夏中护卫指挥同知倪升的女儿为安化王朱秩炵的妃子。

一个地方王爷三个儿子的婚事，竟然惊动朝廷，专门派遣如此规格的使团来宣读圣旨并表示祝贺，这是一个怎样的王爷呢？

大明王朝建立初期，为了防范地方功臣作乱篡位，朱元璋开启了封皇子皇孙为地方藩王的基本国策，也就是"以同姓治异姓"。朱元璋共有 26 个儿子，除了长子朱标被封为太子，另一个皇子出生不久去世外，其余 24 个儿子及 1 个侄孙都被封为王。这 25 个王出镇全国，各自拥有领地和军队。

每一次的册封仪式上，朱元璋都寄予亲王控制领地以捍卫中央王权的期望。1370 年，朱元璋第一次册封亲王，9 个皇子和 1 个侄孙被封为亲王；1378 年，第

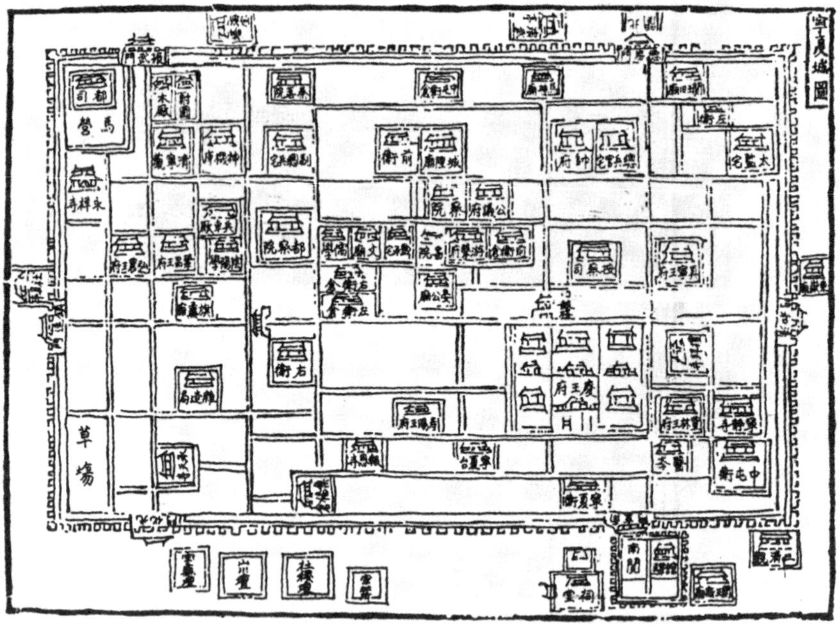

明宁夏城图

二次册封仪式上，5 个皇子受封为亲王；1391 年，第三次册封大典举行，10 个皇子被封为亲王，朱元璋的第十六皇子朱㮵在这次大典上被封为庆王，封地就在贺兰山下的宁夏。

在朱㮵一生的记忆中，一定无法忘记 1391 年 4 月 13 日。那天，接过书有“庆王之宝”的钦赐金铸玉印和金箔制成的诏书，这位年仅 14 岁的皇子不禁抬头西望，和别的亲王不同的是，他要去的那片土地是蒙古残余势力侵扰大明王朝的前沿地带。那里是边境区，他对那里的了解，可谓一片空白。

册封后的两年时间内，朱㮵和其他册封的亲王一起在南京城内训练军士，为动身启程做各种准备。1393 年正月，南京城内的春节气氛还没彻底散去，皇帝召见了朱㮵，为这位 16 岁的皇子前往宁夏设宴饯行。宴席充满了隆重的气息，皇帝一面鼓励年轻的皇子在封地内要担负起安民守边的重任，一面告诫他要负责管理好今甘肃庆阳、宁夏中部和北部地区及陕西延安一带的军务。由于当时的宁夏地处边境，不能保障朱㮵的安全及承受建造王府所需的庞大经济负担，他首先要前往今甘肃的庆阳，驻在为他修建的庆阳王府。

离开南京，一路西来，眼内的绿色逐渐消失，严寒中带着肃凉之气的庆阳迎来了庆王。四个月后，出于对辖区巡视的需要，朱㮵来到今宁夏中部同心县的罗山，被这座山的秀丽吸引，下令在这里修建宫室。后来，庆王在罗山下的行宫居住了九年。

因为退居在贺兰山西麓一带的蒙古残余势力的侵扰，早在1372年，贺兰山东麓一带的居民就开始内撤，这便是金幼孜笔下“风沙近塞居人少，斥堠连云逻卒闲”的写照。为了充实边境民防力量，明朝在宁夏设立了军政合一的宁夏卫，卫所设置地就在今银川市，当时叫宁夏镇城，并下令从内地迁移大量的民众充实宁夏。

1401年冬天，朱㮵奉旨将王府迁往宁夏镇城，离开居住了九年的罗山行宫。渡过黄河，来到贺兰山下的宁夏镇城，他看到的是一个怎样的边城呢?

自从西夏被蒙古势力彻底摧毁后，其都城中兴府遭到屠城和血洗，尽管有元代中后期对这里的生产恢复，但昔日西夏的心脏角色，已经彻底失去了。

明朝初期，因为贺兰山西麓蒙古残余势力的侵扰，宁夏镇城再度出现了百姓无法安居的局面。当时的参政因为中兴府旧城无法固守，下令弃去一半，只将原来中兴府旧城的东边加固修整，这便是朱㮵从罗山来时看到的宁夏镇城。

王府还没竣工，朱㮵只好将宁夏卫衙署作为临时王府。

当时的朱㮵幻想着能尽快带着家眷返回南方。因此，和别地的王子大修王府不一样，他将卫衙署简单装修后就进去办公，在那里接待宁夏的文武官员。

朱元璋死后，因太子朱标先他去世，皇位便由皇长孙朱允炆继承。在侄儿建文帝朱允炆主政期间，庆王朱㮵回乡的梦想似乎仍有希望，但是，1402年，朱元璋的第四个儿子朱棣（朱㮵的四哥）通过发动“靖难之变”，从侄儿手中夺取了帝位。

为防止其他藩王效仿自己，朱棣一上台，就把父亲原定的“以同姓治异姓”（封皇子皇孙为藩王），改为“以异姓治同姓”（把贴身太监分别派到全国各地对宗室和镇守文武大员进行监督）。

朱㮵回京的梦想破碎了。

他下令以卫衙署为基础，扩建出一个简单的王府来。首先是在临时王府外围修筑了一道高一丈三尺、周长三里的外墙，这就是金幼孜一行进入王府首先看到的那道萧墙。

庆王府的修建拉开了序幕！贺兰山东麓的宁夏镇城，今银川市中山南街以西、步行街以东、解放东街至新华街之间的土地上，出现了大批从内地征调来的工匠以及本地劳工，他们开始了王爷府的建设。

终于，一座宏大的皇家建筑建成了。府内所建的王宫、东宫、西宫、承运殿、后殿、庆王庙、书堂等宫殿庙堂和后花园等，体现了宁夏镇城内最顶尖级别的建筑智慧。

朱㮵早在南京时就被封为庆王，这座皇家建筑因此得名庆王府。

如今的银川市，有一条街叫丽景街，曾经是银川老城区的东界，路边有个人工湖叫丽景湖。很多现代银川人以为这个地名是人为造出来的，其实，如果朱㮵活到现在，会严肃地指出：历史上的银川确有一处丽景园，但不在此处。王爷是一个有魅力的人，他身上充满了艺术家的气息。王爷喜欢将吟诗会友的场所放在宁夏镇城清和门（东门）外、红花渠东畔的王府果园内，果园春可赏花，夏可纳凉，秋可品果，冬可赏雪，是一处飘荡诗词歌赋的文人乐园，美丽的景致流淌在园内，这里便有了一个名字——丽景园。

丽景园，似乎是王爷诗人身份的一枚鉴定章。唯有在此处，王爷才能将烦琐的边境事务或管理宁夏镇城乃至更大范围的政务暂时放在一边。他的身边不再是汇报情况的各级官吏，而是洋溢着塞上才情的文人们。

这些文人中，就有丽景园修成20年后的一个夏天，缓缓走进的金幼孜。

金幼孜一行办理完正事后，受王爷之邀，或骑马，或乘轿，在一缕上午的清凉中走进丽景园。跟随着朱㮵的脚步，他们依次穿过芳林宫、望春楼、群芳馆、大觉殿和芳意轩、清暑轩、拟舫轩、凝翠轩，时而在望春亭远眺贺兰山，时而在水月亭驻足谈诗，或是一览清漪亭、涵碧亭的风光，或是在小春园饮茶。

走出丽景园，这群特殊的游客向北望去，那里是一处浩渺水域，王爷热情地邀请他们继续游湖——金波湖。他们一道荡舟湖上，品茗饮酒，对联赋诗！

那天的朱㮵一定是兴奋异常、诗兴激荡的，他给银川的文学史留下了一首名叫《戊戌岁金波湖合欢莲》的诗篇：

> 盛泽周流遍八埏，穷边喜见合欢莲。
> 同根一柄凌波出，共蒂双头照水妍。
> 二女并肩游汉日，两乔低首读书年。
> 不惭才拙诗成后，拟继唐人短李桃。

随后几天，朱㮵热情地邀请金幼孜一行游览宁夏镇城周围的名胜古迹，贺兰山自然是这位诗人必去之地。金幼孜也拜读了朱㮵写的有关贺兰山的诗句：

> 贺兰晴雪
> 嵯峨高耸镇西陲，势压群山培塿随。
> 积雪日烘岩冗莹，晓云晴驻岫峰奇。
> 乔松风偃盘龙曲，怪石冰消卧虎危。
> 屹若金城天设险，雄藩万载壮邦畿。

在一位诗人的眼里，高处积雪的贺兰山自然是一座令人仰视的山脉，处处有风景，四季有情调，而在一位政治家的眼里，这里却成了他无法光荣返京的人生洼地。

朱㮵在宁夏镇城的角色很复杂，他既是镇守一方的军政大员，又是一位多才多艺、思念故乡的诗人，前者要求他常常一脸肃穆地出现于各种政治场合或王府内，后者则使他常常寄情于贺兰山和黄河水围成的这片山水间。那时，他不再是王爷，是潇洒不羁、任性率真的才子。写诗成了他在塞北排解苦闷的主要生活方式之一。

贺兰山下，年年雪落，催老年华，染白了少年头。王子逐渐从青年变成了中年，进京无望，故园难归。唯一慰藉他的，可能就是内心一直未曾熄灭的文化之薪。

贺兰晴雪 （徐胜凯 摄）

一再要求回归家乡，而每次都被朝廷以“不违祖训”加以拒绝。这使朱㮵的内心非常痛苦，加之思念亲人、故土和病魔缠身，情绪非常低落的他几乎绝望了。寄情山水似乎成了他的重要依托！除了漫游于黄河边或丽景园这些地方外，出游贺兰山也成了他寄放情感的一种方式！

好在有诗书相伴，好在有贺兰山下的风景与民俗，朱㮵开始沉下心来仔细研究他管辖的这片土地。这就和贺兰山下的那片陵群有了一个短暂的但对后世有益的邂逅。

主政一方的官员有修志的传统。王爷亲自修撰的《宁夏志》，虽然只有不到4万字，但包含的内容十分广泛，涉及宁夏的历史、地理、文化、物产、风土人情等，具有很高的学术研究和史料价值，可以说《宁夏志》是“宁夏方志的祖本”。

2005年10月10日，在宁夏著名学者吴忠礼先生家中，我得到一本先生对《宁夏志》进行完整笺注的《宁夏志笺证》。在这本书中，我找到了西夏亡国200多年后，史料中第一次关于西夏陵的记述。

一处死亡的建筑，开始被唤起记忆。

翻阅《宁夏志》，在卷二十三有一行文字扑面而来：“贺兰山之东，数冢巍然，传以为西夏僭窃时，所谓为裕陵、嘉陵者。其制度、规模，仿巩县宋陵而作。”

这说明，朱㮵亲眼在贺兰山东麓看到很多座巍然的高大坟茔。在他的判断中，西夏是个不正规的王朝，他已经明确地辨认出了裕陵、嘉陵，他认为那片陵群是仿照宋朝陵园而建的。可以肯定的是，这些陵墓已经被大规模地盗掘过。

这是西夏陵在明朝初期的真实写照，盗墓成了这个时代的一个流行病。以致1466年，明朝政府出台政策，这就是《明史·宪宗本纪一》记载的“禁侵损古帝王、忠臣、烈士、名贤陵墓”。可见明初时民间“侵损”古墓的情形已经很普遍，也很严重。

当时，在内地就能出现连前朝王陵也为豪民所侵的情形，更何况是在偏远的西北一角，谁还有能力去保护这个“伪政权”的陵墓群呢？明代的最高统治者一直都认为这里埋的是一个伪政权的首领和他们的亲密追随者。

1038年，当党项羌男子嵬名元昊在贺兰山下宣告成立大白高国时，他没有想到，400年后，自己缔造的王朝留给后人的记忆，会如此苍白！

关于西夏陵，朱㮵只是掀开了其死寂多年后的一角，更进一步掀开这块蒙面布的，是他的儿子朱秩炅。

明朝初期推行的封藩制度，是朱元璋重建的一套相对规范的分封制。被分封到各地的藩王，具有地方行政权力，位于边疆的藩王甚至可以主持地方军务。这种制度既保留了君主的绝对统治，又具有相对的灵活性，在明初巩固政治、繁荣经济的过程中，起到了重要的作用。然而，“靖难之变”爆发，身为藩王的朱棣夺取了皇位，他自然不会再相信其他藩王。朱棣大力强化中央集权，规定藩王不得干涉地方政治军事事务、结交地方官员，甚至不得擅自离开封地。藩王彻底沦为一个形同虚设的架子。

朱㮵的儿子朱秩炅 11 岁那年，也就是金幼孜拜见朱㮵 10 年后，1438 年的农历八月初三，历经洪武、建文、永乐、洪熙、宣德、正统六朝的庆王朱㮵，在宁夏生活了 45 年后，将人生句号画在了贺兰山下！

朱㮵去世四年后，朱秩炅的母亲也离开了人世。这让朱秩炅在少年时代就充满了无限的伤感。他只有将自己全部的情感寄托于诗情画意之中。朱秩炅终日写诗作画，宁夏的山水美景承载着朱秩炅丰富的情感，也成为他艺术创作的灵感来源。

朱秩炅时常会翻看父亲编写的《宁夏志》，他突然意识到，在父亲的记述中，贺兰山东麓的文字描述并不多。父亲为什么对那片广阔的区域提及较少，是无意的遗忘还是有意为之？

朱秩炅决定亲自去看一看，为父亲填补这块空白。

来到贺兰山东麓昔日西夏帝王和大臣的陵区，朱秩炅被眼前的景象震惊了。他无法断定这些黄土堆成的高台究竟是什么，但有一点可以肯定，几百年前，这里曾经存在过高大的陵群，它盛极一时，却又在繁华过后迅速地消亡了。朱秩炅强烈地感觉到，在这些黄土高台的背后，一定隐藏着一段波澜壮阔的传奇故事。也许，当时正好有一位放羊的老者从旁边经过。他向老者询问这些古墓的来历，老者也是语焉不详，只是按照当地的口头传述，说那是埋王的地方。望着夕阳下那些高大的废址，朱秩炅感慨万千，写下了那首《古冢谣》：

贺兰山下古冢稠，高下有如浮水沤。

道逢古老向我告，云是昔时王与侯。

……

君不闻，

人生得意须高歌，芳樽莫惜朱颜酡。

百年空作守钱虏，以古观今还若何？

也许，朱秩炅胸中所追求的，是如唐代大诗人李白一般的潇洒与风采，但他终究逃不过命运的捉弄。在朱秩炅30多岁时，他的妻子去世了，从此朱秩炅更加郁郁寡欢。

1437年，安塞王朱秩炅英年早逝，享年43岁。一生郁郁不得志却又留得佳名的朱秩炅，并没像自己的父亲那样葬入韦州的明王陵，他选择与西夏王朝的帝王将相一样，魂归于贺兰山下。

他是不是也将自己的陵墓选在西夏帝王的陵墓旁？还是另选择了一处风水之地？直到今天，这位王的陵墓的确切位置依然是个谜。可以肯定的是，他将人生的后花园选择在了贺兰山下。

贺兰山下那些孤寂而立的陵体，倔强地屹立着，等待着破解者的到来！我相信，距离《宁夏志》编纂完成70多年后，宁夏巡抚王珣一定是个执拗的破解者。传统意义上的中国文人在为官执政时，往往注重当地史地文化的挖掘与整理，这一点在王珣身上同样有着足够的体现。

就像朱㮵和朱秩炅一样，处理完政务后，这位巡抚大人也有着自己的山河概念。他一定在闲暇时浪迹山水，当然这不是一般意义上的游玩，这一点从他在弘治年间主持编写的《宁夏新志》中可以证实。这本书中提到的一个观点，给后来的学者破解西夏王朝带来了一把钥匙，之后的《嘉靖宁夏新志》也承袭了这一观点。《嘉靖宁夏新志》中这样写道："李王墓，贺兰山之东，数冢巍然，即伪夏所谓嘉、裕诸陵是也。"这说明在明代，宁夏的官方修志者站在传统的史学立场上，是不承认西夏王朝的，他们认为贺兰山东麓的陵群，是一个伪政权的产物。但有一点可以肯定，从朱㮵执政到王珣担任巡抚期间，陵墓群一直以巍然之状矗立，

历尽沧桑的西夏陵，仅剩一堆黄土

至少从外形上没有再被损毁。我甚至由此推测，明代，西夏陵并没有遭到巨大的损毁，那么它大规模受损的时间，只能从朱栴到银川的时间往前推。

在这种史学观念下，还能指望有谁会对这个巨大的陵群进行什么研究呢？寥寥几句塞在一部地方志书的角落中，便是一个曾经辉煌的王朝亡后数百年的命运写照！

第五部分

考古者开启的曙光

一　外地考古者的忽略

两个学习考古的同学在毕业 10 年后相遇时，所谈的话题自然是要交流关于考古的问题。

钟侃、刘最长，两个 1960 年毕业于西北大学考古专业的年轻人，他们毕业后的 10 年之聚让我想起德国的考古学者 C.W. 策拉姆在他的《神祇、陵墓与学者：考古学传奇》中的一句话：

> 考古学家的使命是要让干涸的清泉再次汩汩流淌，让被遗忘的事情再次被记起，让已故去的人复生，让环绕着我们的历史之河再次流动……

西夏灭亡后将近 800 年的时间里，西夏陵处于被忽略的地位，层层降落的时光之尘，一层层地增厚，最终将其严严实实地捂在历史的死角，似乎被人为地从历史中抹去了。在被朱㮵和他的儿子简略描述后，西夏陵再次陷入沉睡状态。这一睡，又是几百年！

它被再次唤醒缘于 20 世纪 70 年代初的一次偶然聊天。那次聊天，就像一个起子，打开了一瓶深埋的历史酒瓶，让沉睡的酒香从地下传出，西夏陵打着哈欠苏醒于现代考古的视线中。

1960 年夏天，钟侃怀揣着自己的毕业证书，心里却没有一点考古学毕业生应该燃烧的火焰或激情。那是中国的困难时期，和一同毕业的同学一样，他被塞进毕业分配的体制之车，将自己的青春交给组织安排，他要去的是一个此前自己并

作者与钟侃合影于 2008 年 1 月 8 日

不了解的地方——宁夏。

车出西安，在颠簸中穿过了关中平原西北部的黄土大塬、六盘山、黄河，抬头远望，一座巍峨大山出现在他的视野中。被一路伴随的荒凉景观压沉的心，仿佛被掀去浮土的青铜器一般亮了起来。尽管那亮色很短暂，但那座山的名字被他记住了——贺兰山。

位于贺兰山东麓的银川市，是他毕业分配的终点，也是他此后人生的起点。将简单的行李和档案存放在当时的宁夏展览馆，看着门口挂的牌子，钟侃清楚地意识到，这就是自己以后的工作单位了。它存放的不仅是自己的青春时光，或许还是退休之前的所有岁月。

当时，整个中国正值三年困难时期，从领导到群众，生命的本能让全民都在求吃饱的底线上挣扎。考古这种看起来可有可无的事情，让钟侃这样的大学生没有多少发挥的天地。

缘于记者的采访工作，我和钟侃的相遇始于 21 世纪初。那时，在宁夏重大的文化活动上，几乎都能看到他以专家身份出现的身影。我对他的正式采访是在2008年1月8日。采访结束后，我走出宁夏考古所的大楼，忽然想到了法国著名考古学者商博良的事迹。

1790年，法国小城菲雅克。一位名叫杰克·商博良的书商守在久病不愈的妻子床前好几年了，很多医生对他妻子的病情都表示回天乏力，这使他对医学彻底绝望了。一天，他请一位魔法师来到家里，魔法师用一种神奇的法术，不仅在三天内治愈了他的妻子，而且预言她能生一个神奇的男孩。三天后，他的妻子完全康复，并于1790年12月23日凌晨2点左右，生下了一个西欧人几乎没有而东方人较为普遍的黄色角膜的男孩。随着孩子的长大，他的肤色和脸部轮廓接近东方人。11岁时，这个孩子被他那对考古学十分感兴趣的哥哥带到伊泽尔省首府格勒诺布尔市学习拉丁语和希腊语。13岁，这个孩子开始学习阿拉伯语、叙利亚语、迦勒底语和科普特语，甚至一度研习中国古文字。这些文字和语言的掌握，有力地帮助他后来破解了古埃及的象形文字，他后来被西方考古学界称为“埃及学之父”，他就是著名的考古学者商博良。

钟侃的出生故事、求学经历与商博良没有任何相似之处，他们的学业背景也没有任何相同点。但是，一个意外的机会，让钟侃在中国的考古学界有了与商博良一样的经历和赞誉。

受当时通信条件的限制，毕业后分配到宁夏的钟侃，和分配到其他省份的同学并没有多少联系，比如，分配到陕西的同学刘最长。

1969年冬日的一天，刘最长经由银川前往内蒙古阿拉善盟出差。他乘坐的那辆公共汽车离开银川后，沿着简易的公路向西缓慢而行，临近贺兰山东麓时，一座座高大的土堆突然出现在他的眼前。

出于考古学专业的敏感，刘最长立即意识到那是一个巨大的坟冢群。

长途汽车顺着贺兰山的走向，缓缓行驶在沿山公路上。路的西侧，寥落的冲积扇上，一座座高大巍峨的土堆从眼前闪过，显得高大而孤寂、冷清而肃穆。在中国历史上，唐帝国因为国力强盛，盛行厚葬，墓葬尚高、尚大、尚威，使唐代帝陵形成中国帝陵的一个巅峰。而宋朝由于长期与辽、金及西夏征战，其帝陵显得相对简

刘最长眼中的坟冢

朴。因此，这些巨大的土堆，让这位考古工作者立即联想到唐代的陵墓。

车辆行驶到贺兰山脚下即将进入山谷转弯的一刹那，刘最长得以观看到这些巨大土堆的位置所在：西靠贺兰山，东望黄河。在历代中国帝陵中，只有唐陵有依山面水的格局，且崇尚高大气派。随即，他的脑海里又否定了这个想法：唐代的帝陵全在陕西省境内，是不可能出现在宁夏境内的。

那么，这些形似陵墓的巨型土堆究竟是什么呢？随着公共汽车驶进贺兰山，那些土堆从他的视线中消失了。对其身份的质疑，也就留在了刘最长心里。

1971 年，中国文物部门集中了近几年发现的文物精品，召集了部分人员在故宫英武殿筹办赴美文物展览。刘最长以这次展览筹办工作组人员的身份，和其他省份的考古学者一道前往北京参加筹展活动。就在这次活动中，钟侃和刘最长，两个毕业 10 年的旧友相遇了。

刘最长将自己在贺兰山下遇见那些形似墓葬土堆的事情告诉了钟侃，并将其形似唐墓的初步推测也告知钟侃。

他问钟侃："这些古墓是否被挖掘？"

钟侃很诧异地回复："我不知道贺兰山下有这些墓葬，是否被毁也不知道。"

唐墓？钟侃立即感到一种兴奋，但很快就被自己否定了。位于贺兰山下的银川城，在唐代仅仅是个叫怀远的小镇，不可能留下数量超过百座、形制高大的唐墓。

从北京回到银川后，钟侃和同事们一直忙于其他地方的考古工作，并没有立即光顾贺兰山下的那片身份未定的墓葬群。冬天，他手头的考古工作结束后，这才想起刘最长曾经说过的贺兰山下"唐墓"的事情。他向宁夏展览馆的领导提出申请，想去贺兰山下看看。得到允许后，他便开始了一系列的准备工作。

那一处没有得到历史尊重的文化遗产，注定要和考古学者相遇。这让我想起了俄裔美国诗人、1987 年诺贝尔文学奖获得者布罗茨基的那首诗《致一位考古学家的信》——

尖锐便是镐锄痛击死铁的声音
但它，还是要比我们听过或说过的温柔
陌生人！穿过我们的腐肉可得谨慎：
你看来是腐肉的对我们细胞却是自由
别干涉我们的名字

二　考古者的到来

秋雨洗净草场，鹰抓紧树枝
你劫掠了河西走廊，成了一枕丝绸
梦里，回鹘人的贡物翻山而来
为一场夜宴，送上赞歌
天亮前，宫墙的颜色正被改刷
文字保佑不了历史
亦如石头保佑不了岩画

马蹄踩破羊圈，驿站在沉睡中梦呓
守城者的刀，斩断几缕月光
一场祭祀，来不及筹划
就被写进石碑

一群男人在远处高唱：
“草原上，升起不落的太阳”

雪并不大，一片又一片，斜斜地从空中乱飘而来，地面很快铺上一层淡淡的白，像是给平日里干黄的冲积扇披了一件白色的外套。这是连鹰都懒得飞舞的季节，秋天觅食草籽的麻雀不见了踪影。不断飘落的飞雪制造出更大的白与寂寥，也给周围的牧人围起了一个巨大的白色栅栏，让他们的羊群远离这片白色的禁地。

这片白的寂寥最终被一群穿着 71 式军服的年轻战士打破，他们像一群移动的标点符号，穿行在一张白纸——被茫茫白雪覆盖的贺兰山下。这时节，山下不见当地人，即便有当地人，也不知道这些战士在执行一项秘密任务：在贺兰山东麓修建一座小型军用机场。这群战士赶到划定的施工区域，一眼就看到了那些身披白雪的巨大土堆。土堆破损的身躯顽强地挺立在干枯的冬日背景里，与贺兰山对峙于时间中。

没错，这些土堆就是西夏陵！

在一个连考古工作者都将其错认为唐陵的时代，谁还能苛求一群战士对这些庞大的建筑物身份做出正确的判断呢？战士们觉得那群大土堆和自己毫无关系。起初，他们会带着一丝好奇打量一下，渐渐地，只是在干活累的时候抬起头来望一望，算是一种放松吧！土堆只是冷漠地注视着这群战士，如果它们有知，一定也会愤懑吧——它们冷清日久，习惯了不被打扰。

干活的军人、废旧的土堆，两者看起来似乎毫无关联！

工程如期在寒冷的天气中进行。十几天后，几个战士在挖掘工程地基时意外地挖出了十几件物品，其中有几个破碎的陶罐和一些形状较为规则的石碑碎块。在石碑上依稀可见的残破文字，引起了在场战士们的惊诧——他们中没有一个人能认识这些奇怪的文字。

这无疑会惊动上级首长，我敢肯定，首长绝对也不认识那些字，更无从判断那些古老物件的文化价值。所幸的是，这些物件和残碑遇上了一个懂得敬重文化的首长。他做出了正确的决定：命令战士们立即停止工程挖掘，并将这一情况迅速通报宁夏展览馆。

钟侃就是这样出场的，他当时供职于宁夏展览馆。修建军用机场的战士发现古代物件的消息，渐渐演变成一个看不见的指令。接到指令的钟侃和同事王菊芳（原在中国历史博物馆工作，后随丈夫到宁夏）、李俊德、邓乘浩，乘坐当时宁夏展览馆唯一的交通工具——一辆跃进牌卡车，冒着凛冽的寒风，前往贺兰山。

抵达山脚，钟侃看见那些巨大土堆散落在贺兰山东麓海拔 1130~1200 米之间的冲积扇上。那些巨大的土堆，以冬日晌晴的天空和肃杀的贺兰山为背景，似乎

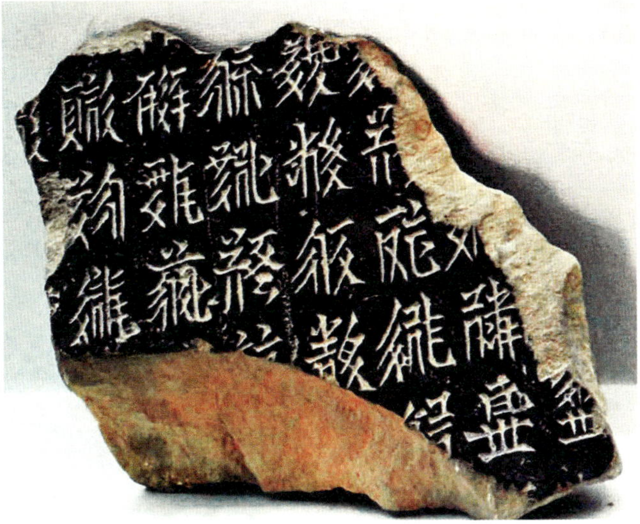

西夏陵石碑残块

在苦苦等待着为其揭开神秘面纱的人，虽久等不来，但仍显出定力和耐力，兀自端庄在山前。

时隔 30 多年后，我走进位于银川市西塔院内、宁夏考古所的那座三层的红楼，在钟侃的办公室完成了一次专访。那么长久的岁月，丝毫没有影响他回忆起走进西夏陵的每一个细节，仿佛他刚从那里考古归来就接受我的采访。那时的西夏陵区一带，因那群战士所执行的秘密任务而成了一片军事禁区，戒备森严。卫兵表情严肃地查验了他们的介绍信后，手一挥，他们的卡车在没有路的戈壁滩上歪歪斜斜地前行，目标是军方指定的土堆区。他们所能看到的巨型土堆表面，都有被严重损毁的现象，像一个个受伤的卫士，却坚毅地守在自己的岗位上。

它们究竟是什么？在贺兰山的风沙中静卧了多少年？这些巨型土堆下面，埋藏着什么？没人能告诉他们具体的答案。一个个谜团，就像那些衰败在冬日阳光下的枯草，散乱而神秘。

后来，我因为工作关系常常和钟侃打交道，有时是请教一些本土考古方面的事情，有时是在某个文化类的会议上相遇。渐渐地，钟侃给我留下了难忘的印象：他是一个博学且认真的学者！他曾一度深情地告诉我：“考古是一个国家的良知，如果连考古都说谎，还有什么值得信任呢？”

著名画家壶僧绘制的《贺兰古韵》（局部）

说这句话时，一缕烟雾正被他轻轻吹出，烟雾散尽，是一张纯真的脸。我似乎也透过这张脸，看见一个学者纯正的内心。

其实，不只是古人对其进行损毁，当时的驻军也对它们有了一定程度的破坏！我看到最北端的一处陵体，它的顶端成了驻军的水塔，陵体前面被辟为操场，铺设了一层黄黄的细土，西边及东北边还保留着清晰的夯土墙垣。除了一处土台子外，其他遗迹已经荡然无存。

仿佛被一架时空穿越机载着，他似乎没有任何时间缝隙地回到了 1971 年那个冬日的上午，他将眼光从远处的驻军水塔那儿收了回来，开始一个考古工作者习惯性的动作：低头在地上搜寻起来。一些散落的红色砂岩质石块，

引起了他的注意。

哎呀！仔细一看，竟然是一块残碑！上面的文字，猛一看像汉字，但细看却不是，在场的几个人都不认识这种文字。

我的兴趣也随之被提了起来，笑着问他：“什么文字？还能难倒你们？”

“当时确实不知道是什么文字，但我突然想起 1962 年我在青铜峡 108 塔考古时，发掘出写有这种文字的经卷，那是被专家确认的西夏文字。我的第一印象便是，这是块西夏文残碑。”

考古学讲究的是证据。

他们和西夏陵的初遇是短暂的，回到单位后，钟侃和同事们开始查找有关文献。在明代《嘉靖宁夏新志》上发现有这样的记载："李王墓，贺兰山之东，数冢巍然，即伪夏所谓嘉、裕诸陵是也。"

这些位于贺兰山东麓的数百座土堆，难道就是《嘉靖宁夏新志》中记载的昔日西夏王朝的帝陵吗？李王，是否就是西夏开国之君李元昊呢？钟侃将地面清理的残碑和明代文献的记载进行了对比，他初步断定，这些陵墓，并不是唐墓而是西夏墓。

原来，是1000年前辉煌于此的一个王朝的陵群在注视着他们。

钟侃和同事们的发现，像一把干柴，在冬天的宁夏展览馆点燃了起来。1972年的春节刚过，宁夏展览馆的领导马文忠带领钟侃等人前往位于北京五四大街（沙滩）的北大红楼，向国家文物局局长王冶秋、文物处处长陈滋德等人汇报贺兰山下发现西夏陵的事情。王冶秋听取了他们的汇报后说："宁夏搞周、秦、汉、唐，肯定搞不过陕西；以新石器时代文物论，也超不过甘肃、陕西。你们要以西夏文物为重点，加以突破，就能取得在全国有影响的成果。"

从北京回来后，宁夏回族自治区革委会宣传部批准了进一步调查和发掘西夏陵的报告。春天的贺兰山依然春寒料峭，钟侃和他的同事们心里却燃起了一股看不见的火焰。他们很快进驻当时驻军的两间平房，开始对1971年冬天发现的那个陵墓的土台子进行挖掘，他们当时将其编号为8。

回忆起第二次和西夏陵的相遇，钟侃的脸上是掩饰不住的笑容。我能通过他的谈话想象到那时的工作场景：请来的民工按照他们的考古要求，逐步清除土台上的堆积物，显然，在春寒中完成这样的工作并不是一件容易的事情。民工们按照要求逐层清理碎砖烂瓦等散落的建筑构件，而他们则每天带着期许出现在现场，一旦发现西夏文或汉文的残碑及带花纹、雕刻的石片，就全部采集。对考古学者来说，这些东西是具有意义的，但却并没有带给他们足够的刺激和兴奋，直到那四件石座的出现。

如今，前往西夏陵景区内的西夏博物馆，游人们还能看见那四件当时带给钟侃足够刺激和兴奋的石座。在最北端那座损毁严重的陵墓前，钟侃他们发现了东西向排列成一行的四件近似方形的石座。石座顶部平整，中间有一方形眼，面

人像石座

铜牛

向封土的一侧雕刻有非常奇特的人像，浓眉、突眼，乳房非常夸张，双足踞地。钟侃和同事们根据石座周围的大量西夏文、汉文残碑，分析这些石座为碑亭的碑座。

显然，四件石刻碑座带给现场考古学者的刺激，以及随之而来的更大的兴奋和期待，使他们和任何考古学者一样，认为在一件令人血液沸腾的文物出世后，还有更精彩的东西紧随其后。

这件更精彩的东西在 1977 年发掘陪葬墓 M177 时出现了。

当一个“牛角”样的东西出现时，大家并没有感到意外，只是出于考古工作需要的细心和耐心，他们顺着这只“牛角”继续挖掘。随着工作继续，大家的呼吸逐渐沉重了，直到屏住呼吸的那一刹那——一头完整的、1.2 米长的牛出现了。当那只牛角出现时，钟侃首先疑惑的是，这是一头什么型材的牛？木的？铁的？还是石刻的？当所有的浮土被清扫完，答案出现了：鎏金铜牛！

商博良曾经说过一句贯穿他一生并成为其座右铭的话：“人们可以把埃及的泥土一颗一颗地‘扒开’，不仅要看看地下深处还埋着什么，而且要弄清楚被埋葬的东西是怎么被放到地下去的。”摆在钟侃及他的同事们眼前的，不是如商博良所说的研究它如何被放到地下，而是怎样将这个大家伙运到地面上，因为它太沉了——188 千克，而且它所在的墓道距离地面近 25 米，相当于八层楼高。

如今，那头存放在博物馆里的牛和那四件石刻碑座，完全扮演着整个西夏陵镇陵之宝的角色。隔着博物馆特有的玻璃，人们依然能清晰地看到它全身散发着柔和的金光，四腿呈内屈跪伏状；牛头高抬着，就像它陪葬的那些身份高贵的主人，高傲地雄视着一切；它的两角弯出优美的弧度，体现了制作者高超的技艺，也无形地印证了这样的观点：中国优秀文化的长卷中，边疆地区的王朝、部族、民众往往也绘就了精彩的篇章；牛的颈部宽厚有力，皮肤皱痕明显，印证了那个曾经以游牧为主的部族对牛的情感、对牛的尊崇；牛的双眼炯炯有神，却又呈现温驯之态。

有专家指出，当今中学历史教科书里谈到古代“镏金”技艺时，就是以此牛作为配图和解说对象的。如今，这头牛成了宁夏博物馆的镇馆之宝。曾经，为保证出外展览的安全，宁夏博物馆为它投了 2 亿元的保险。

一时间，整个中国考古界的目光似乎都转到了贺兰山下。

三　持续的考古

良好的开头，总会带来期盼和跟进。

对西夏陵而言，第一次考古带来的硕果，必然会引起考古学者持续发掘的想法。

1974 年夏天，贺兰山下的这片陵群迎来了第二次考古发掘。钟侃依然在这个行列中。这一次，他们对上次编号为 6 的那座陵的地面遗迹，开始进行清理。

对考古学者来说，任何一个细小发现的背后，或许都藏着巨大的历史机密。这一次的考古，在一处体积较大的黄土高台周围，钟侃等人发现了大量的绿色琉璃瓦碎片。

琉璃瓦是中国古代建材的一项重要发明。它采用优质的矿石原料，经过筛选粉碎、高压成型、高温烧制三大步骤制作而成。中国早在南北朝时期，就开始使用琉璃瓦作为建筑中的装饰物。作为一个游牧部族，西夏掌握琉璃瓦制作技艺的工匠数量一定远不如宋朝，且由于工艺的复杂和原料的奇缺，这项工艺的拥有者一定有着足够的地位，这种工艺技术的应用范围也必定有着严格的规定。为了印证这个观点，我特意在西夏仁孝时期制定的一部律令——《天盛律令》中找到了依据：绿色琉璃的主要使用范围是皇家建筑！

在考古工作中，文字记载是最有力的证据。考古队员们找到了许多刻有文字的石块。这次他们能确定这些文字就是西夏文字！可惜由于石块过于碎小和散乱，他们根本拼凑不出完整的句子。当时的中国没有能完全认知西夏文字的学者，这些散乱的文字就像一个个挑衅的对手，无言但顽强地向考古界、文字界的学者发起挑战。这时，考古队里一个并不起眼的青年勇敢地迎接了认知这些文字的挑战！最终，他和这种古老而神秘的文字互相成就了彼此。

这个年轻人叫李范文!

和钟侃毕业后来到银川有着一定的相似性，李范文也是一位将青春献给西夏的人!

1960年6月，时年28岁的李范文被神秘而遥远的西夏吸引，离开中国社会科学院的大门，登上了奔赴西夏故地的列车。对他而言，这是一趟没有归程的人生单行道，他踏上的是一条探秘西夏的不归之路。

那是中国20世纪最困难的年代，当生存都成了问题，理想和激情就显得奢侈。当时的宁夏，西夏研究还是一片空白，给不了李范文一张研究西夏的桌子，也没有专门的研究机构接纳他!

他只好进宁夏大学历史系教书，后又辗转到宁夏民族历史研究室、宁夏展览馆，和钟侃就职于同一个单位。因此，当钟侃和同事们领受1973年春夏之交的再次考古任务时，李范文的加入就成了一件很自然的事情。

由于不是学考古专业的，李范文在这支考古队伍中注定是一个“二线”角色，主要抓工地后勤工作。几十年后，他在接受我的采访时回忆道：“我们第一次去时，除了散落的羊圈和荒草，就是残破不堪的陵墓。大家白天挖掘，晚上就住在陵园边上搭建的帐篷里，一住就是七年。”李范文给钟侃留下的印象很深：“他办事很认真仔细。除了做工地后勤工作，便是埋头抄制卡片和整理卡片。说实在的，当时我还不知道他正在进行西夏文字典的编纂工作，只是偶尔翻翻他厚厚的几箱卡片，发现每张卡片字迹都非常清秀，连西夏文也写得非常工整。”

那个时代，认识西夏文显然是一个传奇，就在钟侃决定第二次考古西夏陵的前一年，也就是1972年1月，周恩来总理视察中国历史博物馆时，见到一些西夏文献，他很惊奇地询问时任国家文物局局长的王冶秋：“这是什么文字？”

王冶秋回答：“这种文字叫西夏文。”

看着那些貌似汉字却又和汉字不同的古怪文字，周恩来接着问：“现在还有没有人懂得这种文字？”

“仅一两位老人能懂。”王冶秋如实回答。

全国仅一两个人能懂？总理的脑海里闪过这样的疑虑，他当即指示：“你们要研究西夏历史，整理西夏文献，要培养人学这种西夏文字，绝不能让它失传！”

当时的宁夏知识界，或许还没人知道，李范文就是一位能识西夏文字的年轻人。

1973 年夏天，从银川开往北京的列车上，除了睡觉，李范文的目光几乎没有离开过自己这次出门带的那个木箱，在他眼里，里面装的那 2 万多张西夏文单字卡片，和黄金珠宝一样宝贵！这是他阔别北京 13 年后的首次返京，没有对现实的不满，也没有衣锦还乡的骄傲，只有一路上说不出理由的兴奋。那些卡片是他用四角号码编写的一部《夏汉字典》的初稿。

出了北京站，他急匆匆赶往西夏学专家罗福颐教授处，与罗教授开始了一场愉快的交谈。尽管两人分属不同年代，甚至有年龄上的代沟，但西夏文字这个话题成了消弭代沟的铲车。罗先生感动于眼前这个年轻人离京后的辛苦，慨然将自己珍藏多年的诸如苏联学者聂历山的《西夏语文学》、罗福成先生的《同音》写本、他本人的《西夏字汇集》等珍贵西夏文献借给了李范文。夏日的京城，气温渐高，拿到那些珍贵文献的李范文，投入《夏汉字典》的完善工作中。

1973 年 11 月，西夏陵的考古工作者们陆续撤离考古现场，负责后勤的李范文却伴随着寒风，守护在西夏陵的考古工地上。夜风与飘雪，陪伴着继续埋首于《夏汉字典》中的李范文。

这一干就是整整六年！六年里，多少次狂风呼啸，吹得帐篷四角翻飞；多少次暴雨如注，淋得他无处躲避；多少次大雪纷扬，绊得他步履蹒跚；多少次夜半狼嗥，惊得他彻夜难眠……

我后来和李范文先生有过多次接触，每每想到在西夏陵的六年时光，他白天忙完后勤工作，夜晚在一豆孤灯下研究一个个孤僻艰涩的西夏文字的场景，都不由想起意大利著名的历史语言学家斯卡利格的那句话："十恶不赦的罪犯既不应处决，也不应判强制劳动，而应判去编词典，因为这种工作包含了一切折磨和痛苦。"

西夏陵的那几年时光后，一切答案浮出水面：他利用挖掘出的 3270 块西夏残碑整理出了 3 万多张西夏文卡片，写出了《西夏陵墓出土残碑粹编》和《西夏研究论集》。

1997 年 10 月，150 万字的《夏汉字典》终于正式出版！这是目前世界上正

《夏汉字典》书影

式出版的第一部体例完备的夏汉字典。全书不仅从字形、字音、字义和语法各个方面对西夏文字进行了全方位的注释，而且用汉、英两种文字进行了释义。

在李范文先生的寝室，当他郑重地在赠给我的字典扉页上为我题词时，我深深感到这是一份晚到的礼物——不是对我，而是对西夏！这是先生用20多年的心血搭建起来的一座古代西夏语言文字与现代语言文字沟通的桥梁。

1981年，李范文先生主持召开了“首届全国西夏研究学术讨论会”；1995年，在他的积极推动下，宁夏召开了“首届西夏学国际学术讨论会”。西夏，从学术层面开始走向全国、走向海外。2002年夏，李范文先生携《夏汉字典》荣获吴玉章人文社会科学优秀奖。

考古发掘和文字破解，成了20世纪中后期中国学者了解西夏的一双脚，缺少这其中的任何一个，都会导致研究的瘸腿！西夏陵发掘被称为中国20世纪100项考古大发现之一，这场挖掘不仅成就了钟侃等考古学者，也成就了李范文这样的西夏文字学大师。

好了，还是退回那个考古现场吧！钟侃和他的同事们，在枯燥的考古程序中小心地前行，缓慢的进展在一定程度上也考验着他们的耐心。当他们清理到6号陵时，一件造型奇特的石雕文物出土了。这件文物由白沙石雕凿而成，整体近似一个正方体，正面看像一个圆雕的大力士，面部浑圆，颧骨高高突起；眉毛粗重，微微向上翘起；鼻梁又宽又短，略有残损；双眼圆睁而外突；略带夸张的长牙外露……显然，这些并不是我们常见的样子，但或许可以为我们今天想象当时党项人的形象提供一个模板。大力士仿佛正竭力将背上的东西驮起，因为用力，

志文支座

琉璃鸱吻

他发出了一声低吼，两颗牙外露出来。他下颌顶在胸前，肩部与头部平齐，胳膊肘向后弯曲，双手扶在膝盖上，两腿跪倒，除胸前的肚兜外几乎赤身裸体，展示着雄健的体魄。

根据石雕的出土位置和大力士的动作造型，钟侃和他的同事们很快判断出：这是一个碑座。22年后，国家文物局的老专家们将这件石雕艺术品一致鉴定为国宝级文物，并正式定名为“志文支座”，它是后来建造于西夏陵景区内的西夏博物馆的镇馆之宝。

西夏陵的整体构筑物中，黄土显然是主角，但石头却在这里充当了一个配角的位置：大量的石雕艺术品分布在这里，它们是王陵中数量最多、题材最广、技法最成熟、艺术价值最高的一类艺术品。

就在钟侃带领考古队努力打开6号陵墓室大门的同时，6号陵地面遗址的清理工作也在有条不紊地进行着。在地面遗址的发掘过程中，出土了为数众多的琉璃碎片，这些琉璃碎片形状古怪，花纹奇特，有的甚至体积巨大。它们是用来做什么的？在场的许多人都没有任何头绪。考古队员李志清的心中却有了自己的想法。他默默地开始了研究与拼接工作。李志清大学时学习考古专业，他同时还对中国古建筑抱有极大的热情。当他第一次看到这些琉璃碎片时，就已经基本上推测出它们原本的样貌和所在的位置。可是，有一个问题却让他一直很在意，根据这些碎片的体积来看，这个物件的体量似乎有些过于庞大。这件琉璃物品的原貌真的如他所料想的一样吗？

几天后，李志清复原了一个巨型的建筑构件。这件龙头鱼尾的琉璃构件正是中国古代建筑屋脊正脊两端的脊兽——鸱吻。这座鸱吻遍饰着鳞纹，高 1.5 米以上，长约 0.8 米，表层是光润的绿色彩釉，鸱吻的口张开，露出利齿，双目圆睁，形象威猛生动。在中国古代建筑中，鸱吻虽然并不少见，但是如此巨大的体形却是中国首例。如今，这件国宝级的琉璃鸱吻，作为西夏陵乃至唐宋时期建筑的代表性器物，被保存在中国国家博物馆。根据这件鸱吻的体形，古建筑专家们推测出西夏陵中各建筑的大小和规模，西夏陵的形象也随之越来越完整。

专家们依据在西夏 6 号陵陆续出土的 6 块残碑，通过历史文献的比照和相互佐证，推定 6 号陵陵主为西夏开国皇帝李元昊之父——太宗李德明，这一结果与学术考古界按以往惯例对西夏陵区九座帝陵的归属认定不同。

我国现存的文献，仅记载了西夏帝王的陵号，却没有记载具体方位。目前游客在西夏陵景区游览时，会听到工作人员逐一介绍九座帝陵的陵主，但实际上除了 7 号陵能确定是仁宗嵬名仁孝的寿陵，其余陵主身份均属推测，推测的方法是依据封建社会“五音姓利”的择地埋葬传统。该传统把各种姓氏分别归属到宫、商、角、徵、羽五音，再把五音与阴阳五行中的土、金、木、火、水相对应，从而在选择墓穴位置时找到最佳的山形水系和方位。因唐末被赐姓李，宋初又被赐姓赵，学者便按赵姓（属角音）将西夏陵采取与宋陵一致的角姓贯鱼葬法进行排序，具体排序时，又由南向北按辈分主观地将 1 号陵、2 号陵陵主认定为元昊的祖父李继迁、父亲李德明。加之保存最完好、规模最大的 3 号陵被推测为埋葬元昊的泰陵，剩余帝陵的排序就成了顺理成章的事情，据此排列，6 号陵陵主被推断为西夏第四位皇帝嵬名乾顺。

2007—2008 年，宁夏文物考古所对 6 号陵地面遗迹进行发掘，获得了一些重要线索。其中一块出土残碑上有两列字，一列为“……有二岁，在位三十……”推算墓主人在位 30 年，终年整数之外还有两岁。进一步与史料比照，按逐一排

6 号陵（纪录片《揭秘西夏陵》剧组制作的特效复原图）

6 号陵陪葬墓（纪录片《揭秘西夏陵》剧组制作的特效复原图）

除法梳理西夏历任统治者的资料，可知元昊称帝后，追封其父李德明为太宗，而李德明恰好在位 30 年，终年 52 岁，成为唯一符合碑文记载的墓主人人选。

另外，在 20 世纪 70 年代 6 号陵出土的五块残碑，也能提供佐证证明李德明的墓主身份。例如残碑中出现的“……圣皇……”，元昊称帝后，追封李德明谥为光圣皇帝，两者可呼应。残碑中两次出现“食邑”，说明墓主生前并不是皇帝。

据此，宁夏考古研究所得出结论：西夏 6 号陵为太宗李德明之嘉陵。结合之前已确定的 7 号陵为仁宗嵬名仁孝之寿陵，可以看出，西夏陵区帝陵排列既非“五音姓利”，也不是“平原起冢”和“依山起冢”，最大的可能是——西夏陵的排列没有次序规律。

四　飞出来的迦陵频伽

考古者在石头的碑座上歇息
树枝上，鸟窝斜在夕阳中
博物馆，拦截了飞翔与鸣叫
透过玻璃窗，我看见自己的探视
以及你的名字：迦陵频伽！

起飞的，往往会被关注甚至枪击
比如梦想，或者一只奇异的鸟
比如真相的出土，或者宣告

离开博物馆的路上，我听见
身边的小孩不停呢喃：
迦陵频伽，迦陵频伽！

1987 年，3 号陵东碑亭正式发掘。发掘前，该遗址为一四面呈缓坡状的方形台基，台基上布满碎砖、石雕残块。经清理，台基上发现一圆形建筑基址，由内、外两部分组成。内部以方砖铺饰，磨砖对缝十分平整，方砖虽大部已被揭去，但印痕十分清楚。在该部分的东西轴线上，发现三件人像石座，从人像间的相互位置分析，原应有四件，现东面一件缺失。在台基的南面有斜坡式踏道一处，踏道表面凹凸不平，在踏道的堆积内发现大量石碑残块。东碑亭遗址出土残碑 360 块，大部分为素面残块。

东碑亭出土的成果，让考古者自然地将眼光投向西碑亭！

我想，杜玉冰在他的考古生涯中，一定会将1998年8月5日作为一个辉煌的开始。那天上午，他以宁夏回族自治区考古研究所副所长的身份，和其他考古人员集合于银川市老城区西塔的考古所。朝阳照在一张张充满希望的脸上，他们

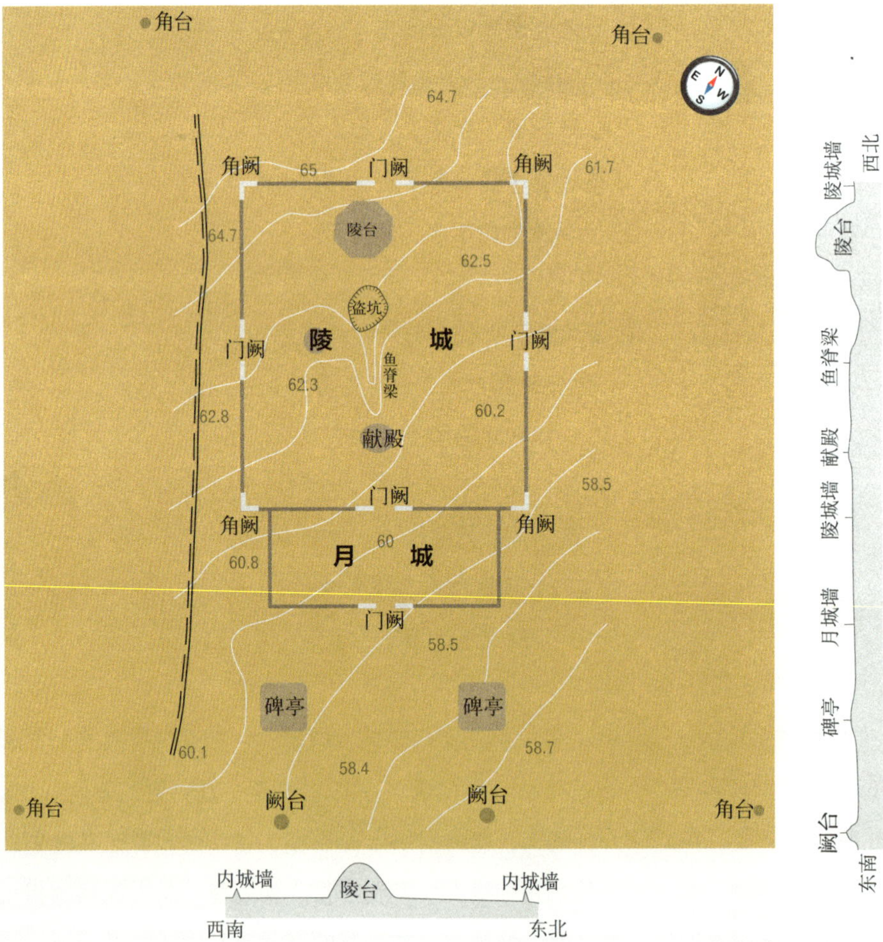

（单位：米）

3号陵平面和纵、横剖面图

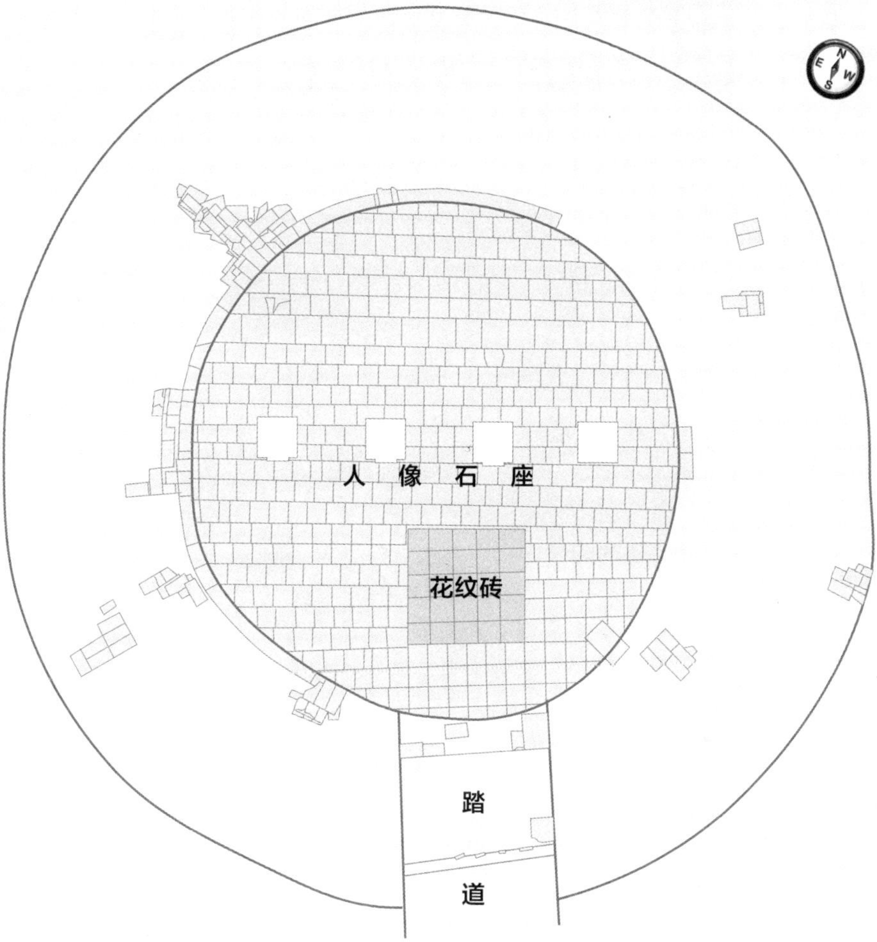

3 号陵东碑亭示意图

这次的目标很清晰：前往西夏陵，开始对 3 号陵西碑亭的考古挖掘。

挖掘工作开始后，他们每天过的日子都一样：早晨，朝阳和他们相约在考古现场；傍晚，夕阳将他们的身影清晰地印在寂寥的、回归简易住宿地的路上。这种朝阳迎接、夕阳相送的日子，持续了 35 天。35 天后，他们对西碑亭的考古成果终于亮相：又出土了三件完整的石雕像碑座、630 多块西夏文残碑块。

碑础 （杨宏峰 摄）

和上次发掘的力士碑座不同，这次发掘出的碑座长、宽各77厘米、高1米，上面的人像更加高大威猛。后来，每次前往西夏陵“遇见”它们，我都会心生不同的猜想，它们成了许多摄影作品的主角。碑座上的人有粗犷的体形和相貌，他们以远处的贺兰山和不远处的陵墓为背景，端立于黄土之上，似乎想倾诉曾背负过的沉重与辉煌，也似乎是要控诉历史曾给予他们的重负与被迫领受的命运。在中原王朝，驮碑石雕多为赑屃，西夏人却选择了人像做碑础，究竟是出于怎样的考虑？西夏谜团，就此又多了一个！

这次出土的西夏文残块中最大的一块保留了17个完整的西夏文字和6个残字，这次的考古学者们比第一次参与考古的李范文先生幸运多了，他们不费多大周折就从中读到了“皇帝、种、吐蕃、羌、昊”等字。

3号陵的魅力是其他帝陵无法比拟的，除了上面的考古成果，在其西碑亭出土的17枚钱币有13个品种，其中有开元通宝、祥符通宝、天圣元宝、皇宋通宝、嘉祐通宝、熙宁元宝、元丰通宝、绍圣元宝、崇宁重宝等唐宋钱币，却独独没有西夏钱币。

钱币是一个王朝另一种力量的象征。如果这座墓中当初陪葬钱币的上下限年代正好是唐开元年间到宋崇宁时期，那么，可以推测这座墓的主人至少是仁孝皇帝之前的。这为确定其主人缩小了范围！

西夏在与宋边境的榷场贸易中，货币经济得到了发展，到1158年，也就是仁孝即位19年后，才自行设立了铸造货币的机构——通济监。

1998年9月23日，在西夏陵区内，占地5300平方米的西夏博物馆，经过一年的时间建成开馆。它可谓一部浓缩的西夏史册，至今仍是了解西夏历史最直接的窗口，可以说，任何一位到西夏陵参观的人，西夏博物馆都是必去不可的地方。

1999年10月28日下午，西夏陵迎来了一位重要的客人——时任国务院总理的朱镕基！

秋高气爽的贺兰山下，朱镕基总理在宁夏回族自治区党政领导的陪同下视察了3号陵园，随后到西夏博物馆，观看了西夏历史文化陈列和陵区出土文物，详细了解了西夏文化遗存保存情况与陵区管护建设情况。他感慨地说：“看了西夏

西夏博物馆。（随着西夏陵申报世界文化遗产的脚步加快，按照要求，园区内的建筑都将搬迁，西夏博物馆也将消失于世人视线内）

陵，使我受到一次深刻的爱国主义教育，西部地区是中华文明的发源地，要保护好这些文化遗产，你们要把西夏陵修一修，把挖开的地方修一修，像秦始皇兵马俑一样，让人好参观，发展旅游。”

朱镕基总理让宁夏回族自治区尽快拿出一套切实可行的保护措施与保护修复方案，上报国家有关部委，从而列入投资计划。

2000 年的新年刚过，国家有关部委为保护西夏陵拨出了 1000 万元专款，银川市专门成立了 3 号陵清理保护工作领导小组。

如果 3 号陵的西夏帝王地下有知，那么，他应该觉得自己的幸运是从 2000 年 5 月 13 日开始的。那天，经国家文物局批准，甘肃敦煌研究院保护研究所和宁夏考古研究所的十多位专家，进驻西夏陵 3 号陵，开始了保护抢救工作。

7 月的贺兰山下，正是一年最热的季节，应宁夏回族自治区领导邀请，在国家文物局副局长张柏、文保司司长杨志军的率领下，宿白、谢辰生、徐苹芳、黄景略、张忠培、蒋忠义、吴家安、付清远一行十人组成的专家组，前往银川审议《3 号陵园建筑遗存加固维修设计方案》和《3 号陵园建筑遗存清理发掘计划》，国家文物局委托敦煌研究院负责实施加固维修工程，宁夏考古所负责发掘清理工作，并组成加固维修队伍和考古队伍。

2000 年 10 月 11 日上午 7 点，空气中还有看不见的丝丝凉意，但是，受国家文物局委托而来的中国科学院考古研究所考古学家蒋忠义，以及随同他一起的其他考古学者的心里，却因为即将开始的 3 号陵园的全面清理发掘而热乎起来。

西夏陵 3 号陵园第一期第二阶段的清理发掘工作拉开了序幕。

一种神奇的鸟，穿越千年的历史尘埃扑到我眼前，似乎是在冥冥中向我发出长鸣，让我关注它自西夏陵地下“飞出”的历史，这是一种佛经中有明确记载的神鸟，我无法拒绝它的呼唤！

由此，我开始了一项枯燥的工作：在报纸中寻找关于西夏陵 3 号陵园出土的这种神鸟的消息！

那时，我已经在位于银川市中山南街 29 号的银川晚报社工作了大半年，被安排在要闻部，做一个经济类版面《西部大开发》的主笔工作，主要涉猎的报道

西夏陵出土的迦陵频伽

领域为政经类。出于对神秘西夏的关注，我总是在忙碌的新闻采访中将一缕缕余光扫向有关西夏的消息。2000 年 11 月 22 日上午，我像往常一样走到门房前，从窗台上拿出属于我们要闻部的那叠报纸，踏进四楼的办公室。第一件事是拿起当天的《银川晚报》浏览。第一版上，同事党艳红的头条文章照亮了我的双眼——《西夏陵考古取得重大突破》，我急切地往下读，一个重要的消息迅速刻进记忆：“记者在考古现场看到，大量的砖、瓦，以及饰以兽面纹的滴水瓦当已经出土，其中以在陵城东南角阙和东门出土的用于建筑装饰的妙音鸟（佛经上称为迦陵频伽）最为重要，其数量之大、外形之完整，实属罕见，每件人物形象都栩栩如生。”

神鸟叫迦陵频伽！

后来，我每次看见那几尊存放在博物馆里的迦陵频伽，都觉得它们仍吐息如初，会即飞于空。它们身具神意，仿佛不是考古学者在挖掘过程中一点点拂去尘埃出土，而是从历史掩盖的厚层中猛然一跃，飞身而出的。

或许这是一件无聊的事情，为了印证我曾经供职的报社是第一个刊发这条消息的，就在本书的创作期间，我一次次走进图书馆，查阅当年关于西夏陵考古的报道，最后发现《银川晚报》确实是首家报道此消息的媒体。两天后，《人民日报·海外版》第 2 版给以简短的报道；然后是 11 月 29 日的《中国文化报》《新民晚报》；12 月 2 日的《人民日报》；12 月 3 日的《光明日报》；12 月 8 日的《宁夏日报》；12 月 10 日的《新消息报》，以及 12 月 25 日的香港《大公报》等。

通过报刊上刊登的图片，读者可以直观地看到这种神鸟：身为鸟形，腹部以上为人形，双手合十，身缀璎珞，宛如菩萨。

迦陵频伽！这是个梵语名词，翻译成汉语是妙音鸟。我在丁福保主编《佛学大辞典》中的《正法念经》里看到这样的描述："山谷旷野，多有迦陵频伽，出妙声音，若天（神）若人，紧那罗（歌神）无能及者。"接着，我又在《慧苑音义》中找到这样的解释："迦陵频伽，此云美音鸟，或云妙音鸟。此鸟本出雪山，在壳中即能鸣，其音和雅，听者无厌。"

也就是说，迦陵频伽应该是从佛经中飞临的神鸟。

在百度词条中，我搜索到关于迦陵频伽的"古印度传说"一栏，看到这样的描述：在喜马拉雅山上栖息着一只神异的鸟，名叫 Musikar（英语 Music 音乐一词的谐音）或叫 Dipak-Lata。它的嘴上有七个音孔，通过每个音孔能发出不同的单音，随着季节变化，它吹奏不同的曲调。曲调美妙动听，抑扬顿挫。它寿命一千岁，临近死亡时进入狂喜状态，在四周堆集易燃物，然后绕圈在极乐状态中跳舞，吹奏各种乐曲；当吹奏 Rag Dipak 乐曲时，周围立刻燃烧起来，它便从容地投入火中，变为 Sati（一种状态）。不久，在温暖的灰烬中孕育出一个蛋，时机一到，便孵出一只名叫 Dipak-Lata 的鸟。从此，一只鸟诞生了，继续以往的奇异生活，直到再一次燃为灰烬，然后再度轮回。

后来，我因为编写《西夏佛教史》而亲近佛学，在《佛说阿弥陀经》中看到这样一段描写：

> 彼国常有种种奇妙杂色之鸟，白鹤、孔雀、鹦鹉、舍利、迦陵频伽、共命之鸟。是诸众鸟，昼夜六时，出和雅音，其音演畅五根、五力、七菩提分、八圣道分，如是等法。其土众生，闻是音已，皆悉念佛、念法、念僧。舍利弗！汝勿谓此鸟，实是罪报所生。

这种神鸟在中国落地的证据，并不仅见于西夏陵，在敦煌莫高窟唐代壁画无量佛（阿弥陀佛）的莲座下，就绘有这样一对异鸟，人首鸟身，毛色斑斓，做反弹琵琶、振翅欲飞状；在建于 1049 年的河南开封佑国寺塔（俗称铁塔）13 层的塔檐翅角下，也发现了 104 尊迦陵频伽；2007 年秋天，我因为拍摄一部纪录片前往泉州，在泉州也曾发现过。但迦陵频伽用于帝王陵寝仍属罕见。

迦陵频伽从西夏的帝王陵中“飞出”，确实令人匪夷所思。是不是有某种特殊的象征意义？抑或是领受了佛教的西夏统治者们，把自己也视为佛的化身了呢？

迦陵频伽的出现，对考古学者而言，是增加了一份文物；对后来的游客而言，是增加了一道视觉风景；对研究西夏的学者而言，则是为他们留下了一个谜！

2001年4月30日上午，考古人员又有了新发现：在东北角阙，一只缺少头部、身形底座较完好的迦陵频伽和部分角楼顶上的琉璃瓦饰件，在尘封千年后亮相于世！同时，考古人员也基本确定，3号陵园东北角阙是七个相连的圆锥形的莲花底座。从大量木炭烧过的痕迹和生锈的铁钉来看，3号陵里有木制建筑，应是以高大宏伟的密檐塔状陵台为中心，四周围绕高低错落有致的佛塔群。

时至今日，走进西夏陵的游客，能观赏到的帝陵只有这座3号陵，它是目前唯一对外开放的帝陵。

也就是说，外来的游客只能通过这座墓葬来领略西夏帝陵的规模，并感知其

3号陵角阙（纪录片《揭秘西夏陵》剧组制作的特效复原图）

3 号陵陵塔　（纪录片《揭秘西夏陵》剧组制作的特效复原图）

3 号陵碑亭　（纪录片《揭秘西夏陵》剧组制作的特效复原图）

辉煌。这种感知从离开西夏博物馆踏上通往 3 号陵的那段砖铺路就开始了，从那里抬头就能看见以巍峨的贺兰山为背景的陵体。走近那巨大的身影，首先得穿过内城。按照最初设计者的想法，踏进内城就标志着踏进 3 号陵的范围了。这时，分居于两端、间隔 80 米的两座碑亭，像一对忠诚的卫士，一直守卫着陵体。原本，它们承担的最初职责是展示那些为党项羌的王及西夏的王树碑立传的文字，然而，随着岁月的流逝，文字早已不在，碑体也横遭损毁。我只能通过对考古报告的一遍遍研读，推测它们的历史价值和消失的容颜。西夏的碑亭不同于唐宋皇陵中的碑亭，它在阙台之后、月城之前。让人费解的是，这些碑亭多为三座，西边一座，东边两座，无论在数目还是建筑面积和建筑形式上都采取不对称的做法，同西夏陵园总体格局对称的布局不符，打破了中国传统建筑的对称格局。

细细阅读东碑亭的考古报告，我发现这是一座佛教色彩浓厚的建筑；绳纹砖中部、凹槽内的汉字说明这项工程中不乏汉族工匠；三件出土的人像石座昭示着东碑亭的独特性；方形台基与圆角方形台面则透露着这样一个信息：东碑亭上当初可能有一个圆形、穹隆顶的建筑。

如果你离开碑亭继续前行，便会进入月城。研究人员认为，西夏陵平面可能仿其都城的平面；在陵城前有凸出的一块，是仿常见的城门外的瓮城，起保卫陵

月城—神道—石像生　（纪录片《揭秘西夏陵》剧组制作的特效复原图）

城的作用。如今，月城像一轮曾辉映陵城的明月，已随着陵园的损毁黯淡了它的历史之光。

如果你接着往前走，献殿的遗址会挡住你的脚步。如果我生在西夏时期，而且是一位权臣，那么，我一定会被当朝的统治者在重大的先祖祭祀活动中抽调进祭祖的阵营，也一定会亲眼看到，统治者神情凝重地来到献殿。我们会跟在他的身后，步上 1 米高的台基，然后目送着他在主仪官的指引下，缓缓走进面阔 3 间、进深 3 间的方形殿堂，完成祭奠先祖的仪式。看到这里，你应该已经知道了：献殿，是供奉皇帝亡灵和举行祭奠仪式的场所。我能清楚地看到，献殿的建筑形制，和陵园其他重要的建筑一样，庄重考究、精细规整。

皇帝进去完成他的重大仪式去了。我们只能站在殿外，开始漫长的等待，边上站着卫士，守护这个神圣的地方。西夏的帝王灵柩运来后，都会先在献殿上置放，然后由献殿后面的北侧门一直运到墓道里。也就是说，这里是任何一位西夏帝王的躯体告别这个世界走进地下的最后一站。

任何一座坟茔，最醒目的都是在墓室上堆起的黄土，专业术语叫封土。步出献殿的遗址继续前行，你的目光就会自然而然地落在高出地面约 3 米的封土堆上，它的下面，藏着一条长长的墓道通往墓室。墓道北宽南窄，总长度 45 米，底部为大斜坡，坡度大约 40 度。从考古报告中可知，墓道北端直通墓室，如果我们能深入地下 24 米，就能抵达地宫。然而，如今墓道全被封死了，秘密也随之被埋在了地下！

能让游客产生宏伟感的，恐怕就是从地宫算起到顶端 20 多米高、底部周长 118 米、直径 37.5 米的陵体了。它是唯一能让人看到的、被损毁过的伟岸躯体，它就像一个被扒去了内脏的木乃伊，曝晒在时光的视野里，了无生机、沧桑寂寞。失去了灵魂的躯体，再伟岸也只能引起人们的无限感慨。

陵体背后，是陵园的城墙。西夏陵的角阙与其他古城墙构造不同。一般的古城墙墙角都为 90 度，而西夏陵的角阙是用五版或七版连续外弧的夯土墙夯筑而成的连续的圆形夯土墩台，这种形制在我国尚属首次发现。也就是说，这不是传统意义上的方城，这也从侧面印证了西夏的都城不是传统的方形之城。角阙和门阙的塔基和塔身外部均有包砖，包砖错缝平铺，逐级收分。完整的外包砖既起到了保护夯土阙的作用，又烘托了陵园的宏伟气势。

角阙具有西夏佛教的突出特点。陵园的城墙为夯土墙，墙体总高不超过4米，底部宽3.5米，墙体收分较少，内外出檐为50厘米，这样做的一个明显功效便是有效地保护了夯土墙，使其免受雨水的侵蚀；夯土墙表面涂抹了几厘米厚的草秸泥，又用细泥红墙皮外表装修；墙体的顶部铺着青色的滴水、瓦当，它们有完整而精美的脊兽装饰。千年前的西夏陵，在蓝天白云的映衬下，绛红色的建筑、青砖的甬道、红色的墙体、青色的顶瓦、黄色的陵园地面仿佛一幅绚丽的色彩画，显示着皇家帝陵庄严、雄伟的气魄。

整个西夏时期，一座座在陵园中修建的佛塔式建筑，出自不同时期、不同工匠之手。尽管它们今天成了废墟，但这些废墟依然以强大的符号功能提醒我，佛教在西夏的兴盛。

五　地下的辉煌

历代帝王长眠的地方，不仅是风水胜地，更是一座座神秘的艺术殿堂。西夏的统治者们也同样通过修建陵墓，创造了一个个地下的艺术宫殿。那么，在西夏陵又出土了怎样的艺术珍品呢?

他生活在1000年前的凉州，现在叫武威的一个城市。那时的凉州，扮演着西夏王朝陪都的角色。他生活在这个富足而绚烂的城市。他的职务我无法明确，但能肯定，他是个非富即贵的人。那时的他，每天的起居都有成群的奴婢伺候，无论是在府上请客宴饮，还是呼朋外出到城西的祁连山下狩猎，总有大批的男女侍者跟在后面。他对生活有着超出常人的讲究——这和他的生活水平有关，也和他身处的王朝有着向中原王朝学习的习俗有关。当时东京城内有的奢华生活器皿他们有，但他们出外狩猎的肆意和张扬，却是东京城内哪怕最富足的官员也望尘莫及的。

无论是家宴，还是出外郊游，他身边的侍女们总是捧着水壶、盆、衣服、奁盒等，这些斋戒沐浴之物烘托着他的清洁癖好，而那些随身男侍，总是手握刀剑，紧紧跟随着主人，他们的眼神里透出很高的警惕性。

这些生活场景，就展现在地下出土的一幅幅木版画上。

1977年6月的一天，甘肃省武威西郊林场就像个大舞台，29件彩绘的西夏木版画犹如29位美女，从幕后缓缓出场，登上了舞台。其中的24幅画面清晰，像站在前面、补足了光的主角，5幅因为图案模糊不清，像站在灯光幽暗处的配角。29件木版画，采用的是本地的杨木，厚1~2厘米，其中最大的28厘米 ×10.5厘米，最小的9.5厘米 ×4.5厘米，在版画的背面或侧面分别有墨书题记。在地下，杨木能被保存千年本身就让人惊奇，更何况还有那么多保持着清晰的画面!

这些木版画完成时，墓主人早已逝去了！临走前，他希望将自己生前的生活画面以版画的形式保存下来，陪伴自己于地下；他希望自己在另一个世界里能够继续保有这种生活状态。遗愿当然是好的，他的地位和经济能力也保证了这个愿望的实现。然而，千年的时光过去，他的另一世的愿望是否实现，我不得而知，我只知道，他早已化为灰烬，但他的肖像却因木版画而保留下来：他并不是一个肥头大耳的人，他五官端正、胡须细长、脸盘方圆、直鼻大耳。我无法判断这是他真实的样貌，还是被画师美化的结果，然而这些都不重要。他头戴黑色尖锥状上下两层的峨冠（近似"东坡巾"），身穿浅色交领宽袖长袍，腰束深色长带，脚穿黑靴，拄竹手杖。——这让我十分纳闷：他的这种装扮，似乎更像是一位乡绅，抑或一位退居乡间的高官。

按照他的遗愿，死后尸体火化。但他的后人与随从却没能力给他建造一座盛放骨灰的塔。按照西夏当时的律令，他也没有资格获得一座专为他修建的塔。于是，他的骨灰被存放在一个木制的小塔内。他的墓葬不是很大，墓室太小，画工难以到狭小的墓室里去彩绘壁画，便以木版画代替壁画。

木制小塔和那些木版画一起被送进地下。木缘塔、木版画在 1986 年被国家文物局专家组分别鉴定为国宝级文物和国家一级保护文物，先后在日本等国和地区展出，深受史学界、考古学界专家和学者的赞誉，堪称西夏木雕、绘画中的精品。

一个西夏陪都的墓葬就出土了如此有价值的木版画，那么，作为帝陵的西夏陵，是否会有木版画出土？如果有，它们的艺术价值又该如何？历史无情地粉碎了我的这个追问：从参与西夏陵考古的一些学者的回忆文章中，我了解到，有的墓道两壁确有壁画，但他们看到的已经是被损毁了的；如果陵墓下面有版画，肯定也早就被盗墓者毁坏或者低价卖给文物贩子了。倒是有个信息引起了我的关注：2017 年春节期间，我的一位新疆朋友在电话里告诉我，在新疆南部的一处墓地里，发现了上百幅木版画，上面的文字他们都不认识，希望我能够鉴定一下。他将图片发来，我一看，上面的文字毫无疑问就是西夏文字。上百幅西夏木版画出现在新疆南部地区，这意味着什么？我等待着能够去新疆破解这个谜团的时机。

任何一座帝陵，不仅是地面上站立的辉煌符号，更是一座埋在地下的艺术宝库。

由于陵体被破坏得过于严重，发掘到目前为止，考古队员们竟然仍无法确定每一位陵主人的身份。当初，钟侃率领一部分考古人员开始对地面破坏最小、当时编号为 6 的帝陵进行地下考古工作时，另一部分队员开始对编号为 7 的帝陵展开地面考古调查。队员们都满怀希望，期待能够找到解开西夏之谜的突破口。

经过一年艰苦的清理挖掘，6 号陵残缺而神秘的墓门，终于出现在钟侃的眼前，却让他直皱眉——墓门是损毁的，一定有盗墓者比他们先进去了。这意味着

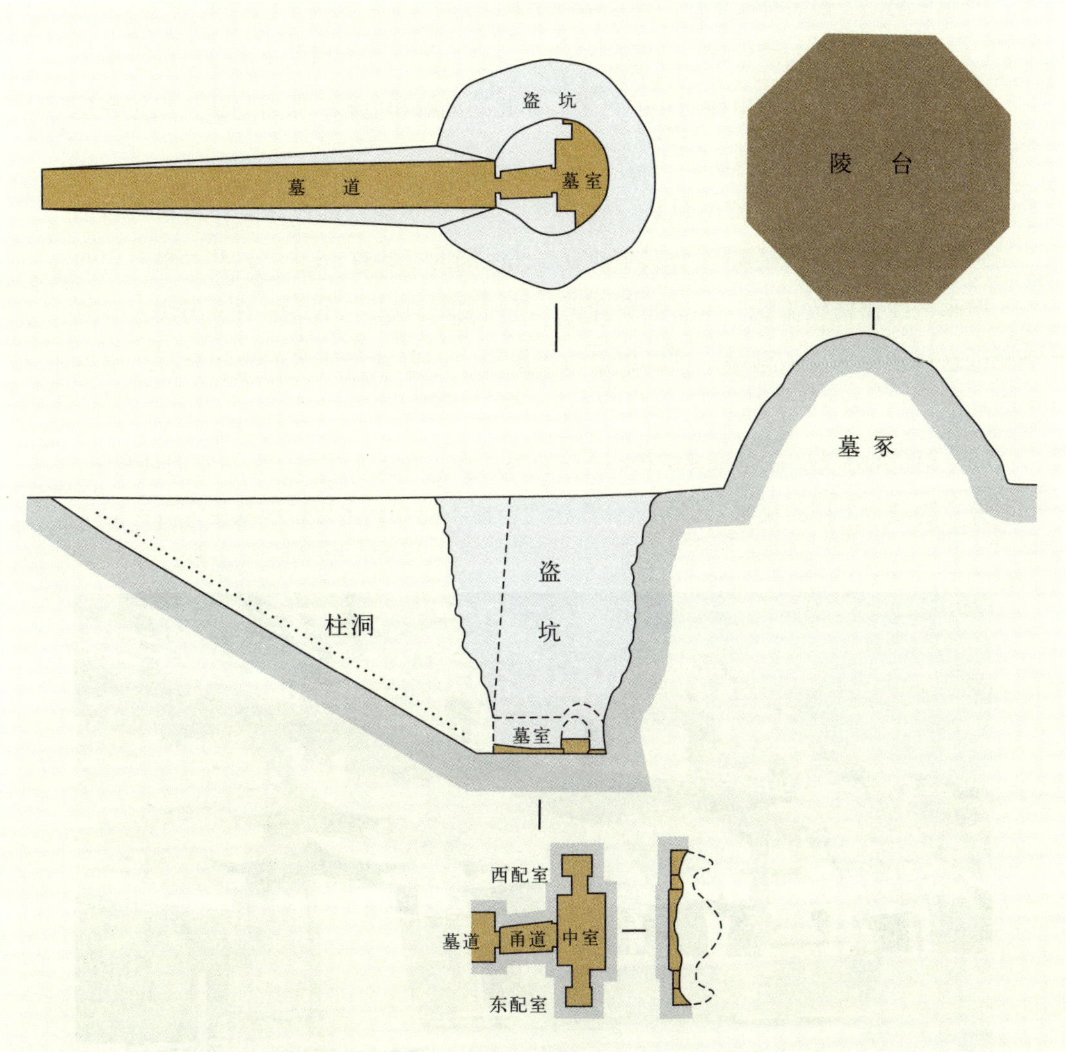

6 号陵墓室、墓道、墓冢的平、剖面图

他们的收获会少于此前的希望。借着手电筒发出的光，他小心地进入甬道，踩着地上铺砌的素面方砖，缓慢通过被盗墓者破坏的甬道。两侧墙体表面涂有白灰，却已经脱落大半。相比于地面的干热，甬道里的凉风带着丝丝寒意，仿佛提醒他，这里已经被盗过，别抱有太大的希望。

甬道并不长，他很快就走到尽头，地下墓葬中心区域墓室的大门出现了。

随行的一名考古队员低低地喊了一声："墙壁上有画！"大家将手电筒的光集中在一起，一幅绘有武士像的彩色壁画出现了。

壁画以蓝色勾画轮廓，以赭红、绿色渲染，虽然武士像的下半身已经模糊不清，但仍然可以想象出他当年的风采。如此的笔触和色彩，很容易让人联想到榆林窟中西夏时期的壁画。

榆林窟位于甘肃省瓜州县。从唐朝开始，各个朝代都在这里开凿和绘制壁画。榆林窟现存石窟 43 个，其中西夏、元时期的一共有 16 个。这些西夏时期的壁画，线描精致流畅，色彩饱满鲜亮，是西夏时期艺术作品中的杰出代表。通过这些栩栩如生的壁画，可以想象当年甬道中的壁画是何等的亮丽夺目、精美绝伦。

甬道的尽头，就是墓葬的核心——墓室所在，在这个尘封了数百年的墓室中，究竟隐藏着怎样的秘密？保存着什么遗产？能不能找到可以证明墓主人身份的文

榆林窟

榆林窟中的西夏供养人像

物？钟侃和他的考古队员们都压抑着内心的激动。

此前，地面上考古人员拼凑出鸱吻的消息，让钟侃对陵墓下面充满了信心。然而，命运却跟他们开了一个玩笑。进入墓室，手电筒的光线照亮了几百年来的黑暗，眼前的状况却让队员们的心凉了一大截：墓室中有多个盗洞，西面部分遭到的破坏尤其严重。

在清理墓室的过程中，发现了甲片、铜铃、铁钉、铁兵器等西夏文物，陶瓷器也不少，但几乎全是残片。关于6号陵墓主人身份的直接证据，钟侃和他的同事们直到最后也没有任何发现。

这种结果对考古人员来说无疑是一个巨大的打击。破坏最小的6号陵尚且如此，其他陵的状况自然更不容乐观。

西夏陵有奇珍异宝吗？如果有，又去了哪里？

西夏陵的地面建筑部分，有鸱吻；地下部分，有狗、牛等。

游牧民族和农耕民族对动物的喜好各有不同，但有一种动物是他们共同喜欢的——狗。狗，同样也是西夏皇帝、皇室中人喜爱的动物。

我相信，西夏的皇帝常常任由狗在自己周围跑来跑去，甚至在他处理朝政或者接见外国使者的时候。对于这个观点，一幅今天被藏在俄罗斯艾尔米塔什博物馆的《西夏帝王像》可以做证。这幅画出土于今内蒙古额济纳旗的黑城，被俄国

《西夏译经图》

探险家柯兹洛夫从黑城发掘出来并带到了今天的收藏地。在画中，西夏的皇帝前面有一条猎犬，这要么是以写实的手法告诉世人，西夏的皇帝是爱狗的；要么是以象征的手法，昭示狗在西夏皇帝面前的尊贵地位。

同样是柯兹洛夫盗走的另一幅《官员及其侍从图》，图中的西夏官员身旁也有一条脖子上系有铃铛的狗，狗朝向主人。通过这两幅画，我读到了这样的信息：西夏的皇帝允许心爱的狗在满朝文武前撒欢儿，甚至在接见翻译佛经的高僧时，也允许小狗奔跑在侧。保存于中国国家图书馆的《西夏译经图》中，就出现了两条绕着钱币奔跑的小狗——这说明，西夏的皇室与贵族，对狗有着特殊的情感，狗出现在这些珍贵的画像里，有着守护财宝的功效。

天哪，一条降生在西夏的狗，该是多么幸运！一条被选入或出生在西夏宫廷的狗，更是怎样的幸福！

前期或中期的西夏皇帝本就已经够喜欢狗的了，而晚期的西夏皇帝们就更甚。在晚期的西夏皇帝身边，常有一条甚至不止一条具有神通的狗，末代皇帝嵬名睍更是在国运危难时，身边还带着一条狗，这条长着橙黄色毛发的狗整天戴着黑色的口套，有点像 700 多年后出没于城市雾霾深处的现代人。

在俄罗斯西夏学者萨玛秀克的眼中，这是一条具有神性的狗，它或许生于民间，或许生于皇宫，但这并不影响它的通灵。每到夜深人静，它会以不同的犬吠来预示周围的情况。没有危险时，它以欢快的“汪汪”声打破周围的宁静，一旦危险来临，它会发出长长的嚎叫，提醒主人注意安全。

萨玛秀克在其《黑城出土绘画作品中的历史人物——事实与假说》一文中这样写道：

> 他们说唐古特 ShidurauKhagan 嵬名睍（？—1227 年）有一条橙黄色的狗，戴着黑色的口套，名为 Khubelik，它可预言未来和平。宁静时，这条狗便会欢快地吠叫："周围没有敌人！"当它开始嚎叫时，便意味着敌人正在靠近……于是，这件事表明狗是未来命运的通报者，并且即使知道这仅是一个属于后来时代（17 世纪）的神话，我们也必须接受这个故事，用以解释唐古特人在艺术中反映出的、对狗的忠诚态度。此外，很值得注意的是唐古特艺术作品中，无论是狗还是关于历史细节的设置都没有置于特殊的场景中。它们不只是具有象征意义，还能更多地以历史、神话或宗教信仰的方式得以体现。

当考古学者在西夏陵挖掘出石雕的狗时，没有人去留心这意味着什么，很多学者还是简单地认为，这是模仿中原王朝的兽陪葬风俗，而忽略了狗在西夏统治者心中的地位。我想，那些生命垂危的西夏统治者，在告别这个世界时，一定希望有狗陪葬。

狗在人类的生活中所起的作用是不可或缺的，尤其是在游牧民族的狩猎、放牧、探险甚至战争中都起过其他动物无法替代的作用。至今，在草原上，游牧民族的人依然深信，狗有预知危险和保护主人及其财产的能力。普通人如此，不少历史上的领袖人物更是保持着对狗的偏爱。

中国的皇帝对狗的偏爱，有着悠久的历史。狗作为皇室生活和礼仪中的重要角色，一直没有退出过皇帝或后妃、大臣的生活舞台，它们被宠爱和供养。

在和西夏同时期的北宋，皇帝宠爱狗也是一种传统。传说宋太宗死后，他偏爱的小狮子狗"桃花"要陪葬。主人亡去，狗也悲伤，"桃花"走到皇陵入口时，当场死去。太宗之子真宗看到这一幕，深为感动，下令用御用的撑伞布将它裹起来，和主人永远安息在一起。从此，用狮子狗陪葬成了宋朝皇室的一条规矩。

当然，如果这种宠爱和供养超过一定的度，尤其是当皇帝将这种生活方式和奢靡联系在一起，就意味着这种生活为这个朝代挖掘了坟墓。比如，慈禧太后就在紫禁城里养了数百条拉萨狮子狗、藏獒和哈巴狗，她最喜欢的是专为她养的100多条狮子狗，她甚至在颐和园内为一些狮子狗修建了专门的狗舍。八国联军攻进北京城时，仓皇出逃的太后没有忘记带上她最心爱的几条狗，还下令将来不及带走的宠物狗投入宫内的一口水井。有五条狮子狗落入英国士兵手中。那五条狗被层层上交，每一个看见它们的联军军官都赞叹不已——他们就没看到过这么迷人的动物。最后，这些狮子狗被运往英国，哈特·邓恩上校将它们送往大英帝国的皇宫。其中，最小的那条迷住了维多利亚女王，被女王取名“落蒂”。美好而珍贵的东西，在哪儿都会受宠，这些狮子狗从紫禁城的皇宫到大英帝国的皇宫，主人换了，生活的地点换了，甚至它们的食谱也换了，但被宠爱的命运依然保持着。“落蒂”在白金汉宫生活了11年才去世。其他四条狮子狗，一条被海军上将约翰·海勋爵领回去饲养，一条被他送给姐姐惠灵顿公爵夫人，另外两条被赠予奇蒙公爵夫人。这些狗及后来陆续被偷运到伦敦的狮子狗，成了西方狮子狗品种的祖先。

《辛丑条约》签订后，慈禧太后返回紫禁城，进行了一系列的“改革”，其中一条就是允许一小部分狮子狗被当作礼物送给西方的重要人物，比如，她就挑了两条狮子狗送给了美国前总统西奥多·罗斯福的女儿爱丽丝·罗斯福。

我在这里将前面的写作之路岔出去，大谈中国宫廷内的宠物狗，是想说明，西夏皇室养狗并不是一件令人感到意外的事情。西夏的统治者死去后，依然将狗和自己的形象以画的形式留在墓室内并不惊奇。而且，我怀疑那条在皇帝身边跑来跑去的小狗，也是狮子狗。

如果说狗在西夏陵有着这样重要的“地下角色”，那么，牛的“地下使命”一点儿也不逊色于狗！

当初，考古学者在地下碰到一个“牛角”样的东西时，他们并没有意识到这意味着什么，甚至，当那头完整的、188千克重、1.2米长的铜牛出现时，在他们的概念里，这也仅是模仿中原帝陵的一种动物陪葬方式而已。可如果你了解了西夏统治区域内牛拥有的地位——无论是农耕区的耕牛，还是牧区的牦牛，我想，你一定会对在地下陪葬牛的这个风俗有全新的认识。对西夏来说，牛是重要的维持经济基础的一种动物，它在西夏境内有着重要的地位。将它陪葬于帝陵，是西夏对牛高度重视的体现。或许曾有很多陪葬的牛，只不过被盗掘得只剩下了考古学者们看到的这一头；也或许整个陵区本就只有这一头。它在地下沉睡千年后，一走进博物馆便发出了属于自己的光芒——宁夏博物馆的镇馆之宝。

纵观中国历史，修建帝王陵寝属皇室大事，朝廷往往不惜靡费大量财力以精心构筑。

从最初的考古开始，不同时期的考古学者都没有放弃这样的想象：一个王朝的帝陵群，应该是一座丰沛的地下宝库，无论是物质意义上的金银财宝，还是文化意义上的艺术精品。石刻的狗、鎏金铜牛、精美壁画以及被盗走的其他艺术品甚至金银财物，让西夏陵变成了一座这样的文化宝库。

既然是宝库，就会吸引盗墓者的目光，就必须承受被盗掘与损毁的命运。

贺兰山下，一座宏伟的、被埋在地下的艺术宝库，只留下了一副残骸。

六　损毁者谁？

“嘘！别出声，找死呀！”

“胡喧呢，这么大半夜的，鬼都没个影子，哪来的人？把心放到腔子里，你两个快下去，我在上面看人，挖到东西了，放在筐里，我会拉上来！”

月光下，三个人影像三枚晃动的印章，慌乱地移动在地面上。他们的旁边，是连续几个晚上挖出的一条坑道。就在一个时辰前，坑道底部突然裂开一条缝，经验让他们快速跳出坑道。很快，裂缝越来越大，随着坑道内的土逐渐向下陷落，“有货！”这个想法迅速从他们心中升腾，化作一股热火，燃了起来！

以干不光彩事情连接起来的同盟中的每个人，心里往往会充斥着对彼此的不信任，盗墓者更是如此。到墓室取宝的人，往往有着很大的风险，将墓室里的财物交给守在上面的同伙手中时，常常也是他们生命结束的时候！因此，这几个盗墓者开始以抓阄的方式，决定了两人下墓室盗物，一人留在地面上负责往上吊人吊物。

对盗墓者而言，仿佛有一个魔咒，那就是地下盗物者将宝物装好，让地面停留者拉上去后，他们等来的往往会是地面同伴的扬长而去，任由他们在苦苦等待、哀号、诅咒中慢慢饿死于地下，陪伴那些失去了陪葬物的墓主人。这个魔咒，这次同样起了作用。地面的那位盗墓者在往上吊完最后一筐财物后，开启了深藏于内心的那个罪恶的开关，他要结束同伙的盗墓生涯！

地下的两人开始苦苦哀求。然而一锹土从上面飞下，接着是第二、第三锹土，干土扬起的灰尘在狭小的墓室里飞舞起来，和地下那两人嘴里飞出的最恶毒的诅咒一起飞舞。但这种飞舞很短，像一朵短命的恶之花，很快就凋零了——他们即便不是很快被飞扬的尘土呛死，也会在绝望中被饿死。

多年后，考古学者在西夏陵编号为 182 的墓室中，发现了他们的尸骨。

从建造第一座王陵开始，到最后一座帝陵、陪葬墓，近 200 年的时光里，贺兰山下的这片陵区，在地下积累出一个巨大的宝库。帝陵的宏伟，除了证明一个王朝梦幻般的强大之外，更是无声地呼唤着盗墓者：这里藏有珍宝！

一个在中国存活了上千年的话题出现了：盗墓！

是的，我上面提到的那三人是盗墓者！他们没有将平和的目光投向天空或地面，而是让目光像扫雷器般、带着炸弹一样的危险投向地下，可惜其中的二人却因此失去了性命。当钟侃先生打开他们丧命的墓室，得出这样的结论："根据出土情况推测，骨架 3 应为墓主人，骨架 1、骨架 2 可能为遇难的盗墓人。"

地下的寂静被敲碎，被敲疼的还有墓主人的骸骨。

这座墓位于 6 号陵和 7 号陵之间，距离 7 号陵仅 700 米。墓前的碑亭周围，考古学者发现了 133 块西夏文碑、216 块汉文碑，其中的一块西夏文碑上刻有"国正献王之神道碑"字样。查阅西夏文献，果然，西夏晚期有一位献王名叫嵬名安惠。

那么，这座墓的主人，无疑就是西夏晚期的献王嵬名安惠。这说明在西夏的帝王陵之间，可以穿插大臣的陵墓。

这些王族重臣，生前效忠王朝最高的领袖，推动着西夏这辆庞大的车行进在属于它的轨道上。死后，一样陪着他们的最高主人，接受陪葬物被盗的命运。

我不由得又念叨起波兰诗人辛波斯卡《葬礼》中的那句："他的头骨，被从泥土中挖出，休憩于一个大理石墓穴；勋章，酣睡于枕上：此刻，它获得了那么多空间，这个头骨，被从泥土中挖出。"

透过几代考古学者从 20 世纪 70 年代到 90 年代 20 多年的考古报告，我试图对九座帝陵进行一次简单的扫描，并将其独特之处向读者做个简单的说明。

今天，人们乘车从银川出发，穿越贺兰山前往内蒙古自治区的阿拉善盟，在告别贺兰山东麓的沿山公路向西拐弯进入贺兰山区时，右侧空旷的台地上最先入眼的那座高大陵体，位于整个陵区的最南面，就是考古学者们命名的 1 号陵，茔

1 号陵（纪录片《揭秘西夏陵》剧组制作的特效复原图）

域面积达 8 万平方米。目前，世界杯用的足球场地是 7000 平方米，也就是说，这座陵的面积比 11 个世界杯的足球场还要大。陵台为八棱锥夯土台，高达 23 米，台身八面九级，棱角清楚。考古报告中清楚地写道：从散落在献殿及陵台周围的陶器、残砖、碎瓦、琉璃装饰物、石雕等物品，以及相当一部分施绿色琉璃釉的鸱吻、脊兽残体来看，陵台上曾有砖瓦结构的建筑物；从台身四周布满柱孔来看，这座陵台的外围，有类似宫殿式的土木建筑。

在陵台与鱼脊梁之间，有直径约 2 米的盗坑，这说明它被盗过！

从 1 号陵出来，向西北而行，不远处即为 2 号陵，形制和 1 号陵完全一致，茔域面积基本也是 11 个足球场大。陵台形制和 1 号陵相同，高度是 23.4 米，陵台周身布满柱孔，有的柱孔中还有朽木，这证实了帝陵陵台外围的建筑物构件中有木头。

3 号陵位于 2 号陵的东北面，茔域面积 15 万平方米，这是我从考古报告中看

1 号陵与 2 号陵（纪录片《揭秘西夏陵》剧组制作的特效复原图）

到的最大的一座陵，也是从现实中看到的保存最好的一座帝陵。我特意留心到，这座陵的城墙夯土形制十分奇特，版筑墙体每版连接处均向内凹，这就使墙的外轮廓呈连弧状。而陵台同样呈八棱锥形，高 21 米，这个高度是原来就有的，还是后来被盗毁时削减的？陵台的每层都有成排的柱孔，是用来给里面的核心部分透气，还是给外围的塔状建筑安装木头的？ 3 号陵台比 1 号、2 号陵台分别低 2 米和 2.4 米，但比其他的所有帝陵陵台都高。

4 号陵东距 3 号陵 2000 米，茔域面积 10 万平方米，陵台是八棱锥形夯土台，高 15 米。陵主的地位明显低于 3 号陵，但高于 1 号、2 号陵。

5 号陵南距 3 号陵两三千米，茔域面积 10 万平方米，陵台破损严重，仅存 8 米高的土丘。5 号陵的陵主地位也较 3 号陵低，但陵墓规模与 4 号陵一致。

6 号陵南距 4 号陵两三千米，紧依山脚，海拔高度在 1175~1193 米，茔域面积 10 万平方米。这是唯一经过正式挖掘的帝陵，时间为 1972—1975 年，但因为

3 号陵（纪录片《揭秘西夏陵》剧组制作的特效复原图）

墓室早年被盗，出土文物极少。其陵台为八棱锥形夯土台，高 16 米，献殿的台基上有铺砖的遗迹。在陵台前 18 米处，有一个圆形的盗坑，这个盗坑下面就是墓室。甬道两面的墙壁上抹有一层草拌泥，上面又涂了一层 0.9 厘米厚的白灰，白灰上绘着武士像。

7 号陵南距 5 号陵 3000 米，陵台呈八棱锥形。

8 号陵位于 7 号陵西北 500 米处，紧靠山脚。陵台外的其他建筑无存，陵台一度被附近的一个单位当作水塔，在陵台顶部修建了一个蓄水池。

9 号陵位于 7 号陵东北 450 米处，损毁严重，陵台已经了无踪迹。

一些小小的规律出现了：从南向北，前三座坟墓的面积比后面的大；所有的陵台均为八棱锥形，陵台外围有瓦木结构的建筑；这几座帝陵均遭到盗掘。

相比被盗掘的帝陵，陪葬墓的命运也好不到哪儿去，同样遭到毁坏，有的墓冢几乎和地面一样平，有的已经彻底不见踪迹。

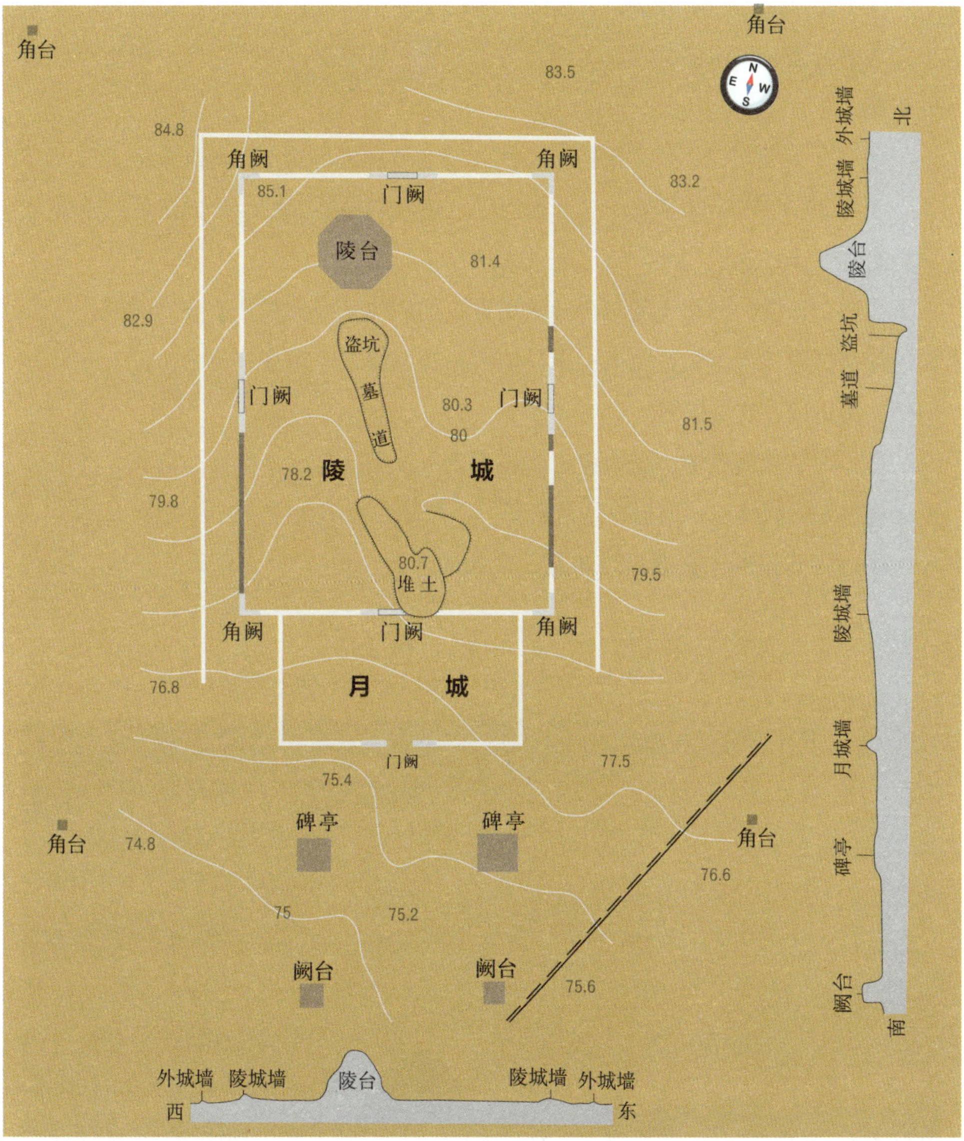

6 号陵平面和纵、横剖面图

也就是说，九座帝陵和目前能看得见残存遗迹的200余座陪葬墓，建造形制和其主人及地下陪葬物各有不同，但它们都有一个共同的命运——被盗！

像182号这样的陪葬墓，有前面所述的那种小规模民间盗掘不足为奇。但对于高大的帝陵，民间盗墓者就无能为力了！它一定遭遇过强大组织大规模有计划的盗掘。

1973年春夏之交，钟侃和同事们还在对8号陵进行挖掘，清理墓道工作已经进行到深25米、长49米处——这相当于一幢八层楼的深度。他们清理的全部是回填土和淤土，这说明8号陵已经被大规模地挖掘过了。如果采取正常的土洞墓挖掘方法，松散的回填土随时会导致塌方。他们请来了石炭井矿务局的两位有经验的煤矿掘进工人帮忙，工人们指导他们一边挖掘，一边在墓道内架设支撑墓道两壁、防止塌方的支护网。

这个细节让我震惊：现代考古队在阳光下发掘这样一个辉煌的墓葬，都得借助挖掘机来巩固墓道，那损毁这个墓葬的，该是一个多么强大的力量！

几百座墓葬集体遭遇损毁命运，最大的墓葬在地下20多米处，损毁者显然是一个规模性团体！

历尽沧桑的西夏陵

盗墓，这是个伴随着人类墓葬文化的词！联合国教科文组织的高级顾问霍顿曾指出，全球地上和地下的文物交易额仅次于毒品和武器交易。在中国、印度、埃及三个文物输出大国中，中国几乎拥有盗墓者在全球古墓中需要的所有东西。据确切统计表明，在全球 47 个国家和地区的 218 个博物馆中，中国文物就有 163 万件，而这个数字仅仅是全世界所有私人收藏量的十分之一。在中国的所有流失文物中，盗墓获得的比例极大。

从被揭去塔状外形的陵体、破碎的石碑块、满地的碎砖，以及挖掘出的盗道等，我们可以看出西夏陵不仅仅是被盗，而是遭到了近乎毁灭性的破坏。就像消失在历史深处的党项羌一样，就像正史中稀有完整记载的西夏王朝一样，西夏陵同样留下了诸多历史之谜。损毁西夏陵的，究竟是何人？

我开始寻找答案，我知道这注定是一个艰难的过程，而且我也无法确定自己找到的答案就一定是正确的！

一部中国帝陵建造史，同时也伴随着一部盗墓史。盗墓者从民间的个人到军队的大规模组织。盗墓似乎是一种畸形的传统，顽强地、幽灵般地紧紧嵌在帝陵的成长史中。

我从司马迁《史记》中的《货殖列传》看到，古代中山国一带有这样一个习俗：在地薄人多的中山一带，生活着殷人后代，这些人性情急躁，仰仗投机取巧谋生度日。男子们常常游戏玩耍，白天一起杀人抢劫，晚上则踩着夜色挖坟盗墓，他们制作赝品、私铸钱币。很多身体健壮且有点美色的男子，会去当歌舞艺人；女子们则常拖着鞋子到处游走，前往权贵富豪人家弹奏琴瑟，献媚讨好。“起则相随椎剽，休则掘冢作巧奸冶”，是这些人善于或者说喜欢盗墓的最好注解。

这些盗墓的男子，司马迁在《货殖列传》中这样写道：“其在闾巷少年，攻剽椎埋，劫人作奸，掘冢铸币，任侠并兼，借交报仇，篡逐幽隐，不避法禁，走死地如骛者，其实皆为财用耳。”

那是一副怎样的情形呢？翻译成现代汉语就是——“那些住在乡里的少年，杀人埋尸，拦路抢劫，盗掘坟墓，私铸钱币，伪托侠义，侵吞霸占，借助同伙，图报私仇，暗中追逐掠夺，不避法律禁令，如同骑着快马往死路上奔跑，其实都不过是为了钱财罢了。”

在司马迁笔下，普通老百姓的掘墓是一种普遍现象，而在魏晋南北朝时期，董卓、吕布、曹操等军阀集团对陵墓的盗掘更是猖獗。公元 458 年 10 月，北魏的第五位皇帝——文成帝拓跋濬离开洛阳一路向北，开始了他的巡视。行至阴山脚下，看到一处处被盗毁的坟墓曝晒在北方的阳光下，犹如被开膛的人体，他十分震惊。巡视回朝后，他正式下诏书，严惩盗墓。然而，在巨大的利益诱惑前，盗墓行为无法阻止，诏书的威力轻而无力。

即便是我们常常感到骄傲无比的开放盛世——唐朝，盗墓也是相当普遍的现象。

检校尚书左仆射、东都留守柳仲郢的一封辞职奏折，不仅让唐宣宗震惊，也让朝廷上他的同事们震惊不已。看了这份奇特的奏折，唐宣宗才意识到问题的严重性。在辞职奏折中，柳仲郢的原因很简单：祖先的墓葬被人盗掘，他要回家守墓。皇帝开始挽留他，但他觉得给祖先守墓是比做官更重要的一件事情。结果，皇帝没能留住他，而他最终给《新唐书》留下了弃官回乡、守墓终老的记录。

盗掘墓葬令死者在地下不安，也令知晓这些消息的生者心有余悸。唐玄宗时期的名相姚崇痛批这种行为“至令亡者致戮尸暴骸之酷”，他在告诫后人的信中写道：“我死后，给我穿上平常穿的衣服入葬，四季的衣服各备一套足矣。”当时唐朝有严禁盗掘坟墓的法令，然而却形同一张白纸，苍白无力地被盗墓者踩在通往盗墓途中的脚下。

唐朝的军人也往往将盗墓视为胜军洗城的一种庆贺方式或手段，著名的大将军郭子仪就承认自己统领的军队多有破坏陵墓的行为，在《旧唐书》中，他曾坦言：“臣久主兵，不能禁暴，军士残人之墓，固亦多矣。”

当帝国的皇权衰落时，不能保护先祖陵寝就成了一种命定的结局。先是唐懿宗的陵墓在其入葬 28 年后被盗，闻听这个消息时，年轻的唐昭宗除了远望着父亲的陵墓悄然落泪，还能怎样？一个连帝位都岌岌可危的男人，又拿什么去保护自己父亲的陵墓？当生者的生命都面临威胁，对已葬于地下 28 年的父皇的尊严，自然也早已无法保证。一个疯狂的时代开始了，唐末到五代初，曾显赫于关中的唐代帝陵群，除了唐高宗、武则天合葬的乾陵外，剩下的没有一座能避免被盗的命运。

温韬的出现，让盗墓行为呈现出罕见的规模，并带来惊人的副作用。

那时的温韬，就如一个巨大蝗虫群的领袖，随着他的一声令下，千万只蝗虫组成的失去理智的军团，往关中平原上那些唐帝陵猛扑上去。那些蝗虫，就是温韬手下的士兵。当他们打开昭陵时，全都惊呆了，墓中珍藏的图书、纸墨上，笔迹依然如新。

温韬身为耀州节度使，却下令发掘其管辖境内的全部唐帝陵，这种疯狂的盗墓行为，导致他归顺后唐庄宗李存勖时，后唐宰相、名将、军事家、战略家郭崇韬愤怒而言："此劫陵贼，罪不可赦！"

我仅仅是拿唐朝做个举例，其实，纵观中国盗墓史，军队形成的大规模盗墓链条几乎在每个朝代都有。秦末，项羽曾对秦陵有大规模的劫掠；西汉，赤眉军曾对汉帝陵进行过破坏；东汉末年，吕布、曹操曾组织过公开的陵墓发掘；唐代，著名将领郭子仪也有过"军士残人之墓，固亦多矣"的自责；五代时，更是一度出现以温韬为代表的遍掘唐帝陵的军阀盗墓集团。

到了和西夏同步的宋朝，盗墓之风并没减弱多少。江淮发运使杨佐在开修漳河时，就曾经"逼人夫夜役，践蹂田苗，发掘坟墓，残坏桑柘，不知其数"。

北宋也好，南宋也罢，虽都没能占据西夏，但那股蔓延的盗墓之风一定曾强劲地向西夏吹来。所幸西夏法令对盗墓者的严惩，让这股风并没掀起什么高潮。

盗墓，作为中国历史上延续久远的一种特殊社会文化现象，发生的原因值得关注。对历代破坏墓葬的动机进行分析，大致有如下三种情形：象征、物利、冤仇。

西夏陵的被盗毁，究竟属于哪种？

出于象征意味的盗墓者，往往是被某种神秘主义意识支配，他们有时甚至是受雇于人，对墓主的"气""势"及"风水"环境进行破坏，以期达到破损墓主人后代"福气"的目的，而这种破坏或破损的象征之一，便是盗墓。鲁迅先生在《清明时节》中就讲过这样一段话："元朝的国师八合思巴罢，他就深相信掘坟的利害。他掘开宋陵，要把人骨和猪狗骨同埋在一起，以使宋室倒楣。"八思巴（即鲁迅笔下的八合思巴）对宋陵的挖掘，就有着极强的象征意味——希望通过此举，让宋朝皇室气运尽丧。一座古墓，尤其是帝陵，常常透露着当时的文明状况，出于象征意味的大规模盗墓、毁墓行为，常常也带着对这种文明的敌视与破坏心理，而这种破坏心理，有时会直接导致对一座古代文化宝藏的破坏。

蒙古军队南下，占领南宋都城（今浙江省杭州市）后，掌管江南宗教事务的，是一个叫杨琏真迦的西夏遗民。那年的 12 月 12 日，他下令将南宋皇帝的尸骨，杂置在牛马的枯骨中，上面建造了一座塔，想以此来压住南宋的龙脉之气，塔的名字就叫“镇南”；杨琏真迦还将宋理宗的头颅挖出，将其加工成饮酒器。

纵观中国古代盗墓现象的诱因，往往与宗法意识或以孝道导致的厚葬风俗有密切关系。中国大多数的民间盗墓行为是冲着厚葬之物去的。出于这种“物利”心理，他们盗墓的目的就是钱财，比如孙殿英损毁慈禧墓的目的就是如此。

那么，损毁西夏陵的人，是出于什么心理呢？

许多年以后，每当我面对以褐黛色的贺兰山为背景、矗立在蓝天白云下的一座座巨大土堆，心中都会涌出 2011 年诺贝尔文学奖获得者特兰斯特勒默的《许多脚步》——

圣像被埋在地里，脸朝上
而践踏泥土的
是车轮和鞋子，是千百个脚步
是千万个怀疑者沉重的脚步

梦中我走入地下一个闪光的水塘
一次波澜壮阔的礼拜
多么焦灼的渴望！多么愚蠢的期待！
我头上是几百万怀疑者的践踏声

是的，那些脸朝上静静躺在地下的帝王、大臣们，原本希望有好运能够降临，落在王朝、落在他们的后人身上。然而，他们等来的却是盗掘者的粗鲁和羞辱。

1997 年第一次我到银川采访，就被直接领到西夏陵，聆听银川市委宣传部外宣科杨得志对西夏陵命运的介绍。在那片荒凉的冲积扇地带上，孤寂耸立的一座座高大土堆，让我不禁感慨它们的荒凉，于是不由得想起普希金的几句诗，这些诗句非常契合我当时的心境——

有两种感情令我们异常亲近
使我们的心灵从中获取养分
一是对故土的爱恋
一是对祖坟的情意
令人精神振奋的圣物

是的，对祖坟的情意，是成就普希金写作这些诗句的灵感的一部分。我在1997年之前，和西夏毫无关系，如果我将那次的初遇当成旅游时代的一次擦肩而过，也就没有我和它长达20年的纠葛，也不会有这本书。初次相见，西夏陵虽不是我的祖坟，却成了令我“精神振奋的圣物”。

初次到西夏陵，看到那巨大的损毁，我的内心是感慨的。西夏陵怎么会遭到如此大的破坏？现在公认的推断是蒙古大军毁陵。持这种观点者认为：蒙古军队有时间在攻破西夏都城后，从容地完成这项工作，同时他们也有能力组织规模性的破坏行为；成吉思汗临终时曾留下彻底剿杀西夏人的遗言，所以蒙古军队对西夏陵的破坏顺理成章；长期的征战，蒙古军队需要金银财宝，而西夏陵中埋藏的那些珍宝，正好成了他们获取的对象。

我先不谈这些观点正确与否，而是将眼光投向尼罗河西岸，那里的法老陵墓也曾遭到过损毁。我并不是为西夏陵的损毁找一个可靠的对比，而是想说：盗墓，是人类历史上的一个癌细胞！法老墓按照所葬对象的不同分为帝王谷和王后谷。这两个山谷从外面看都非常普通，谷中却埋藏着法老们的陵墓。这些陵墓通向外面的门全都被碎石封死，只有极富经验的盗墓者才能找到洞口。进入洞口，需要经过一个长长的甬道才能到达葬室，这些甬道从法老登基那天就开始挖，所以一个法老在位的时间越长，甬道就越深。甬道的尽头是葬室，法老的木乃伊连同各种价值连城的陪葬品就放置在葬室正中的石棺里。

几乎所有已知的法老陵墓，都在很久之前被聪明的盗墓者找到并盗掘，只有

军队拆毁西夏陵（纪录片《神秘的西夏》截图）

第十八王朝年轻的法老图坦卡蒙的陵墓，因为正好位于另一个陵墓的下方而幸免于难，直到1922年才被英国考古学家卡特发现。这是迄今为止发现的保存最完整的埃及法老陵墓，里面的所有宝物都没被动过。如今，这些宝贝全都被转移到位于开罗的埃及博物馆，但甬道两侧的精美壁画却原封不动地保留在原地。

初看之下，这些壁画颜色艳丽、线条细腻，让人不敢相信这是3000多年前的古人留下的作品。但是，如果你看了另外几座陵墓，就会发现问题之所在。这些古墓虽然间隔了500多年，但壁画的风格全都一模一样，几乎所有的人物都是以侧面示人，造型和动作也只有两三种变化，而且所有人物的双脚都画得非常别扭，这说明古埃及的画匠们一直没有掌握透视原理。如果再前后对比一下，我们不难发现一个让人惊讶的事实，那就是古埃及的所有画匠全都像是一个师傅教出来的！他们的绘画技法在很长的时间里几乎没有任何进步，古埃及的雕刻艺术和建筑工艺也是如此，这样的事情只有在一个完全封闭的农业社会里才有可能发生。

这种情形，在西夏陵却没有出现。随着西夏王朝在不同时期对中原文化及周围其他少数民族文化的接纳，其丧葬文化也在改变，如我前面所述的帝陵塔制，在前期汉传佛教和后期藏传佛教的影响下，帝陵内部的壁画手法、版画内容也有不同。

但西夏陵和埃及法老墓葬有着一个相似的命运，那就是都被毁了！

那么，西夏陵是如何被损毁的呢？考古学者在陵区的遗址堆积物中发现了木炭的灰烬、烧焦的墙皮，有的残木炭长达 10 厘米，火烧过的痕迹很明显，这说明损毁者采用了火烧的方式；陵园中被砸毁的石像生、泥塑造像、雕龙石栏柱、石刻经幢、方砖、石碑等，说明损毁者使用了砸的方式，尤其是陵区五座陵墓出土的 3632 块残碑上，所有的汉文或西夏文石碑，更是都已经成为碎块。可见，损毁者使用了烧、砸、掠等方式，对这座辉煌的建筑给予了致命的伤害！

又是谁，用这么残忍的方式损毁了西夏陵呢？

蒙古大军进攻西夏时，在陵墓附近的贺兰山腹地三关口，有着一支强劲的守卫部队。蒙古军队攻占了贺兰山西麓的今阿拉善后，按照常理，势必会攻破三关口，这样西夏都城就在眼皮底下了。然而，蒙古军队却被那支守军死死地挡在了贺兰山西边，让西夏陵避免了在都城攻破前就惨遭损毁的命运。

历史上，蒙古军队一直没有毁坏对方陵墓的传统。从西夏灭亡前夕蒙古军队在侵略战争中“争取子女金帛”的文献记录来看，当时的蒙古军队有着极强的掠夺心理，却没有劫掠西夏陵。无论是蒙古文献，还是同时代、后代的汉文文献，都没有蒙古军队劫掠西夏陵的记录！

如果蒙古军队是在占据西夏都城后损毁西夏陵的，那么，这样一个细节或许会引人思考：20 世纪 70 年代，考古队深入地下 25 米都不得不使用了现代挖掘机械，当时那些连中原农耕区的铁锹都掌握不熟练的蒙古士兵，又怎么能完成这样巨大的盗墓行为呢？

从明代初期盗掘一空的情况看，一定有人对西夏陵实施了掠夺。既然不是蒙古骑兵干的，那么，大规模损毁西夏陵的，究竟是谁？

一个大胆的设想跃出脑海：明代守军为了修建关隘，可能会拆毁王陵，以获得建筑材料与地下的财宝。这个想法在我于2014年完成大型纪录片《神秘的西夏》剧本时，就已经有了。

我再次翻阅《嘉靖宁夏新志》，试图从中为自己的这个想法找到证据。《嘉靖宁夏新志》中这样写道："李王墓，贺兰山之东，数冢巍然，即伪夏所谓嘉、裕诸陵是也。"也就是说，明代是将西夏视为伪政权的。也许正因为如此，西夏陵并不在王朝法令保护范围内。在中国人的眼里，历朝历代偷坟掘墓都是重罪且极不光彩，在道德的法庭上要受人唾骂，但盗毁西夏陵的行为，却因西夏是一个伪政权而被排除在法律保护之外，于是有了军队大肆损毁的行为，也有了后来来自民间持续不断的盗墓行为。

西夏陵是西夏皇族的野心和抱负，是一项持续了近200年的伟大工程，它还有很多谜团需要进一步的考古发现去解开。

第六部分

通往申遗之路的足迹

一　一场乐舞的命运

云在鸟的翅膀下飞行
雨声，穿透一匹马的胸腔而来
闪电中，你的沉默静如群峰
在峡谷间阅读夜色
黎明前走进沙漠
那时的腾格里，草场暗布
一峰骆驼，把丝绸换成来回的路
带着盐巴出走，驮回漂亮的公主
这衰败的黄昏，供我借宿
箱子里的蒙医宝典，日渐虫蛀
它的主人，咳嗽在远处的城市
八月，谁能守着一碗驼奶
像守望爱着的姑娘
八月，让民歌铺满阿拉善的角落
我想将姑娘的面容融化在一碗酒香里
喊她一声：妹妹！
我想在民歌的翅膀上，刻下歌词
想隔着一堆沙丘，守着一份记忆
哪怕鸟儿，消失在餐桌旁
哪怕骆驼，在弟弟的牧场里
被干旱卷走眼神和希望

关于西夏陵最辉煌的记忆，似乎一直被定格在了 1999 年 10 月 28 日下午。那天，时任国务院总理的朱镕基来到这里，并做出了 1000 万元拨款的批示，这不仅仅是中央政府从经济上给予西夏陵的一种关怀，更是现代视野下对待西夏陵的国家态度。这种关怀和态度，决定了这座辉煌建筑群的现代命运！

其实，对这笔巨大的历史遗产，银川市一直有着明确的态度。

第一次走近西夏陵时，远远地，在沿山公路西侧竖着的大牌子上，我清楚地看到了国家文物局将西夏陵确定为全国重点文物保护单位的年份——1988 年！

那个牌子，到现在依然竖立着。一个国家对待文物的态度，其实也代表了它对待自己古老文化的态度。西夏陵从被公布为全国重点文物保护单位以来，已经走过了 30 年的时光。

西夏陵是西夏统治者的归宿，在西夏时期，它承载着西夏统治者对来世的期盼，也受到后继者的重视。然而，随着西夏王朝的灭亡，它就一直承受被冷落、劫掠、盗毁的命运。它注定要变成弱者，这种角色的转化意味着它需要被保护。具有嘲讽意味的是，还没来得及被真正地保护，西夏陵就和国内其他文物保护单位一样，成了旅游时代的一块招牌。

20 世纪 90 年代初，中国涌起的旅游大潮，首先冲击了九寨沟、张家界这样的自然遗产，随之而来的，是西夏陵这样的文化遗产。

就像打开一扇窗，新鲜空气和蚊蝇会一并进来一样，旅游的栅栏一打开，混乱也伴随出现了。进入陵区的游客会随意爬上神墙拍照，一些摄制组也会肆无忌惮地走进陵区拍摄……

在这种情况下，西夏陵区管理处的牌子终于挂了出来。这意味着，自被损毁的那天开始，一直处于被损毁状态的陵区，终于迎来了政府层面的保护！ 1997 年初，西夏王陵风景名胜区管理处和银川西夏陵区管理处成立，铺开了一条文物保护、研究规划、内部管理的“保护道路”。

但是，三年后，当我因工作调动至银川，并开始认真关注西夏陵时，我发现了这条保护道路上的“坑坑洼洼”：随意将一些粗劣的文艺项目与西夏陵挂钩；零门槛让大批和西夏文化无关的项目涌入陵区，导致陵区看似繁华，实则混乱不堪；陵区莫名其妙的植树活动，破坏了陵区原本的苍凉感……

西夏陵

直到现在，一想起西夏陵响应政府号召的植树造林之举，我脑海中仍会浮现一个真实的事情。2004 年夏天，我和报社的几位同事去祁连山南段的甘肃天祝藏族自治县采风，见到 20 世纪 90 年代就认识的诗人靳万龙。席间，大家喝着青稞酒，话题散乱，说到哪儿是哪儿。和我一同前往的李峰龙问靳万龙：“你去过银川吗？”

“去过，很不错的一个城市！”

“哦，银川有很多值得去的地方，去过吗？”

“去的景点不多，但印象很深的是你们那儿的西夏陵！”

“给你留下了怎样的印象？”

“树太少了，走在那里太热了，栽的树又矮，长得像青稞似的，避不了热，还不如别栽，不像我们祁连山这边，尽是高大的原始森林！”

平时喜欢开玩笑的李峰龙一脸坏笑，说：“你的这个感受代表了很多外地游客的心声，但请你们放心，我们银川市已经决定动工了，准备在西夏陵安装空调！”

我看见靳万龙的脸上写满了怀疑——他的心里或许在想：那么空旷的地方，怎么安装空调呀！

大家接着喝酒！

不一会儿，靳万龙脸朝我问道："老唐，我想了半天，还是没想明白，这空调都是安装在房间里的，西夏陵那么大，往哪儿安呢？"

我知道他还没反应过来这是李峰龙跟他开的一个玩笑，但又不好说破，便指指李峰龙："你问他吧！他是个博学的人，一定知道答案。"

"这个很简单呀！"李峰龙快速反应道，"中央空调！来，喝酒，不操心这个了！"

大家继续愉快地喝酒。然后，分手。

几天后，我在银川接到靳万龙长途打来的电话："兄弟呀，你们走了后，我想了好几天就是没搞明白，那么大的西夏陵区，怎么安装中央空调呢？问了很多人，没有人知道答案，倒是给一些景点的朋友谈起时，他们都很感兴趣，让我问问，你们那儿什么时候能装好中央空调，他们想去学习。"

至此，我只能跟他说，这是酒席上随便说的一个玩笑话。

他在电话那端良久后才缓缓地递来一声"哦"。我能想象出他的低落，或许，他那几天没事儿时真的就在琢磨，西夏陵景区是如何安装空调的。2012 年 7 月 6 日，他去世了，这位著有《草地里的镰刀》的作家、诗人，他的文学镰刀上，或许一直还在等着收割有关西夏陵安装空调的庄稼。

一些围绕西夏文化打造的文化项目，就是那个时代背景下的产物！

记忆中，总将 20 世纪末抵达西夏陵的情景，视为对这座辉煌建筑的首次接近。然而，真正给我内心擂响一阵战鼓的，是 2001 年夏天的一个夜晚。那时，启动旅游风帆的西夏陵，正敞开自己的怀抱迎接各类文化活动，我所在的报社也组织全体员工前往西夏陵参观。记得那是一个下午，我们从市区乘车，在夕阳的余晖中抵达陵区。刚进去不远，我就在左侧看见新打造的不少蒙古包，顿时一阵诧异：党项统治者的陵区怎么变成了蒙古人的天地？而且，按照真实的历史来看，这个王朝是亡于蒙古骑兵铁蹄下的，怎么能在王朝统治者长眠的地方，置放敌方的标志性民居呢？然而，那里矗立的确实是醒目的蒙古包。门口端着酒碗迎宾的女子身着蒙古族盛装，唱着跑调的蒙古族歌曲正在欢迎我们。

一顿典型的蒙古族餐饮后，在一个敞开的场子上，一场西夏乐舞开始迎接我们。

节目的开端吸引了我：那是一个身着战服的女性团体。主持人介绍说，这是西夏王朝特有的女性战队！女性组成的战斗部队，这个概念顿时戳疼了我可怜的历史记忆盖子。后来查阅资料才知道，西夏确实是有不同于中原王朝的女性作战部队的。

中国历代军营都忌讳女性，所以会出现“木兰代父从军”的故事。从《商君书》中规定的“令军市无有女子”，到清代《都门纪变百咏》中的“军中有女气难扬”，女性是远离战争第一线的。但在西夏王朝的正规部队中，却给了女性一定的席位。入伍的女兵被称为“麻魁”。在西夏语中，“妇”音为“麻”，“大”音为“魁”，“麻魁”的意思其实就是“壮妇”。那时，宋朝的女人多以缠足为美，而西夏境内的妇女，尤其是游牧部落的女性，因深受党项羌文化影响，以身体强壮、勇敢无畏、武艺高强为美，这样的女性，完全能够胜任士兵这一角色。

为了寻找到国家法律层面的依据，我特意翻阅了西夏的《天盛律令》，确实从中找到了西夏妇女在军中承担守卫营垒、站岗放哨等任务的记载。如“守大城者，当使军士、正军、辅主、寨妇等众人依所定聚集而往”。其中，“寨妇”这个词直挺挺地向我的脑海刺来。我想，她们应该就是城中担任防守职责的女兵。律令对她们诸如缺勤、渎职等违纪行为也都有详细的处罚规定。

也就是说，当宋帝国大批妇女在裹脚这一习俗中逐渐行路不便时，西夏的女子却能像男人一样，驰骋疆场。

在现实中帮我找到答案的，是宁夏海原县的本土学者李进兴，他在距离银川300多千米的海原县一个古寨中，接待专程前去采访的我：“西夏妇女参军？这个是没问题的。你看，这么大的一个军事城堡，是《海原县志》中明确记载的西夏时期的古堡，如果我们仔细点，一定能够从中找到女性用品！”

那天，阳光将我和李进兴的身影拉得很长，我们毫无方向地在那座叫临羌寨

第一梁太后操练女兵（纪录片《神秘的西夏》截图）

第二梁太后和她带领的女兵（纪录片《神秘的西夏》截图）

的废旧古堡中转悠。他当时的身份是海原县文管所所长，我的身份是采访临羌寨的一名文化记者。他非常肯定地告诉我：“1995 年，生活在临羌寨周围的居民就曾发现这里有很多能换钱的死人骨头，在挖掘过程中，他们又发现很多比骨头更值钱的文物。在这里挖掘出土的各种器物中，竟然出现了女性用的梳妆台、化妆盒、骨梳子、饰物等。”

阳光下，他顾不上擦汗，低头找寻着他认为能够说服我的证据，仿佛这是一个攸关他个人声誉的大事。返回的路上，他一次次地肯定道：“这个西夏时期重要的军事城堡，见证了西夏女兵出征的历史，军营忌讳女子的情形在西夏得到改写，并且证实了在西夏确实存在着一支女子正规军，你说，这不是中国的一件大事吗？”

他和中国诸多的民间学者一样，像个魔术师般，总会端出一些令学院派们瞠目结舌的观点，让那些习惯了在纸上爬行的学者、专家既气愤又无奈，他们总会认为这是抢了他们的饭碗，但又批驳不了。他的学问态度及观点，也永远归类不到学院派中去，这是带着土味的一种真实。

我和他持续至今的交往完全证实了这一点，比如他提出的上述观点，以及再后来提出的成吉思汗葬于海原县等观点，总给寂寥的学术圈扔去一枚枚炸弹，令吃西夏饭的专家们不得不常常仓皇地擦拭着这些炸弹引起的尘土，而他就在海原，冷静地、淡定地制造着关于西夏的新话题。

然而，由于他没有身处学术顶端的显赫身份，也没有与之相配的话语权，临羌寨见证西夏军营中有女兵的这枚炸弹，并没有在西夏研究的学术圈炸出多大的动静，但确实在我的内心掀起了涟漪。

那些出土于古寨中的证物、当地县志上的记述，以及后来他陆续拿出的从这里出土的文物，让我相信了他的观点。我相信西夏的确有女兵存在。有时候，很多事情就这么简单，一份认真的态度和出土的物件，比学者上万字的学术文章，更容易赢得信任。

因此，当我在西夏陵区的那个剧目里看到西夏“麻魁”威武地擂鼓出征时，深刻地感受到西夏确实是一个全民皆兵的王朝，男女老少身上迸发出的杀气，形成了一股农耕文明影响下的中原人无法理解的战斗力，这或许也是它能够在辽、宋、金的夹缝中生存的原因之一吧！

离开临羌寨，和李进兴回县城的路上，我的脑海中忽然闪现源自史料的一幕想象：25 岁那年，西夏的第三任统治者秉常坐不住了。此前，他一直活在母亲梁太后带来的阴影中，母后因执掌国政带来的威仪像一把移动的伞盖，总是罩住他的青春激情，令他成了一个影子。秉常 15 岁那年，梁太后更是做出了让这个王朝，甚至辽、宋都大为吃惊的举动：下令废弃朝中遵循的中原礼节，恢复党项羌的传统礼仪。这使党项礼仪在西夏朝政中执行了 10 年。叛逆的方式有很多，秉常采用了遵循汉人礼仪的途径来反叛母后。然而，这条路没走多远，他就发现这是条死胡同。在梁太后看来，这不仅是彻底背叛元昊意愿的叛逆之举，更是向自己的权威发起的一场挑战。

散乱的史料就像一块块碎片，而我就像蹩脚的裁缝，慢慢地缝纫秉常的性格外套：这是一位有着中原文化情结的青年皇帝，他和母亲之间的礼仪之争还没见分晓，就又做出了一个令母亲无法容忍的举动。

那是 1081 年 3 月，秉常接受大将李清的建议，打算将黄河以南的大片土地归还宋朝，与宋结好。或许这是一个策略，他想借助宋的力量削弱母后梁氏的力量。

亲情在政治面前难免苍白乏力。母亲和年轻的皇帝之间展开了又一轮的政治较量。在这个政治较量的棋盘上，扮演前卒的李清被梁太后与国相梁乙埋密谋诱杀，秉常被囚禁在距兴庆府五里处的一个堡寨，那里戒备森严。梁太后的这个举动遭到拥皇派的反对，一些支持者甚至召集了军队，内乱一触即发。

这些情报被宋朝的谍报人员快速传递到东京，让宋朝抓住了一个契机。

西至今甘肃临洮、东到今山西西北部的上千里战线上，宋朝集结的五路大军开始进攻西夏，史称“五路伐夏”。宋朝方面有个冠冕堂皇的出师由头：救助被囚禁的西夏皇帝。

宋军在战争初期取得的胜利导致西夏都城里一片恐慌。在内政不稳、外部重兵进攻的危急时刻，梁太后对整个战局做出了正确判断，采取坚壁清野策略，集中 10 万精兵保住都城四周的要塞，并派出机动兵力袭击粮道，切断宋军退路。她亲自带领守卫西夏都城的精锐部队和训练有素的西夏女兵“麻魁”，渡过黄河后继续南下，对宋军中最精锐的中路部队实施反攻，临羌寨就处于当时的中路上。战争以西夏取得胜利而告终。

我想，临羌寨扮演“麻魁”证词的角色，就是在这个历史背景下呈现的吧！那些女性的神奇光芒，在这干黄的废堡中，早就蒸发于热辣辣的阳光中了。

在西夏陵里观看西夏乐舞的那天黄昏，夕阳照进表演大厅，那些年轻的女演员头上绾着高高的发髻，穿着特意设计的战服，露脐舞裙十分醒目，擂鼓的动作相当夸张，在我眼前晃出一片金黄的世界，让我恍如看到一次西夏出征前的壮威仪式，并让我对那个陌生王朝展开了尽情的想象。

散场后，我对那个歌舞的导演产生了浓厚的兴趣。他或她究竟是怎样的一个人呢？我的寻找并不顺利，直到几年后，我们才有了相遇的机缘。

记述与导演相遇的文章发表在2009年6月9日的《银川晚报》上，我在2009年6月23日的博客中也有转载。那场歌舞的导演是一对夫妇，到接受我采访时，他们守着“西夏歌舞梦”已经26年了！

清晰地记得我们相遇时，他们的身份是黄河东岸一家旅游景区的艺术顾问，正在创作另一部西夏歌舞。

1950年，葛秀英从家乡大连入伍到空政文工团，五年后，华方佐从家乡丹东入伍，也到了空政文工团。

1958年初夏，宁夏回族自治区成立前夕，有关方面到中央文艺团体动员年轻人到宁夏工作，支持新成立的自治区政府开展文艺工作。华方佐、葛秀英和当时许多热血青年一样，当即报名参加，他们的想法很简单：一是到祖国最需要的地方去，二是两个人能在一起就行。

1958年8月的京城，秋高气爽，空政文工团40多名支边的文艺青年带着演出设备和一腔热血，踏上前往银川的行程。他们坐着一辆大卡车从北京出发一路向西，先到兰州，然后从兰州折道向东进入宁夏。葛秀英在和我交谈时，依然清晰地记得第一次进入宁夏的情形：“原以为宁夏是沙漠中的荒凉之地，没想到从中卫一过，沿途的枣树那么多，在车上手一伸就能摘到新鲜的枣儿。进银川之前，看见很多杨树，我们这一车人之前都没见过这么挺拔的树，它们带给我们的不仅是新鲜感，更是一种挺拔的力量感。这让我们感觉挺意外的。”然而，当卡车将他们拉到当时的文化大院，看着新组建的宁夏歌舞团和宁夏京剧团，他们体会到了一落千丈的感觉。“在北京时，空政文工团的排练大厅有四个，而这里没有一个像样的排练厅；我们是东北人，根本吃不惯这里的面和辣椒；刚来不久就是雨季，大街上到处泥泞，出门就得穿在商店里特意买的雨鞋。冬天的寒冷，更让我们难以适应。”

完成宁夏回族自治区成立大典的节目演出后，他们开始在银川演出从北京带来的节目，后来更是渐渐走出宁夏，到大连、长春、哈尔滨、天津、石家庄等地以自编的歌舞宣传宁夏，让那里的观众欣赏到具备当时最高水平的宁夏歌舞。当时宁夏歌舞团的演员被称为“宁夏的文化使者”。

华方佐和葛秀英来到宁夏初期，身份一直是歌舞团的编导和演员。

他们的艺术生涯转机出现在到宁夏的第 24 年。那一年，时任自治区人民政府主席的黑伯理提出宁夏要重视西夏文化的挖掘。这个指示给夫妇俩带来了春风，让他们日渐麻木的大脑荡起了涟漪。他们觉得在西夏文化的挖掘中，歌舞是一个不该忽视的项目。那年冬天，他们去敦煌采风，时任敦煌研究所所长的段文杰不仅接见了他们，还向他们介绍了那里的西夏文化遗存，并特批他们观看了 200 多座和西夏有关的石窟。

执着的追求有时会产生令人惊诧的力量。经过两年多的艰苦努力，1985 年，华方佐夫妇创作完成了中国现代史上第一个西夏题材的歌舞——《西夏女》。我至今没有看到这部歌舞剧，但从他们给我提供的剧照以及当时一些报纸的报道看，《西夏女》就像一座满载着快乐的皮筏，朝着他们理解的成功之岛行去，我仿佛能听得见他们在那个皮筏上欢快的叫声，能看得见他们绽放在那段岁月里的笑脸。

1987 年的日历刚刚翻开，华方佐夫妇就接到《西夏女》进京演出的通知。1 月 25 日，中组部和劳动人事部在人民大会堂举办“一九八七年在京老干部迎春联欢晚会”，犹如当年双腿沾着泥的诗人叶赛宁突然闯入飘着浓厚咖啡香的俄罗斯诗坛，《西夏女》以它陌生的题材背景和新鲜的舞风，在观众中引起了巨大的轰动和反响。当时，党和国家领导人习仲勋、乔石等和万名观众一起观看了全剧，每一场表演都迎来了热烈的掌声。第二天晚上，在人民大会堂的演出，同样是万名观众观看，同样是雷鸣般的掌声。《人民日报》、中央电视台、《文艺报》等媒体更是给予了高度评价，中国舞蹈家协会特意为《西夏女》在京举办了讨论会。

西夏乐舞

然而，由于缺乏支持，缺乏排练场地和演员的西夏乐舞在回到银川后却陷入了长达 14 年的沉寂之中。

到目前为止，我一直没有见过张少军，但我刚到银川工作时，就通过媒体上诸多采访他的文章知晓了他的身份——宁夏三新集团的董事长。那个时期的中国正处于“经济搭台，文化唱戏”的阶段，文化被戏剧化，西夏题材的文化作品，同样以蹩脚的姿态，走入大众视野。

2000 年初，张少军看中西夏乐舞，出资让华方佐夫妇继续排演。当时，华方佐和葛秀英已经在宁夏艺术学校任教，他们当即从艺校的学生中留意选拔演员。我后来特意找到曾被选拔为西夏乐舞团第一批演员、后因乐团解散而进入银川说唱团的杨静，了解到当时的情况：“冬天，首批被选中的演员集中在三新集团的大会议室里进行排演，条件很艰苦，但华老师和师母从无怨言，每天都认真地帮我们排演、纠正错误的动作，对每个动作的要求都很严格。”经过半年多时间排演出的西夏乐舞，终于选择在西夏陵区内的西夏风情园里演出。然而，不用我多说，读者也一定能想象出西夏乐舞刚在西夏风情园演出时的窘境。刚开始，在强大的媒体宣传攻势下，很多单位组织职工去观看，一则是企业和这些单位达成的某种默契，二则是单位以公款消费来体现对员工的福利。千万别以为观众对西夏乐舞的审美素质一下子蹦到了一个令人满意的高度，当时中国式的单位福利及半强制性的要求，让那时银川的很多单位员工成了这场乐舞的捧场者，但他们绝非真正的欣赏者。

我第一次去看到的，就是刚刚起步不到一年的西夏乐舞，那时的演员就住在西夏陵区内。华方佐夫妇每天早早起床，坐车赶往离家 30 多千米的西夏风情园，他们常常给演员们带去早点，鼓励他们好好排演。

不久，由于投资方的经营出现了问题，乐舞排演缺乏资金支持，演员们出于生存考虑，开始纷纷离开，40 多人的乐团最终只剩下这两位老人。他们在接受我的采访时，戏称西夏乐舞团成了“两个人的团”。我能想象出那段岁月是多么的冷寂，而冷寂的最深处，是这两位艺术家悲凉的苦守。

横城，是银川市兴庆区黄河东岸的一个明代古堡，因为这里以前拍过西夏题材的电视连续剧《贺兰雪》，于是便有了“西夏城”的名称。21 世纪初，从陕西前来投资的商人刘建军想把这个明代古堡利用起来，打造一个以西夏文化为主的休闲娱乐场所，培养一支西夏乐舞队伍。华方佐夫妇就是在这种背景下再次应邀出山的。葛秀英曾不止一次地劝说 72 岁的华方佐："别折腾了，折腾了 20 多年，还能让西夏乐舞亮相于世吗？"华方佐一面鼓励老伴振作起来，一面积极投入"西夏城"的西夏乐舞排练中。

2007 年 11 月 1 日，他们先后从宁夏大学、北方民族大学以及陕西、甘肃的一些艺术院校招到 42 名演员，组建了一支西夏女子乐舞团，累计在景区演出了 200 多场。几年后，同样的命运再次出现，西夏乐舞又沉寂了。到写作本书时，我多方打听他们的下落，才知他们已经离开银川，回北京了！我想，他们离开银川的行囊中，一定有关于西夏的梦，被叠得整整齐齐地压在了行囊最深处。

在西夏陵看到西夏乐舞的那个黄昏，让西夏这个符号深深地印在了我的记忆里，回来后再也无法放下！

西夏题材历史剧《贺兰雪》中的西夏皇宫

二　以诗歌及文学的名义完成的聚会

我只能选择在清明时分
给你送去一首不请自来的诗——

杏花飞扬于天，黄土在喉咙设卡置关
归来的将士，勋章被盗
在空酒杯旁睡去，两鬓落雪
没有春雨裹紧你的干瘦
年迈的母亲，胸口起坟
没有牧童收拢散失的马
空荡的枝头，落满逃荒的鸟

我不止一次地透过镜子
看着危机四伏的身体，像废弃的宫殿
送走芳香和流水，出征与捷报
雪花真的来了，砸碎了镜面
哀叹，成为今年诗歌的最后两个字

古老而又冰冷的西夏陵和热情澎湃的现代诗歌相遇，会有怎样的结局？答案很清楚：要么是忽略时光横亘的成功嫁接，要么是相互错过后的冷漠。

20世纪90年代到21世纪初的那段时光，是我给自己加冕为诗人的幸福时光：贫困地行走在生活的底层，但高贵地晾晒着自己的诗歌作品和属于诗歌的灵魂。

在那样的时光里，我遇见了西夏陵，于是马上将自己想象成一个焊工，要将西夏陵和诗歌进行一场无缝焊接。

机会始于2003年的初春。当时的银川晚报社负责副刊的平原女士是一位作家，她很尊重诗歌，也想在西夏陵搞一场文学盛典，我当时在副刊部，对诗歌的狂热依然保持着，便开始筹划这件事。

一天，我骑着自己那辆破旧的二手自行车，路过银川市清河街时，看到一家房产公司的大门上赫然挂着“大地房产”的牌子。我想起那段时间的本土报纸、电视台多见这家公司的地产广告，便径直走了进去，身上带的记者证帮我一路畅通到达公司的办公室。我说起想在西夏陵举办一场以公司命名的诗会，并海阔天空地向他们展望诗歌美好的前景和无与伦比的魅力，没想到，那个临时从脑子里蹦出来的所谓诗歌计划，得到办公室工作人员的首肯和高度重视，他们让我留下联系电话等待消息。

回到单位，我坐下来认真起草了一份正规的计划书。不久，我们与大地房产公司的合同就敲定了，他们愿意出3万元赞助诗会。我们内心的诗歌快车，开始向西夏陵启动了！当时，离开石嘴山一家国有军工企业前来银川发展的诗人阿尔，也正好走进银川晚报社，他负责向全国的诗人发出邀请，我负责落实合同，平原负责报社和西夏陵方面的沟通。

7月12日，诗会如约在贺兰山下的西夏陵举办。那天下午，来自宁夏及全国各地的诗人陆续入驻西夏陵，当我负责接待的宁夏本土诗人张联从盐池乡下赶来时已近黄昏，我在银川汽车站接上他便马上赶往西夏陵，我们到时诗会已经开始了。台上，一个带有行为艺术性质的节目刚好开始，表演者是诗人苏非舒、他的妻子——怀孕的宁夏本土青年女诗人，以及本土著名音乐人、歌手苏阳。我看到他们开始表演：苏非舒端起一盆水走上台，从容地脱了袜子，开始洗脚；他的妻子则拿起一本《诗经》，开始一页一页地慢慢撕——我当时并不知道她撕的是《诗经》；苏阳在旁边弹着吉他。台下就座的各位诗人、嘉宾开始欣赏这个新颖的节目。

我见没什么事儿，便带着张联走出会场去找吃的。那时的西夏陵我并不十分熟悉，转到西夏宾馆附近，餐厅还没找到，就听见会场那边的喇叭里传出了貌似争吵的声音，并且越来越激烈，我拉着张联迅速往会场赶。到会场时，我看见有几个诗人愤愤然往外走，便拉住从甘肃请来的诗人叶舟问缘由，叶舟说："你是搞诗歌评论的，这绝对是一个诗歌事件！我觉得没看头了，出去喝酒去！"

走进会场，台上一个诗歌朗诵节目正在表演，看不出刚才究竟发生了什么。我找了个靠前的位置悄悄坐下，一问旁边的诗人，才知道就在刚才，确实有个事件发生了！

当苏非舒在一页页被撕毁的《诗经》旁以行为艺术的方式洗脚，当他的妻子以诗人的身份淡然地撕毁《诗经》时，我相信他们并没有意识到这样做有什么不妥，我也相信看到这一幕的众多诗人或许也没有意识到这其中的不妥，但有一位诗人意识到了，他认为这是一件羞辱诗歌的事情，是一件很严重的事情，必须马上被制止。坐在前台的这位诗人恰巧是我邀请来的，他清楚地看到那本《诗经》被一页页地撕碎。或许，在他心里，每一页都是一个个被斩首的白衣女子，是一片片被开水烫煮的银白荷花瓣，是一位银发老人的胡须被暴力地一根根拔去，他忍不住了，直接跳起来，奔到台上，从孕妇诗人的手中夺过残留的《诗经》，他高高扬起手中被救下来的《诗经》，用一口浓重的固原话，冲场下的观众愤然叫道："大家伙儿看看，他们撕的是《诗经》！我们宁夏不要这种杂碎！"

他就是从宁夏南部山区来的《六盘山》杂志诗歌编辑、著名诗人单永珍。

那句话就像被一场猝不及防的寒流冻结在空中，硬硬地钻进在场者的耳朵，场上场下的所有人都清楚地听见了。女诗人愣了，音乐人愣了，诗人苏非舒也愣了，但他很快被保护怀孕妻子的意识唤醒，情急之下，他的脚迅速离开水盆，踩在地上，一弯腰，手一端，随着空中划过一道白色的水练，单永珍的身上湿了，两个诗人在这样的场合相遇，其中一个则彻底变成了"湿人"。

场下哗然，很多人鼓起掌来，以为这是我们特意编排的一个行为艺术剧。

单永珍并没有像大家想象的那样继续动作，他冷静地回到刚才自己的位子上，继续观看节目。

按照会议的安排，每个来参会的诗人都被安排住在宾馆或蒙古包内。节目结束后，我长长地出了一口气，喝下那晚的第一口酒。单永珍过来了，带着一脸的歉意说："真对不起，你请我们来是捧场的，结果怎么就变成砸场子的了？那盆水泼过来后，我真的立即冷静了，我不能砸这个诗歌的场子，我忍住了，就下来了！"

而那边的苏非舒夫妇和苏阳，则由阿尔去安抚。其实，谁又有权利去指责他们中的任何一方呢？苏非舒夫妇用自己的方式表达对诗歌的态度，而单永珍则是用自己的方式去捍卫诗歌。

夜色渐浓，月亮升了上来，整个园区荡漾着诗意，很多诗人觉得不过瘾，端起酒瓶，摇摇晃晃地穿行在陵区的土路上，有的甚至端坐在阙台上，对着明月吟咏、释放着自己的诗情，在这座沉默了千年的古建筑群内，寻找着自己的诗歌参照。

> 在银川最后一晚的告别酒宴上，我和写小说的金瓯老弟都喝高了，相互搀扶着，摇摇晃晃登上了西夏陵遗址，他用公鸭嗓哀号着跑了调的京剧，我则背负圆锥土冢，扒在平台上，伸着千年龟一样的光头（没穿马甲，但身着党项族崇尚白色的衬衫），企图辨认出广袤夜空中的八千里路云和月。

这是应邀来参加 2003 年"大地诗会"的诗人黑大春，接受诗人阿尔的一个访谈录《将诗歌带回声音》中的话。

参加诗会的朋友们陆续离开，我们按照以前的预案，要在报纸上出一个专版，由于"泼水事件"的发生，我们决定将原定的一个版面扩为相当于原定版面两倍的一个大通版，左边是支持苏非舒一方的意见，右边是支持单永珍一方的意见。报纸出来后，引起很大反响。拿着那个大通版及之前发布的几则关于诗会的消息，我去找"大地房产"要尾款。办公室人员一改之前的口风，以"泼水事件"影响了这次诗会的质量为由，拒绝付尾款。

我找到"大地房产"的老总进行交涉，给他陈述了事情的真相及网络上对此事的评论，这些评论有力地证明了这次诗会因这个插曲提升了知名度，而报纸对双方的宽容态度也广获好评。

最终，"大地房产"答应付清尾款，诗歌在西夏陵前取得了胜利，在世俗力量前取得了胜利！

西夏陵

那次的“大地诗会”，让全国不少知道“泼水事件”的诗人知道了西夏陵。后来，在银川举办的几次全国性诗会上，诗人们都提出要到西夏陵看看。经过诗人的口口相传，以及一首首有关西夏陵的诗歌创作与传播，西夏陵，似乎成了诗人们到银川的必去之地，而我也成了很多诗人前去西夏陵的向导。

越来越多有关西夏陵的诗歌，成为外界知晓西夏陵的一个新渠道。

从此，西夏陵乃至西夏成了我的病，貌似无法治愈，但也成了我的药，让我上瘾的一剂迷药。一旦有能展示它魅力的活动，我都会毫不犹豫地参加，我一直在谋划一场文学和西夏陵的邂逅！机会，在我没想到的时候，有一天突然降临了。

2014 年初夏，受著名导演金铁木之邀，我前往北京开始参与央视 10 集大型纪录片《神秘的西夏》的创作工作。一年后，该片在央视 10 频道和 4 频道播出，引起的反响出乎我的意料。一天，《语文报》副总编辑任彦钧老师给我打来电话，说报社想举办一个夏令营，大家都认为以“神秘的西夏”为孩子们文化之旅的主题比较有意义。

10 集大型纪录片《神秘的西夏》

对西夏情有独钟的我无法拒绝这样的机会。考虑到西夏陵已经走上申报世界文化遗产的道路，我们策划了一场“魅力国学·探秘西夏文化之旅”的活动，以扩大西夏文化在全球华语青少年中的影响力，为西夏陵申遗助力。活动前期，我们进行了为期六个月的助力西夏陵申遗学生形象大使网络选拔，直接参与人数超过 20 万人次。

2016 年 7 月 30 日上午，在位于西夏陵景区内的西夏博物馆前，我和受邀来到西夏陵的全国各地近 300 名学子一道，在签名幕布上郑重地签下了自己的名字。这样的活动让更多的学子探访了神秘的西夏陵，了解了神秘的西夏文化，也将宁夏最重要的历史文化遗产介绍给了全世界。贺兰山下，“魅力国学·探秘西夏文化之旅”活动进行了一周时间。

2017 年 3 月 29 日下午，任彦钧老师和山西三晋报刊传媒集团副总郭婵英老师到北京，和我商讨在 2016 年夏令营的基础上，升级对西夏的文化考察。经过一个下午的策划和商量，我们最终确定举办“魅力研学·西夏文化之旅”暨全国校园作家邀请赛，该邀请赛于 2017 年暑期在银川成功举行。

在助推西夏陵申报世界文化遗产及走出去的路上，我坚持着自己的努力！

三　走出去的遗产

我在你十二件衣服上，嗅到危险
外套陈旧，内衣宽大
你的十二个方位，岗哨撤离
射来的箭，没有缝隙
你的右手给自己把脉：癌症晚期
左手，端起酒杯
脸色苍白于黎明前
从边疆到皇宫，荒草遍路
你的宫殿空空如也，卫兵散失
仿佛被盗一空的粮仓，储藏不了希望
更像一条河失去码头
你的内脏被盗，亦如失去果实的秋天
我替你拟好召集令
唤回那群失踪的孩子

在“走出去”的路上，2006 年无疑是西夏陵的重要年份。这一年，西夏陵骄傲地走进了《中国国家自然与文化双遗产预备名录》，这意味着，它作为一处人类文化遗产，已能代表国家水平。

那段时间，因为工作关系，我和时任银川西夏陵区管理处主任的徐坚自然就交往密切，有关西夏陵的消息，我总是第一时间就能掌握。2011 年 5 月的一天，他和我通电话，神秘但又掩饰不住兴奋地在电话那头说：“有好消息了！”

中国文化遗产研究院

他收到了一份来自国家文物局文物保护与考古司世界遗产处的文件。文件名十分醒目:《关于更新〈中国世界文化遗产预备名单〉的通知》，这标志着，西夏陵进入《中国世界文化遗产预备名单》有戏了！西夏陵已经具备了“世界范围内的突出普遍价值；遗产保护管理规划已经国家文物局审核、认可；可靠有效的保护管理机制及良好的保护管理状况；当地人民政府、民众和其他主要利益相关方支持申报世界遗产”等申报条件。

从那一天开始，银川西夏陵区管理处负责宣传的李佳和国家文物局世界遗产处的佟薇、黄晓帆的联系也逐渐多起来。

徐坚的笑容在那个夏天一直绽放着。2011 年 7 月，国家文物局与宁夏回族自治区人民政府签署了《合作加强宁夏文化遗产工作框架协议》，提出支持西夏陵申报国家考古遗址公园和西夏博物馆建设的意见。在此基础上，国家文物局进一步将西夏陵申报世界文化遗产作为 2015 年重点扶持项目，对西夏陵独特的资源给予了高度评价，希望地方政府积极做好准备工作。当时，地方政府提出了一个雄心勃勃甚至可以说势在必得的目标：力争 2015 年将西夏陵成功申报为世界文化遗产。

然而，到我的这本书交付出版之际，这个目标依然没有实现，我和西夏陵、宁夏回族自治区政府一道，期待着这个目标的早日实现。

2011 年的夏秋季节，西夏陵和国家文物局之间一条看不见的路被铺出来了。来往其间的，是一个个有关西夏陵申遗的文件、文本，是双方有关人员来来去去的身影。这些文件文本中，最醒目的是西夏陵申报《中国世界文化遗产预备名单》的申报文本，这份文件在第一时间被送到国家文物局文物保护与考古司世界遗产处。

得知时任国家文物局局长的单霁翔要前往银川，参加西夏陵申报世界文化遗产暨国家考古遗址公园的启动大会，我于 2011 年 11 月 23 日上午赶往西夏陵。大会仪式结束后，我有幸陪单霁翔漫步于西夏陵，明显感觉到西夏陵带给他的震撼。走到 3 号陵前，这位身材高大、有着极深文博情怀的官员不禁感叹："这是中国现存规模最大、地面遗址最完整的帝王陵园之一。将汉族文化、佛教文化与党项民族文化有机结合，构成了中国陵园建筑中独特的建筑形式，被不少中外考古学家称为'神奇的遗迹''东方金字塔'。"他指着远处的其他陵体，深情地说，国家历来高度重视西夏陵文物保护工作，1988 年就将西夏陵公布为全国重点文物保护单位，"十一五"期间，又将西夏陵列为全国 100 处大遗址重点保护项目。希望宁夏以启动仪式为契机，继续加大投入和支持力度，充分发挥西夏陵大遗址保护和申遗工作在促进地方经济发展、改善民生、建设中华民族共有精神家园等方面的重要作用。

单霁翔看完西夏陵便匆匆飞回北京，但我知道，银川市在西夏陵申报世界文化遗产方面所做的工作和努力已经深深留在了他的脑海里。我至今还记得那天记在采访本上的单霁翔原话："西夏陵有着很深的文化内涵，具备申报世界文化遗产的条件，希望宁夏加大申报的力度，做好各项迎考工作！"

单霁翔离开银川整整一年后，2012 年 11 月 17 日，文物保函〔2012〕2037 号文件发布，这份《关于印发更新的〈中国世界文化遗产预备名单〉的通知》中，西夏陵名列第 43 位。

2012 年 11 月 18 日上午，我再次前往西夏陵，此时正是旅游淡季，整个景区见不到几位游客，我却嗅到了冷冷的空气与空荡荡的地面上弥漫着的一股热浪：更新后的《中国世界文化遗产预备名单》中，西夏陵和国内其他 44 项文化遗产榜上有名！这是自 2006 年以来，《中国世界文化遗产预备名单》再度“洗牌”，也意味着西夏陵已经打开了通往《世界文化遗产名录》的第一道门。

“普遍价值”，我第一次听到这个词是在 2012 年 11 月 23 日下午。当时，那个秀气优雅的女人，以西夏陵申遗规划负责人的身份出现在“西夏陵突出普遍价值”的座谈会上。我听见她说：“寻找西夏陵的普遍价值是申遗的关键点，我们只要将这点阐述清楚，西夏陵申遗就有胜算。”听见她说这句话时，我和读者一样，带着深深的疑虑，她在西夏陵的申遗中，真的有足够的话语权吗？她凭什么有这种话语权？她究竟是谁？

她就是被媒体称为中国受理申遗规划数量最多、通过率最高的申遗大师——陈同滨！

这确实是个传奇的女子！尤其是进入 21 世纪后，她已多次为中国的文化遗产走上世界舞台助力：2004 年，高句丽王城、王陵及贵族墓葬申遗成功，得益于她的“传神之笔”；2012 年 6 月，由她负责申遗规划工作的西湖也成功升级为世界文化遗产。因此，在西夏陵申遗的路上，她无疑是西夏陵走向世界遗产舞台的重要推手。见到她的那天，听完她在会上的阐述，我不禁在心里暗暗遗憾：西夏陵和她的邂逅显得迟了点。这个迟到，对她，对西夏陵，都是一种无法弥补的遗憾。那天的会场上，她不时在笔记本电脑上敲下与会专家对西夏陵价值的认识。她以自己的方式开始解读西夏陵，开始找寻西夏陵最与众不同的地方。也就是说，她开始扮演西夏陵往外走的一个重要角色，替西夏陵寻找它的普遍价值，思考并展示这种价值能否超越国界，对全人类具有普遍的意义。就像托尔斯泰的文学作品、黑格尔的哲学思想应该属于全人类一样，西夏陵的普遍价值，也应该被全人类知晓，而申报世界文化遗产是最佳的渠道之一。我想，这才是西夏陵申遗的关键。

西夏陵

在人们的印象里，西夏陵或许就是脑海里迅速闪现的、夕阳余晖下静穆肃然的高大土堆，以及散落在附近的一处大型西夏建筑遗址和数十座砖瓦窑址。其实西夏陵的规模堪比河南省巩义市宋陵，是西夏王朝留存至今的规模、等级最高的皇家陵园。

任何一个走近西夏陵的人都知道，西夏陵的魅力绝不仅限于此，它之所以能让无数游客、专家、学者魂牵梦绕，一定还有更为神奇的地方。而这个魅力，或许就是陈同滨所说的西夏陵的普遍价值。普遍价值，是一座桥梁，可以让西夏陵走进被世界认知的另一个彼岸，而这座桥梁的设计与搭建工作，就显得重要而紧迫了。陈同滨，也就是在这个时候，出现在西夏陵往外走的重要节点上。

西夏陵，从考古学意义上的亮相，到正式申报世界文化遗产，中间整整间隔了40年！而我从关注西夏陵申报世界文化遗产的消息开始，内心的希望之火就一直燃烧着。

因为这份关注，我对西夏陵申遗的文本一直充满期待。2017年3月17日晚，我专门前往陈同滨工作的单位——位于北京市西城区德胜门外大街36号的中国建筑设计研究院建筑历史研究所，在副所长刘剑的陪同下，走进这座充满历史感的殿堂。

刘剑向我缓缓介绍：这里是1958年由梁思成和刘敦桢先生创办的、中国较早涉足文化遗产研究与保护的科研单位，也是文化遗产保护规划国家文物局重点科研基地。陈同滨刚刚从所长的位置退休不久，她现在的身份是中国古迹遗址保护协会副理事长、中国考古学会理事、中国文物学会传统建筑园林委员会副会长，而刘剑的另一个身份是国际古迹遗址理事会文化景观专业委员会会员。

让陈同滨来当西夏陵申遗文本的“作者”，无疑是最恰当的。

申遗能否成功，有一道门槛：国际古迹遗址理事会专家团的评审。任何一个国家在申报文化遗产项目时，能否通过国际古迹遗址理事会专家团的评审，关键在于申遗文本。但就中国而言，中西方文化的差异，造成人们对文化的理解不同，这也加大了申遗文本撰写的难度。陈同滨在银川接受我的采访时曾举例，西湖申遗时，申遗文本描述“西湖是中国山水美学的典范”，这让许多西方的专家深感不解，因为他们无法明白中国文化中天人合一的精神。尽可能消除文化差异，以国际视角编制一份西夏陵申遗文本，是一件颇有难度的事情。陈同滨想做的，就是让西方专家明白西夏陵的独特之处，这样就能增加西夏陵申遗的胜算。

> 申请世界文化遗产需具备六大条件，即：1. 代表一种独特的艺术成就，一种创造性的天才杰作；2. 能在一定时期内或世界某一文化区域内，对建筑艺术、纪念物艺术、城镇规划或景观设计方面的发展产生过大影响；3. 能为一种已消逝的文明或文化传统提供一种独特的至少是特殊的见证；4. 可作为一种建筑或建筑群或景观的杰出范例，展示出人类历史上一个（或几个）重要阶段；5. 可作为传统的人类居住地或使用地的杰出范例，代表一种（或几种）文化，尤其在不可逆转之变化的影响下变得易于损坏；6. 与具特殊普遍意义的事件或现行传统或思想或信仰或文学艺术作品有直接或实质的联系。

为了跟上陈同滨写西夏申遗文本时的思路，我特意找到一本2013年12月科学出版社出版的《西夏陵突出普遍价值研究》，然后对照申遗的六大要求，开始慢慢阅读。

《西夏陵突出普遍价值研究》书影

这本书是银川西夏陵区管理处编、陈同滨作序的。在序中，她认为，西夏陵的突出普遍价值不仅局限于其作为皇家陵寝的建筑技术和艺术价值，它更为关键的意义在于“为西夏王朝这一业已消失的独特文化提供了特殊的见证”。

为一种独特文化提供特殊的见证！陈

同滨为西夏陵申报世界文化遗产找到了符合其第3条的依据。她的这个论断，让我想起了时任中国国家文物局局长的单霁翔。他曾告诉我，参照世界文化遗产评选的标准，西夏陵符合第3条。也就是说，他们都为西夏陵申报世界文化遗产找到了同一个重要的依据。

目前，申遗工作应围绕遗址的核心价值继续加强对比研究，寻找西夏陵的独特性及其遗产价值，力争使其符合第4条和第5条标准。面对第4条“可作为一种建筑或建筑群或景观的杰出范例，展示出人类历史上一个（或几个）重要阶段”和第5条“可作为传统的人类居住地或使用地的杰出范例，代表一种（或几种）文化，尤其在不可逆转之变化的影响下变得易于损坏”的规定，我一次次空想：如果没有那些盗掘者的损毁，这两条还能成为问题？但它现在真的是横在西夏陵走向世界文化遗产道路上的一道门槛——冰冷的、无情的门槛！我也只能感慨：祖先留下的珍贵遗产，如果保护不好，就会遭到历史无情的嘲弄。

我似乎看到西夏陵已列好的一张申遗“时间表”，其中包括中、英文申遗文本的编制及修改，西夏陵博物馆的建设，陵区的考古发掘与研究，以及各种整治和整改项目等一系列工作。

就西夏陵申遗，钟侃生前曾告诉我：“西夏陵作为西夏文化的代表性实物遗存，有着极高的科学研究价值和科学保护价值，由于特殊的历史原因，党项族建立的西夏王朝在史书中的记载很少。而在中国历史上，西夏陵是地面遗址保存最完整的帝王陵园之一，是我们研究和了解西夏史信息量最大的一块历史文化遗迹。如果西夏陵申报世界文化遗产成功，将能够使这个珍贵的历史遗产得到更好的保护和利用，也能够提高西夏陵的知名度，吸引更多的专家学者对西夏陵、西夏历史进行进一步的发掘和研究。”从这个角度看，西夏陵成了银川乃至宁夏的一张亮眼名片，申遗就是为这张名片烫金。

然而，2014年6—7月世界遗产大会上，我和那些关注西夏陵申遗的人一样，盯着新闻联播节目的眼睛，被无情的事实击疼：西夏陵再次落榜，无法列入《世界文化遗产名录》。之后的2015年、2016年、2017年……每年世界遗产大会，我的眼睛都会盯住世界遗产大会的评审结果，盯住西夏陵。

我的眼睛紧跟着西夏陵的申遗进程时，脑子里常常有一个词汇蹦出来——国家考古遗址公园。从 2011 年开始，这个词因启动西夏陵申报世界文化遗产暨国家考古遗址公园建设项目，一直陪伴着西夏陵！

说实在的，如果不是因为对西夏执拗的挚爱，我会和许多普通的市民一样，对大遗址这个考古学上的概念没有丝毫兴趣。

大遗址，这是一个目前尚未有统一定义的学术概念。一般而言，大遗址指面积大、文化内涵丰富、学术价值高、对研究古代社会有重要意义的遗址。其种类有聚落、城镇、宫室、建筑群（含园林）、寺庙（含石窟寺）、手工业作坊、工程、陵寝和墓葬群等。国家大遗址是具有不可再生性和不可替代性的遗存，是中华民族历史文化的载体，是宝贵的历史文化遗产。如果对号入座的话，西夏陵的榫一定能契合大遗址的卯。谁来做这个榫卯结合的事情呢？

大遗址一般是一个国家或区域的政治、经济、文化中心的遗址，是反映社会历史文化诸多方面的重要载体，对研究古代社会的历史具有重要意义。因此中国近代考古学从诞生开始，其研究目标其实就是大遗址。20 世纪 20 年代，中国的考古学者们就开始持续对北京周口店遗址、河南安阳殷墟遗址、山东章丘城子崖遗址、河北易县燕下都遗址等进行调查、发掘。20 世纪 50 年代，中国科学院考古研究所也开始对西安半坡、丰镐、汉长安城、唐长安城，安阳殷墟，洛阳汉魏故城、隋唐城等大遗址开展调查发掘工作。

20 世纪 50 年代，中央人民政府究竟发布了多少条政务院令，我无法查到具体数字。但我知道 1950 年 5 月，中央人民政府政务院“规定古迹、珍贵文物、图书及稀有生物保护办法”，并颁发了《古文化遗址及古墓葬之调查发掘暂行办法》；1953 年 10 月，中央人民政府政务院发布了《关于在基本建设工程中保护历史及革命文物的指示》；1956 年 4 月国务院发布了《关于在农业生产建设中保护文物的通知》。

1961 年国务院公布的第一批 180 处全国重点文物保护单位中，有 50 处以上的大遗址。截至目前国务院先后公布的 4295 处全国重点文物保护单位中，有 1000 多处为大遗址，保护工作十分繁重。

西夏陵，以大遗址的身份，就是在这种时代背景下浮出历史舞台的！

随着对西夏陵的跟踪，我和国家考古遗址公园这个概念相遇了。

遗址公园的概念，进入文物保护领域是2000年国家文物局批复的《圆明园遗址公园规划》。

西夏陵，在21世纪初，也开始进入国家考古遗址公园的范畴。国家考古遗址公园，是指以重要考古遗址及其背景环境为主体，具有科研、教育、游憩等功能，在考古遗址保护和展示方面具有全国性示范意义的特定公共空间。国家考古遗址公园的评定和管理，由国家文物局负责。

2010年10月，国家文物局公布首批国家考古遗址公园名单和立项名单。在12项国家考古遗址公园中，我发现有著名的圆明园考古遗址公园、周口店考古遗址公园、集安高句丽考古遗址公园、良渚考古遗址公园、殷墟考古遗址公园、隋唐洛阳城考古遗址公园、广汉三星堆考古遗址公园、成都金沙考古遗址公园、秦始皇陵考古遗址公园、大明宫考古遗址公园等，宁夏是空白。一个有趣的现象引起了我的注意，在大明宫入围国家考古遗址公园前，著名导演金铁木就应陕西有关方面的邀请，耗时三年，完成了历史剧情纪录片《大明宫》，该片于2009年9月正式登录央视科教频道。2015年，金铁木导演再次应银川西夏陵区管理处的邀请，出任申报世界文化遗产的大型纪录片《西夏陵》的总导演，该片历时两年的创作、拍摄，于2017年完成，2018年5月23日在中央电视台正式播出（播出时更名为《揭秘西夏陵》），西夏陵的对外宣传，又有了一个新的渠道与平台。

在23项第一批国家考古遗址公园立项名单中，我发现宁夏依然是个空白。直到第二批31项国家考古遗址公园立项名单中，西夏陵考古遗址公园才和元中都考古遗址公园、辽上京考古遗址公园、临淄齐国故城考古遗址公园、大地湾考古遗址公园等著名考古遗址公园一道跻身其中，但也仅仅是立项而已。

为配合国家考古遗址公园规划的编制和申报工作，2011年6月，银川西夏陵区管理处委托专业公司，对西夏陵景区范围进行航空考古测绘，获取西夏陵原始航摄资料图片一套2296张，应用3S技术对航测数据进行合成，成果包括陵区三维立体图、西夏陵景观影像图和陵区文物专题图等，为申请国家考古遗址公园和申报世界文化遗产，做好了基础资料的收集和整理工作。

2011年11月23日，西夏陵申报世界文化遗产暨国家考古遗址公园启动仪式在西夏陵举行，这标志着西夏陵可能成为宁夏的第一个国家级考古遗址公园，不但可以填补宁夏没有国家级考古遗址公园的空白，也让西夏陵的“身份”得到了一个跨越式的提升。

2015 年 10 月 8 日，对西夏陵而言，一份有着纪念意义的文件——《关于印发西夏陵申报世界文化遗产宣传工作方案的通知》出台，出台单位是宁夏回族自治区西夏陵申遗工作领导小组。也就是说，从 2015 年 10 月开始，在西夏陵申遗的路上，有了一个新机构，这个新机构推动着西夏陵在申报世界文化遗产的路上不断前行。

从西夏陵准备申遗到现在，八年时间过去了。在重拾一个王朝曾经的文化繁荣、探寻一个在中国失落的文明并使它走向世界等方面，银川默默地努力着。

申报世界文化遗产大型纪录片《西夏陵》开机仪式

纪录片《揭秘西夏陵》

附录　西夏陵大事记

○ 1978 年，宁夏博物馆以西夏陵出土的文物，组织了中国第一个西夏文物专题展览，推动了国人认识西夏的进程。

○ 20 世纪 80 年代，西夏陵的挖掘工作逐渐进入收获季节，不仅摸清了西夏陵大型建筑的布局和构筑特征，而且出土了现藏于中国国家博物馆、宁夏回族自治区博物馆的大批西夏国宝及珍贵文物。

○ 1986 年，西夏陵正式对外开放。

○ 1988 年，国务院将西夏陵列为全国重点文物保护单位。

○ 1993 年 8 月 30 日，银川市人民政府编制完成《西夏王陵风景名胜区总体规划》。

○ 1997 年初，银川市人民政府批准成立“西夏王陵风景名胜区管理处”“银川西夏陵区管理处”，西夏陵区各项管理工作纳入正常的轨道。

○ 1999 年 10 月，朱镕基总理视察西夏陵时感言：“看了西夏陵，使我受到了一次深刻的爱国主义教育。”并做出了关于西夏陵文物保护和旅游开发建设的重要指示。由此开启了 2000—2001 年西夏陵 3 号陵地面建筑遗址的全面清理、发掘工作，将西夏陵的考古发掘工作引向了一个新的高度。

○ 2001 年 11 月 29 日，银川市第十一届人民代表大会常务委员会第十九次会议通过《银川市西夏陵保护条例》。

○ 2005—2010 年，西夏陵被国家文物局和财政部确定为全国重点保护的 100 处大遗址之一。

○ 2010 年 10 月，宁夏启动了西夏陵国家考古遗址公园申报工作，赋予了西夏陵新的内容。

○ 2011 年 7 月，国家文物局与宁夏回族自治区人民政府签署了《合作加强宁夏文化遗产工作框架协议》。在此基础上，国家文物局推出重大举措，将西夏陵申报联合国《世界文化遗产名录》作为 2015 年的重点扶持项目。

○ 2011 年 11 月，启动“西夏陵申报世界文化遗产暨国家考古遗址公园”项目。

○ 2015 年 11 月 11 日，西夏陵申遗宣传片及大型纪录片《西夏陵》(播出时更名为《揭秘西夏陵》) 开机。

○ 2017 年 12 月，西夏陵国家考古遗址公园入选第三批国家考古遗址公园名单。

○ 2018 年 5 月 23 日，西夏陵申遗宣传片及大型纪录片《揭秘西夏陵》在中央电视台纪录频道播出。

○ 2019 年 1 月，《西夏陵——王朝的见证》一书由中国地图出版社出版。

后记　像一只青蛙跳跃于史学和文学之间

我在一所外语学院任教 / 这你是知道的 / 我在我工作的地方 / 从不向教授们低头 / 这你也是知道的 / 我曾向一位老保姆致敬 / 闻名全校的张常氏

在我眼里 / 是一名真正的教授 / 系陕西省蓝田县下归乡农民 / 我一位同事的母亲 / 她的成就是 / 把一名美国专家的孩子 / 带了四年 / 并命名为狗蛋

那个金发碧眼 / 一把鼻涕的崽子 / 随其母离开中国时 / 满口地道秦腔 / 满脸中国农民式的 / 朴实与狡黠 / 真是可爱极了

这是诗人伊沙于 1998 年写的一首诗，名叫《张常氏，你的保姆》。对这首诗，不同的读者有着不同的解读，我从中发现了一个以历史学角度解读的切口：诗人供职于外语学院，他深知院内的教授们从未成功地向外国人输出自己的民族语言，因此，从不向他们低头。但这位保姆身份的张常氏，用了四年时间——这恰好是一位大学生在学院里求学的时光——向一位西方少年，成功地输出了自己的母语甚至文化。

人类的历史，就是一部不同文化交流的历史。输出及如何输出，是交流中的一个重要问题，拿时下流行的话，就是你如何讲好自己的故事。对我来说，讲述西夏的故事，就成了一种命定与努力。

没有人能成为历史的旁观者，但如果这历史过去了近千年，那么，它或许拥有的尽是旁观者。对西夏，我一直警告自己不要沦为旁观者，而应成为西夏文明的守护者、整理者、讲述者、推广者。如何讲述好西夏的故事，是一件有意思的事情，我应该选择当伊沙诗中的教授还是保姆呢？

完成大型纪录片《神秘的西夏》的编剧与撰稿后，总觉得心力被西夏耗尽，我曾给自己定下这样一个目标：至少10年内，不再接触与西夏有关的影视或文字。然而，和著名导演金铁木再次合作纪录片《揭秘西夏陵》时，我对自己失约了！衍生一部和该纪录片同步的文字作品，成了无法拒绝的一件事。

我是在20世纪90年代最后的时光接触到西夏的，真正走近它则是21世纪以来的这近20年时光。对中国乃至世界而言，这近20年是一个风云激荡的时代，有人为生存放弃了理想，有人为理想改变了生存，说俗点儿，有人一夜暴富，也有人一夜变贫。而我，则始终如“尚有一灯传郑燮，甘心走狗列门墙”一诗中所说的郑板桥，像一条忠诚的狗一样守护着西夏！

这种守护是很寂寞的！不好意思，又感慨起美国著名诗人弗罗斯特那首《未选择的路》中的诗句：

> 黄色的树林里分出两条路 / 可惜我不能同时去涉足 / 我在那路口久久伫立 / 我向着一条路极目望去 / 直到它消失在丛林深处 / 但我却选了另外一条路 / 它荒草萋萋，十分幽寂 / 显得更诱人、更美丽 / 虽然在这两条小路上 / 都很少留下旅人的足迹 / 虽然那天清晨落叶满地 / 两条路都未经脚印污染 / 呵，留下一条路等改日再见 / 但我知道路径延绵无尽头 / 恐怕我难以再回返 / 也许多少年后在某个地方 / 我将轻声叹息把往事回顾 / 一片树林里分出两条路 / 而我选了人迹更少的一条 / 从而决定了我一生的道路

我用20年时间，选择行走在一条人迹罕至的西夏之路上！它对我而言，壮美与孤独同在，探险与求知并存。20多年前的那个夏天，我第一次前往银川，沿着贺兰山脚下的沿山公路前行，层层叠叠的山峰呈现出一抹褐色，像一块了无生机的褐色抹布，毫无规则地横亘在天宇之下。从山脚延伸出的冲积扇地带上，稀稀疏疏地散落着低矮的灌木，瓦蓝的天空下，这片单调的土地真让人不想多看。何况，还有那令人不舒服的寂寥。

在这种环境中，有什么比保持沉默更重要呢？

这种沉默，往往会催人睡去，恹恹感随之而生。

突然，一座座高大的土堆矗立在沿山公路西侧的天地之间，它们有一个规范的名字：西夏陵。从那一天开始，它们就深深地刻在了我的脑海里，一直没有褪色。

从第一次看见那些高大的土堆至今，真的记不清拜谒了西夏陵多少次——无论是独自去，还是陪外地的朋友去。每一次，内心里总会锻出一把镰刀，像农人走进自己的秋田，收获不同的果实——无论是学术上的思考，还是心境上的转化。

2010 年 7 月 17 日，我在哈尔滨太平机场买到一本王文思先生著的《中国建筑》，阅读时，发现里面有中山陵、秦始皇陵、汉陵、唐陵、清皇陵等，独独没有西夏陵。2011 年秋天，我又购入王子今先生的《中国盗墓史》，里面详尽地描述了历代的盗墓历史，但是，没有提及西夏陵的一丁点儿资料。

西夏陵，和西夏王朝一样，被忽略得太久也太不应该了！

定居银川后，新闻记者的职业需求让我写过不少关于西夏陵的报道，但真正如陈忠实先生在黄帝陵前那样“获得宁静和沉稳”的文章没有一篇，这让我每次去西夏陵，归来时总会心怀愧疚。

秦、汉、唐、明、清五大王朝几十位皇帝的陵墓，我都去过，对那些改写、丰富了中华历史的优秀灵魂的最终居所，我始终保持着足够的敬畏！正史之外的西夏王朝，它的王与臣的陵群传递给我的同样的敬畏心，像一把刀子，割断了我书写它的念想。

拍摄纪录片《揭秘西夏陵》，就像有一把螺丝刀狠劲地探入我心中的某个角落，然后开始用力地拧。这本书就是在这种持续拧螺丝的状态中往前推进的。

按照原来的进度，过完 2017 年春节书稿就该交到出版社。结果我荣幸地得到了 2017 年 3 月到 7 月进入鲁迅文学院进修的机会。进修期间，我发现原来的写作存在很多问题，同时也想把自己以前坚持的“人文写作”的疆域扩得更大些、道路拓得更宽些，便决定修改。这一改，花去了半年的时间。记得刚进鲁院时，道路北侧的玉兰花还在尽情地绽放、舞动，接着满院的梅花盛开了，后来和同学偶尔出去，看见海棠、芍药像排队等候上场的演员，次第开放。我负花开，没有太多时间去留意这些，除了上课，所有时间都投入修改。送走夏天，2017 年 8 月 7 日，立秋时分，全部文字修改完毕。后来 2018 年 5 月前再次修改。

一直以来，我都很欣赏青蛙这种动物，一蹦一跳间就完成了陆上和水里的位置转换，自如地行进在自己喜欢的区域，这或是因生存所需，抑或是遇到困难时的本能选择。这让我思考起文学和史学之间的有机串联，想起中国传统的史传文学。我多想像一只青蛙，来回栖居于自己喜欢的领地，用文学和史学结合的方式，解读属于我的、属于读者的西夏。

西夏路上，我自由而孤独地像一只青蛙一样不停地来回蹦跳着，踩踏出属于自己的足迹。

十分感谢著名导演金铁木先生，是他催生了这本书；感谢《揭秘西夏陵》纪录片团队——年轻漂亮的女导演贾寅超、制片马岩等人；感谢本书的责任编辑余凡，这是我们在《贺兰山——一部立着的史诗》之后的再次愉快合作；感谢银川市文联将本书列入年度扶持项目；也感谢银川西夏陵区管理处的翟世霄、马升林两位主任和王昌丰、牛超、李佳等人。

记得在一家报纸上看到一则消息，评选世界上最幸福的人，结果排在第一位的是刚给孩子洗完澡抱着孩子微笑的母亲；第二位是给病人治好了病和病人告别的医生；第三位是写完了最后一个字的作家。

当我为本书写下最后一个字时，我觉得自己是幸福的！

德国有个谚语，这样对男人要求：建一幢房子，种一棵树，生一个儿子，写一本书！贺兰山下的时光里，前两项我没能做到，我做到了后两项，尤其是最后一项。如果让我在已经出版的近 10 本与西夏有关的书中，挑选出一本较为理想的，那么，我给你们——我敬爱的读者，首先推荐这本！

2017 年 2 月 20 日北京·“西北偏北”一稿

2017 年 8 月 7 日北京·“西北偏北”二稿

2018 年 5 月 11 日北京·“载水岗”终稿